天下文化

BELIEVE IN READING

心理勵
BBP37

《與青春有約》全新改版

7個習慣決定未來

柯維給年輕人的成長藍圖

西恩・柯維——著
汪芸——譯

The 7 Habits of
Highly Effective Teens (2nd editio

By Sean Cove

新版序

世界在變，原則不變

西恩・柯維

本書自初版問世至今，世界已經完全改變了。回顧當時，世上還沒有臉書或推特，也沒有智慧型手機、衛星直播電視DirecTV與線上影音供應商Netflix。多無聊的世界啊！

儘管世界有這麼多變化，但有些事情並未改變。我們的選擇權並未改變，依然可以自由選擇自己的人生。人際關係的重要性並未改變，依然是世上最要緊的事之一。而一些原則也並未改變，例如責任感、遠見、團隊合作、服務與時時更新自己。這些依然決定一切。

正因如此，七大習慣永不過時，因為這些習慣奠基於不受時間影響的原則。事實上，當這個世界變得愈來愈瘋狂，這七大習慣只會更加不可或缺。我們永遠都必須採取主動，踏出第一步。我們永遠都必須在希望別人了解自己之前，先去了解別人。七大習慣一直都在。

這麼多年來，我從全球的青少年讀者那裡收到上千份電子郵件與信件，信中分享他們遭遇的問題與成功經驗。在閱讀這些信件的過程中，我留意到其中有三大主題一再出現。

首先，每個人都在人際關係上遇到問題，包括友情、愛情、父母親情或與親戚之間的關係……任何你想得到的關係。所以，如果你正面臨人際難題，其實你並不孤單。歡迎加入大家的行列。

第二，幾乎所有青少年都寫信告訴我，他們想要改變，想要變得更好。他們想要戒掉毒癮，想要在學校表現好一點，想要減肥，想要擺脫沮喪……。如果你像他們一樣，你也會想要變得更好。

第三，七大習慣真的有效，而且效果好得驚人！七大習慣能夠在許多事情上幫助你，包括建立友情、在面對約會與性關係時做出更聰明的選擇、在學校表現得更好、掌握自己的生活、建立自我價值，而且信不信由你，甚至可以幫助你和父母好好相處。

有位讀者寫信告訴我，在學習第一個習慣「主動積極」的過程中，她的生活如何轉變：

過去六個月以來，我經歷了許多事。我生命中的至愛傷透了我的心，他連一句話都不願意跟我說。而且，他開始和我最好的朋友交往。我的父母對於要不要離婚一直猶豫不決。我的哥哥陷入毒癮的深淵。我的生活開始瓦解。然後，我媽媽買了這本講七大習慣的書，這本書真的改變了我的思考模式。最讓我印象深刻的是，書中提到沒有人可以讓你抓狂、毀掉你的日子，除非你放任對方這麼做。以前我老是用某人有沒有跟我說話，或某事有沒有發生之類的事，來決定我一整天過得好不好。現在我才不在乎。如果有壞事發生，我不管如何都會微笑度過。如果那個人不跟我打招呼，我就跟其他更熱情的人打招呼，好好過我的日子。比起讓某人決定你過得開不開心，還不如自己好好過日子，這樣簡單多了。我所有的朋友都注意到我的轉變。其實我只是偶爾微笑和快樂。

我知道你的生活裡有很多必須處理的難題。一整天都不順。別人對你說惡毒的話。父母離婚。你愛的人過世了。老是有意外發生。在更大的世界裡，你必須處理恐怖主義、戰爭、愛滋病、全球競爭、網路霸凌、毒品、色情氾濫與反式脂肪等問題。

儘管問題不斷，但我相信，如果你可以選擇在哪個時代生活，你絕對找不到比現在更好的時代了。真的，此刻是史上最好的誕生時刻！比起埃及人、羅馬人、阿茲特克人或明朝人經歷過的日子，現在的生活可是好多了。想一想，比起過去，現在人們更自由，資訊更豐富，更富裕，機會也更多了。

光說資訊和科技好了，透過網路，整個世界就在你的指尖。你可以看上百個電視頻道和電臺節目。如果你想要了解希臘神話，你不必像你父母年輕時一樣，得去圖書館或找專家，只要用Google搜尋就好了！如果你想要學習彈吉他、烤起士蛋糕、甚至駕駛直升機（我的意思可不是建議你這麼做），你只要上YouTube搜尋，就會找到你要的東西。

你可以用你的智慧型手機查看雅加達一個禮拜的天氣預報，為你的狗拍攝高解析度的照片，或查看文明世界中任何一條街道的地圖。想像一下！而且這一切都不會放慢速度。根據摩爾定律，每隔十八個月，微晶片電腦的運算性能就會增加一倍。我等不及要看我的懸浮車了！

改變的速度也會加快。比方說，印度和中國正在影響一切。亞馬遜和臉書之類的公司幾乎一夕之間崛起，稱霸全球。

機會遍地都是。誰猜得到二十八歲的程式設計師皮耶・歐米迪亞（Pierre Omidyar）只靠著替一家叫eBay的公司撰寫程式碼，讓買家與賣家在網路上聚在一起，就一夕之間變成有錢人？

沒錯，即使眼前充滿挑戰，此刻仍然是生活的好時機。我們可以做太多好事，可以幫助太多人。就像一位有智慧的領導者說的：「這是一個宏偉的時代。比起太平盛世，此刻我們的影響力可以發揮十倍的力量。」

而且，我希望你永遠不要忘了班叔叔告訴蜘蛛人的話：「能力愈大，責任愈大。」沒錯，你不是蜘蛛人，也不是凱妮絲（Katniss Everdeen，譯注：《飢餓遊戲》女主角），但你確實比過去任何世代都擁有更大的自由與更多的機會，伴隨而來的就是更大的責任。

所以，好好享受這本針對網路世代而推出的最新版本吧！你會愛上書中全新的語言風格、故事與趣聞軼事。我在此獻上最美好的祝福，願你為自己打造光明的前途，亮到你得戴上太陽眼鏡才行。

我是誰？

我是與你永相左右的伴侶。

我不是你最好的幫手，就是你最沉重的負擔。

我可以推促你勇往直前，或是引你走向失敗。

我完完全全聽命於你。

當你把事情做了一半，你只管放心交給我，

我會以最快的速度正確無誤地把它做好。

我很好掌握，你只要嚴格要求我，

告訴我你希望事情怎麼做，

我一定有樣學樣、自動自發將它完成。

我是所有偉人的忠僕，也是一切失敗的根源。

對那些成功的人來說，我是功臣。對那些失敗的人來說，我是罪魁禍首。

我不是機器，但我做起事來比機器還準確，比人還聰明。

你可以利用我賺錢，或是受我影響步上毀滅；對我來說，這兩者毫無差別。

接受我，訓練我，堅定地掌握我，我可以為你贏得全世界。

如果你放縱我，我就會毀了你。

我到底是誰？

我

就是

你的習慣

目錄

第一部

準備就緒

養成習慣

習慣不是造就你，就是毀掉你

思維模式與原則

思維決定結果

第一章

養成習慣

習慣不是造就你，就是毀掉你

歡迎！我的名字叫西恩，這本書是我寫的。我不曉得你是怎麼得到這本書。或許是你媽媽拿給你看，好讓你變得有規矩一點；也許是你自己花錢去買，因為書名引起你的注意。無論是怎樣來到你的手上，我都感到高興。現在，你只要讀它就好了。

許多青少年都喜歡看書，但是我不屬於他們（不過，我的確讀過幾本世界名著的簡譯本）。如果你和我是同一種人，可能已經準備要把這本書束諸高閣。可是在你這麼做之前，請先聽聽我的話。要是你願意把這本書讀下去，這段閱讀經驗就會成為一種探險過程。事實上，為了讓它讀來有趣，我在書裡擺了許多卡通、聰明的點子、偉大的格言、全球各地青少年的真實故事及其他的驚喜。所以你願意試一下嗎？

好嗎？好！

現在，讓我們回到這本書的內容。這本書是以另一本書《與成功有約》（*The 7 Habits of Highly Effective People*）為基礎而寫成，那本書的作者是我爸爸史蒂芬‧柯維。令人驚奇的是，這本書後來成為有史以來最暢銷的書籍之一。不過，他把那本書的成功歸功於我和我的兄弟姊妹。你知道，我們都是他的天竺鼠——他在我們身上進行各種心理實驗。這就是我的兄弟姊妹為什麼都有重大的心理問題（開個玩笑而已，我的兄弟姊妹們）。幸運的是，我得以倖免，沒有受到傷害。

那麼，我為什麼要寫這本書呢？我之所以寫這本書，乃是因為今日青少年的生活環境不再像是一片無憂無慮的遊樂場，而是一片叢林。如果我寫得不錯，這本書會成為一個羅盤，幫助你順利度過這個階段。這本書不像我爸爸寫的那本書，當時他是為了大人寫的（有時候讀起來真的很無聊），這本書是專門針對青少年寫的，所以整本書都很有趣。

儘管已經從青春期退休了，我仍然記得自己在青少年時期的感覺。我可以發誓，大部分時間裡，我都像坐在一臺情緒的雲霄飛車上。回顧過往，我真的很驚訝，自己竟然能在這個階段中存活下來。我永遠不會忘記，國一時，我頭一次墜入愛河，喜

歡一個叫妮可的女生。於是，我叫我的朋友克拉爾去告訴她（我膽子太小，不敢直接跟女生講話，所以找人替我傳話）。後來，克拉爾完成了他的任務，回來跟我報告經過。

「喂，西恩，我告訴妮可了。」

「她怎麼說？」我焦急地問道。

「她說：『喔，你說西恩啊？他太胖了！』」克拉爾笑了出來。

當時的我覺得氣急敗壞，只想找個地洞爬進去。為此，我發誓一輩子都要討厭女生。幸運的是，我的荷爾蒙占了優勢，後來我又開始喜歡女生了。

為了寫這本書，我曾經採訪過許多青少年，有些青少年會跟我分享內心的掙扎。我想，這些事情你也會感到熟悉：

「有太多的事情要做，時間卻不夠用。我得上學、做功課、打工、交朋友、參加派對，還有最重要的，就是跟家人相處。我的壓力實在太大了，救救我！」

「當我老是比不上別人，我怎麼能看重自己？每到一個地方，我就發現有人比我聰明、比我美麗，或是比我有人緣。我沒法不想：『要是我有她的頭髮、她的衣服、她的個性、她的男朋友，我就會快樂了。』」

「要是能讓爸媽不來煩我，也許我就能過我的生活了。他們總是嘮叨個不停，好像

我們先養成習慣，
習慣再塑造我們。
——英國詩人

我永遠都不能讓他們滿意。」

「我知道，我並沒有按照我應該做到的方式去過生活，反倒是吸毒、酗酒、性行為等，只要是你想得到的壞事，我都做過了。可是跟朋友在一起時，我還是會跟著他們，做大家都在做的事。」

「我又開始節食了。這是今年的第五次節食。我真的想做點改變，但是就是沒有毅力堅持下去。每次一開始節食，我就得到了希望。可是過不了多久，我就會把它搞砸，心情也就跟著糟透了。」

「近來我的功課不太好。要是分數不能提高，我永遠也上不了大學。」

「我的情緒不穩，常覺得沮喪。我不曉得該怎麼辦。」

「我覺得生活完全失控了。」

這些問題都很真實。然而，你不能把真實的生活趕開，所以我不會試著這麼做。相反的，我要給你一套方法，幫助你面對真實的生活。什麼方法？就是七個習慣；也就是全世界快樂成功的青少年所共有的七個特質。

此刻你或許覺得奇怪，不曉得這些習慣為何。所以，我最好解開這種疑惑。以下就是簡短的說明：

習慣一：**主動積極**——為你的生活負責。

習慣二：**以終為始**——界定你生活中的任務和目標。

習慣三：**要事第一**——設定優先順序，先做最重要的事情。

習慣四：**雙贏思維**——培養大家都能獲益的態度。

習慣五：**知彼解己**——誠懇傾聽別人的話。

習慣六：**統合綜效**——跟別人一起努力，完成更大的成果。

習慣七：**不斷更新**——定期讓自己日新又新。

正如下頁圖表所示，這些習慣相輔相生。前三個習慣處理的是自我控制，我們稱之為「個人成功」。第四到第六個習慣處理的是人際關係和團隊合作，我們稱之為「公眾成功」。你必須先掌握個人的行為，才能成為良好的團隊成員。這就是為什麼個人成功排在公眾成功之前的原因。至於第七個習慣——不斷更新，則能強化前面六個習慣。

這些習慣看起來很簡單，對不對？可是等一下你就會發現，它們有多大的力量！要了解七個習慣究竟是什麼，有一個好辦法，就是先去了解它們不是什麼。以下就是與七個習慣相反的態度。

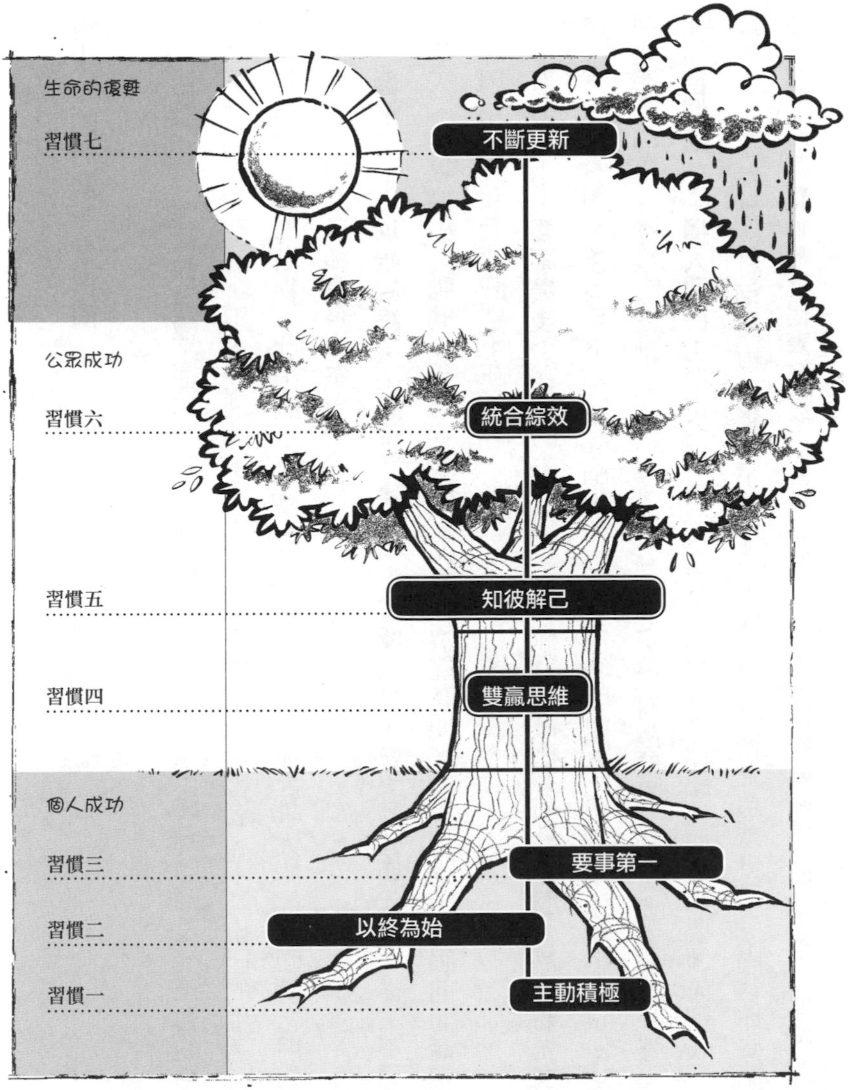
生命的復甦
習慣七
不斷更新
公眾成功
習慣六
統合綜效
習慣五
知彼解己
習慣四
雙贏思維
個人成功
習慣三
要事第一
習慣二
以終為始
習慣一
主動積極

青少年的七個不良習慣

習慣一——被動消極：把你的所有問題都歸罪於父母、愚蠢的師長、差勁的鄰居、男女朋友、政府、別人或別的事情，而且樂於做一個受害者，不為自己的生活負責。行為舉止就像動物：肚子餓了，就大吃一頓。別人對你大吼大叫，就回嘴。明知某件事是不對的，卻還是去做。

習慣二——以始為終：不必做計畫。為了避開目標，會不計一切代價。從來不想到明天。幹嘛擔心行動的後果？只要睡大頭覺、浪擲時間、成天玩樂，為眼前而活就好。因為明天我們或許就不在了。

習慣三——要事最後：在你的生命中，無論你認為最重要的是什麼，都不要先去做，直到你看夠了YouTube上的可愛動物、跟朋友傳夠了訊息、到處閒逛夠了為止。功課是明天的事，永遠不要馬上做。換言之，一定要先做有趣的事，把重要的擺在一邊。

習慣四——損人利己：把生活看成一場惡意的競爭。你認為如果想要領先別人，最好先下手為強，打倒對方，絕對不讓任何人在任何事情上超越自己，因為你要記住，要是他們贏了，就代表你輸了。萬一情勢不妙，你絕對要跟這個混蛋玉石俱焚。

習慣五——先講裝聽：你生來就有一張嘴，所以要善加運用。話絕不要少講，一定得先把你的看法說清楚。一旦你有把握，大家都已明白你的觀點，再假裝聽他們說。當你邊聽邊做白日夢，想著中午要吃什麼的時候，你要不斷點頭，嘴裡說「嗯、嗯」。要是你真的希望他們給你意見，就先把你的意見告訴他們。

習慣六——拒絕合作：讓我們面對事實：別人都是怪胎，因為他們跟你不一樣。所以，何必試著跟他們相處呢？小狗才需要團隊合作。既然你總是有很多高明的點子，最好什麼都自己來，你只要像孤島一樣，自行其是就好了。

習慣七——耗盡自己：讓自己忙個不停，絕不要花時間來更新自己、改進自己。絕不要讀書，也不要學習任何新東西，而且要像避開瘟疫般地避開各種練習機會。還有，看在老天的份上，絕不要接近好書、大自然，以及任何能鼓勵你的東西。

你可以看出來，以上七個不良習慣都是自我毀滅的食譜。可是，卻有很多人陷在裡面不能自拔（包括我在內），難怪我們有時會覺得生活實在糟糕透頂。

習慣究竟是什麼？

習慣是我們會重複去做的事。可是我們多半很少注意到，自己已經養成這些習慣，就像進入自動駕駛模式。

有些習慣是有益的，例如：定期運動、事先做計畫、尊重別人。有些習慣是有害的，例如：負面的思考、覺得自己不如人、責怪別人。有些習慣並無大礙，包括：洗澡的時間異於常人、每一餐都淋上熱騰騰的醬汁、運動的時候聽音樂。

習慣的好壞影響很大，不是造就你，就是毀掉你。我們會成為自己重複表現的模樣。誠如作家斯邁爾斯（Samuel Smiles）所言：「種下思想，收穫行動；種下行動，收穫習慣；種下習慣，收穫品格；種下品格，收穫命運。」

幸運的是，你可以勝過自己的習慣，改變它們。舉個例子，請用兩隻手臂環抱胸前，看看哪隻手臂在上面？然後再從相反的角度環抱一次。你有什麼感覺？覺得很怪，對不對？可是，如果你連著三十天都從相反的角度環抱手臂，你就不會覺得這麼奇怪了，你根本連想都不會想到，因為你已經培養出這個習慣。

無論何時，你都可以看著鏡子裡的自己說：「喂，我不喜歡自己這一點。」然後把壞習慣改成比較好的習慣。這種做法並非每一次都很容易，但是絕對有機會成功。

這本書的所有點子雖然不見得全都對你有效，不過，其實你不必做到那麼完美的程度，也不用展現所有的成果，你只要在某些時刻實踐某些習慣即可。這些習慣能用你想像不到的方式，幫助你體驗生命中的變化。

七個習慣能幫助你：

- 控制生活。
- 改進人際關係。
- 跟父母相處。
- 享受快樂。
- 增強自信心。
- 做出更明智的決定。
- 克服不好的上癮癖好。
- 事半功倍。
- 建立價值觀，想清楚什麼最重要。
- 在學校、打工、交友及所有的事情上得到平衡。

最後一點，這是你的書，所以要善加利用，不要害怕在書上畫線、做記號，或是圈出你喜歡的想法。閱讀時，你可以把重點畫下來，或是在書頁空白處寫筆記，即使潦草一點也無妨。此外，你也可以把那些能夠激勵你的故事多看幾次，並把讓你覺得有希望的哲言記在腦中。最後，再試著做做每章結尾的「跨出一小步」。它的目的是要幫助你立刻開始實踐這些習慣。如果你做到了，便會從這本書裡得到許多收穫。

或許你也會想試試尋求額外的協助與資訊。如果你喜歡跳著讀，只看那些漫畫和小故事，這樣也很好。可是，由於這些習慣相互連貫、環環相扣，排列順序必有其原因，所以，你還是應該找個機會把它從頭讀到尾。現在你覺得怎麼樣？

讓我驚喜一下，讀一讀這本書吧！

預告：下一章，我們將要看看有史以來最愚蠢的十句話，你不會想錯過的。讀下去吧！

第二章

思維模式與原則

思維決定結果

以下是多年前各領域專家所提出的看法。當時這些言論聽起來聰明，然而，隨著時間的流逝，在今天看來卻愚不可及。古往今來愚蠢言論排行榜前十名如下：

⑩ 任何人都沒有理由買臺電腦擺在家裡（1977）。——奧爾森（Kenneth Olsen），迪吉多電腦公司創辦人及前任總裁

⑨ 飛機是有趣的玩具，但是沒有軍事價值（1911）。——福煦（Ferdinand Foch），法國陸軍元帥，軍事戰略家，第一次世界大戰指揮官

⑧ 不管未來科學如何進步，人類永遠也上不了月球（1967. 2. 25）。——佛瑞斯特博士（Dr. Lee Forest），發明三極管的科學家，人稱「收音機之父」

⑦（電視）沒法占有任何市場半年以上。人們很快就會厭倦每晚瞪視這種夾

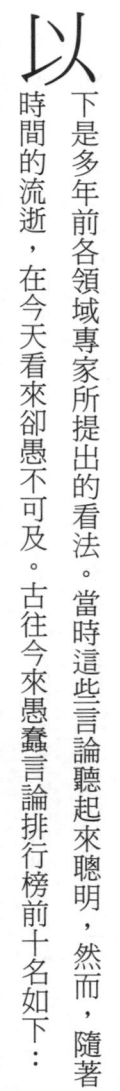

板做的盒子（1946）。——德里爾・扎納克（Darryl F. Zanuck），二十世紀福斯公司的負責人

⑥ 我們不喜歡他們的音樂。吉他樂團快要過時了（1962）。——英國笛卡唱片（Decca Records）拒絕披頭四的理由

⑤ 對大多數人來說，吸菸對身體有益（1969. 11. 18）。——《新聞週刊》引述洛杉磯麥當諾醫師（Dr. Ian G. MacDonald）的話

④「電話」缺點太多，我們無法認真地把它視為一種電信工具。對我們來說，這種設施本來就沒有價值（1876）。——西方工會（Western Union）的內部備忘錄

③ 地球是宇宙的中心（第二世紀）。——托勒密（Ptolemy），古埃及天文學家

② 今天沒有發生任何重要的事（1776. 7. 4）。——英王喬治三世

① 垃圾郵件的問題將會在兩年之後解決（2004）。——比爾・蓋茲在世界經濟論壇說的話

讀過這些看法後，讓我和你分享下一張清單。單子上的話是由和你一樣的青少年所提出。以前你大概已經聽人說過這種話，它們和前面的話一樣愚蠢：

- 我家沒有人上過大學。要是我以為自己能上大學，一定是瘋了。
- 沒有用的。我的繼父和我永遠也處不來。我們的差異太大了。

- 聰明是屬於「白人」的東西。
- 我的老師想抓我的小辮子。
- 她真漂亮——我敢打賭她是個混蛋。
- 除非你認識對的人，否則不可能出人頭地。
- 我很瘦？你在開玩笑嗎？我們全家都是胖子。
- 我不可能在這裡找到一份好差事，因為沒有人想雇用青少年。

思維模式是什麼？

這兩張單子的說法有哪些相同之處？首先，它們都是一種感覺，都是關於某些事情的認知，並非事實。其次，雖然這些人深信不疑，但是上述看法都是不正確或不完整的。

還有一個字眼可以用來形容認知，那就是思維模式。思維模式是你看待事物的方式、觀點、參考架構和信念。你可能已經發現，我們的思維模式經常有所偏差，因而帶來種種限制。例如，你可能相信自己沒有上大學的條件。可是請記住，托勒密和你一

最好讓自己保持明晰；
你就是一扇窗，透過它，
你看到全世界。
——蕭伯納，英國劇作家

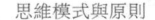

樣，堅信地球是宇宙的中心。

想想那個自認沒法跟繼父相處的女孩。如果她的思維模式就是如此，她可能跟繼父處得好嗎？大概不太好，因為這個信念會把她往反方向拉扯。

思維模式就像一副眼鏡。對自己和生活抱持不完整的思維模式時，就像戴上一副眼鏡，無論注視任何東西，都會使你產生錯誤的認知。結果，你看到什麼，最後就會得到什麼。例如：你相信自己很笨，這個信念就會讓你變得愚蠢；要是你相信你的姊姊很蠢，就會尋找證據來支持自己的看法，而且在你的眼裡，她也會始終保持愚蠢的樣子。相反的，要是你相信自己很聰明，這個信念會把玫瑰色的光環，投注在你做的每一件事上，進而對你的行為產生影響。

有個名叫克里斯蒂的女孩曾跟我談過，她有多麼喜歡高山之美。有一天她去看眼科醫生。她驚訝地發現，她的視力比自己想像的差多了。戴上新的隱形眼鏡後，她很驚奇竟然能看得這麼清楚。誠如她所言：「我這才明白，高山、樹木，甚至是路旁的交通標誌，都包含許多細節，它們遠超過我的想像。這是最奇特的一點。我一直不曉得自己的視力有多麼差，直到我體驗到它們可以好到什麼程度，我才明白這一點。」事實往往就是這樣。因為思維模式的混亂偏差，我們常常不明白自己究竟錯過多少東西。

對於自己、別人、生活本身，我們都抱持著某種思維模式。讓我們看看它們。

對自己的思維模式

停下來，想想這個問題：「我的思維模式究竟是幫助了我，還是阻礙了我？」

我的妻子莉貝卡在愛達荷州的麥迪生高中讀高一時，有一天班上傳下麥迪生小姐選美比賽的志願報名單。莉貝卡和其他女孩一樣，都在單子上簽下自己的名字。坐在莉貝卡旁邊的琳達卻直接把單子傳給別人。

「簽吧，琳達。」莉貝卡堅持要她簽。

「哦，不。我不行。」

「來吧。這會很好玩的。」

「不，真的。我不是那一型。」

「妳當然是。我覺得妳會表現得很好。」莉貝卡為她打氣。

莉貝卡和其他同學不斷鼓勵琳達，直到她在單子上簽名。

莉貝卡當時並沒有想太多。但是七年後，她接到琳達寄來的一封信，信上提到那天她內心劇烈的掙扎。她向莉貝卡致謝，覺得莉貝卡點燃她生命的火焰，改變了她的生活。琳達寫道，高中時代的她深為自卑所苦。莉貝卡卻認為她可以參加選美大賽，使她深感震驚。當時她之所以答應簽名，只是為了擺脫莉貝卡和其他同學。

琳達說，想到要在舞臺上參加競賽，她就渾身難受。第二天，她就跟比賽的主辦人聯絡，要他把自己的名字劃掉。可是這位主任和莉貝卡一樣，堅持要她參加比賽。

琳達滿心不願意地接受了。

但是她只需要這點勇氣，琳達指出，儘管沒有贏得名次或獎項，她仍克服了一個更重大的阻礙：自卑感。比賽過後的第二年，琳達當選為學生會主席。就像莉貝卡說的，她培養出一種活潑外向的性格。

琳達經歷了「思維模式的轉變」，藉由勇敢參加這場盛會，表現出自己最優異的長處，琳達開始從新的角度看待自己。琳達在信中深深感謝莉貝卡，因為莉貝卡取下了她那厚重的眼鏡，把它摔到地上，一定要她試一副新的眼鏡。

消極的思維模式會讓我們替自己設下許多限制。同理，積極的思維模式會使我們把隱藏的優點發揮出來。以下是一個很好的例子，這是法王路易十六的兒子的故事：

當時，路易十六被廢位，並被關進監獄。他那年輕的兒子，也就是王子，被廢除法王的那群人抓起來。他們認為，國王的兒子是王位的繼承人，只要讓他喪失道德感，他就永遠體會不到自己偉大輝煌的命運。

於是，他們把這個少年帶到遙遠的一個村落，讓他接觸各種淫賤的事情：他們在他面前擺設豐盛的食物，希望使他淪為口腹之欲的奴隸；他們在他面前不停地講髒話，並派遣淫蕩、誘人的女子去親近他，同時又讓他看到丟臉、充滿猜疑的事情。這些東西足以使一個人的靈魂深深墮落。有六個月的時間，他天天都在經歷這些事情，但卻從來不曾在壓力下失足。最後，在強烈的引誘之後，他們開始質問他：這些事情明明可以帶來歡樂，滿足他的欲望，而且這一切都屬於他，為什麼他不好好享用？這個男孩答道：「我不能做你們要我做的事，因為我生來就是國王。」

路易王子堅定地秉持他對自己的思維模式，因此，沒有任何事物能改變他。同樣地，如果你在人生的路途中戴上一副積極的眼鏡，相信「我能做到」或「我很重要」，這個信念就會替你碰到的每一件事，添加積極的色彩。

讀到這裡，你可能會問：「假如我對自己的思維模式完全扭曲了，我該怎麼修正？」有一個方法是花點時間，跟相信你、給你打氣的人相處。對我來說，我母親就是這種人。在我成長的過程中，我母親總是相信我，尤其是當我懷疑自己的時候。她總是說：「西恩，你當然應該去選班長。」或是「去問問她。我有把握，她一定很想跟你出去。」每當我需要肯定，我就跟媽媽聊聊，她必會擦亮我的眼鏡。

若是詢問任何一位成功的人物，對方一定會告訴你，他們背後有一個人總是對他們充滿信心，這個人可能是老師、朋友、父母、監護人、姊妹、爺爺、奶奶，只要一個人就夠了。你不必害怕依靠這個人，也不必擔心從對方那裡汲取養分。去找他們，請他們給你忠告，並試著從他們看你的角度來看待自己。你會發現，新眼鏡帶來的差異是多麼明顯！就像有人說過：「如果你能揣想神要你成為的那種人，你就會振奮起來，與原來的你判若兩人。」

有時你沒有人可以依靠，必須自己前進。如果你就是這樣，請特別用心閱讀下一章。它會提供許多好用的方法，幫助你建立良好的自我形象。

對別人的思維模式

思維模式的應用對象不僅包括自己，也包括別人。如果我們可以從另一個角度看事情，便能了解別人為什麼會表現失常。

貝姬對我談到她改變思維模式的經過：

高一時我有個朋友名叫金。她基本上是個好人，但是隨著第一學年的展開，跟她相處變得愈來愈難。她很容易覺得受到侵犯，經常感覺遭到冷落，情緒起伏很大，所以我的朋友和我打電話給她的次數愈來愈少，甚至不再邀她一起玩樂。

那一年過後的暑假，我大部分時間都在外地。回家後我跟一個朋友聊起大家的近況，她告訴我所有八卦、各人的戀愛史、誰跟誰約會等等，突然間她說：「哦！我提到金了嗎？她最近過得很不好，因為她爸媽正在辦離婚，情況非常糟糕。她的心情簡直壞透了。」

聽到這個消息，我的看法徹底改變了。我不再為了金的作為生氣，卻對自己的行為感到慚愧。在她需要我的時候，我卻拋下她不管。由於這個小小的訊息，我對她的態度完全不一樣了。這真是一種打開眼界的經驗。

想一想，讓貝姬的思維模式發生改變的原因，其實只是這麼少的一點新資訊；而我們往往還沒得到全部的事實，就先判斷了別人。莫妮卡也有類似的經驗：

我以前住在加州。在那裡，我有許多好友，所以我並不在乎新來的人。我認為，新來的人應該自己想辦法處理各種問題。後來我搬家了，成為那裡新加入的孩子，我希望別人在乎我，也希望能成為那裡某個群體中的一份子。現在我看事情的角度和以前大不相同。我知道一個朋友也沒有是什麼滋味。

從另一個角度看事情，可以使我們待人的態度產生極大的轉變。我敢打賭，從現在開始，莫妮卡會用截然不同的態度，對待她家附近新搬來的孩子。

以下是一篇《讀者文摘》的文章〔投稿者為丹・格雷林（Dan P. Greyling）〕。這篇文章是思維模式改變的一個典型範例：

我有個朋友在歐洲待了很久，後來返回南非的途中，她在倫敦的希瑟爾機場（Heathrow Airport）短暫停留了一會兒。於是，她買了一杯咖啡和一小包餅乾，拿著行李搖搖晃晃走向一張沒有人坐的桌子。當她開始看報紙，她發現有人窸窸窣窣地在拿她桌上的東西。從報紙後面，她吃驚地見到一名衣冠楚楚的年輕男子，正在拿她的餅乾吃。她不想引起大家的注意，便往前靠，取了一塊餅乾來吃。一分鐘過去後，窸窸窣窣的聲音更響了──他正在取用第二塊餅乾。

他們吃到只剩一塊餅乾時，她十分生氣，可是一句話也說不出來。結果，那位年輕人把餅乾分成兩塊，把一塊推到她面前，自己吃掉另外一塊，然後就走了。

過了一會兒，傳來登機廣播，這時她仍然氣得七竅生煙。結果她打開提袋時，赫然發現自己的那包餅乾就在裡面。她剛才吃的原來是那個男人的餅乾。在這一刻，她簡直困窘得無地自容。

試想，這位女士尚未發現袋內的餅乾時，對這個衣著整齊的年輕人會有什麼感覺？「這個小子是多麼粗魯、多麼厚臉皮啊！」

想一想，事後她會有什麼感覺？「真是難堪！他是多麼好心，竟然把最後一塊餅乾也分給我一半！」

這個故事的重點非常簡單，我們的思維模式經常是不完整、不正確，或是亂成一團，同時，從自己有限的觀點來看事情，我們很少看到全貌，也很少蒐集到所有的事實。因此，我們不該太快下判斷，給人貼標籤，對自己或別人形成僵化的意見。

此外，我們應該開放心胸，接受新的資訊、觀念和看法。當情況清楚顯示，我們的觀點是錯的，我們就該心甘情願改變自己的思維模式。

最重要的是，要是我們想在生活中做出巨大的轉變，關鍵就在改變思維模式，也就是我們看世界的那副眼鏡。換掉這副眼鏡，其他的一切就會隨之發生。

仔細觀察就會發現，你的大多數問題（在人際關係、自我形象或態度方面的問題），都是一、兩個混亂的思維模式所造成的結果。例如，要是你跟爸爸關係不好，很可能是因為你們對彼此的思維模式都是扭曲的。你認為他很嚴厲，對你施加太多壓力；他則覺得你這個乳臭未乾的小子簡直被寵壞了，完全不曉得感激父母。事實上，你們的思維模式或許都不完整，它阻礙了你們，使雙方無法獲得真實的溝通。

我相信你看得出來，這本書會對你既有的思維模式提出挑戰，進而幫助你創造更準確、更完整的思維模式。所以，開始準備吧！

對生活的思維模式

除了對自己、對別人的思維模式，我們對這個世界也抱持著某種概略性的思維模式。你可以捫心自問，看出自己的思維模式：「推動我生命的力量是什麼？」「我把時間花在思考什麼事情上？」「我想熱烈追求的是什麼人？是什麼東西？」對你最重要的東西，就會成為你的思維模式、你的眼鏡或是生活的重心。對於青少年來說，比較受歡迎的生活重心包括朋友、物質、男友或女友、課業、父母、運動或嗜好、英雄、敵人、自我和工作。這些目標都有優點，也都有不完整的地方。以下我會向你說明，如果你把生活的重心放在它們身上，就會把你的生活搞得一團糟。幸運的是，有一個重心是你永遠都可以依賴的。我們要留到最後再談。

以朋友為重心

沒有任何事情比歸屬於一群好友更快樂；也沒有任何事情比淪為社會棄兒更悲慘。朋友非常重要，但他們絕不可成為你生活的重心。為什麼？因為朋友有時候是善變的；有時候是虛假的；有時候會在背後說你壞話，或是交新朋友，忘掉你的

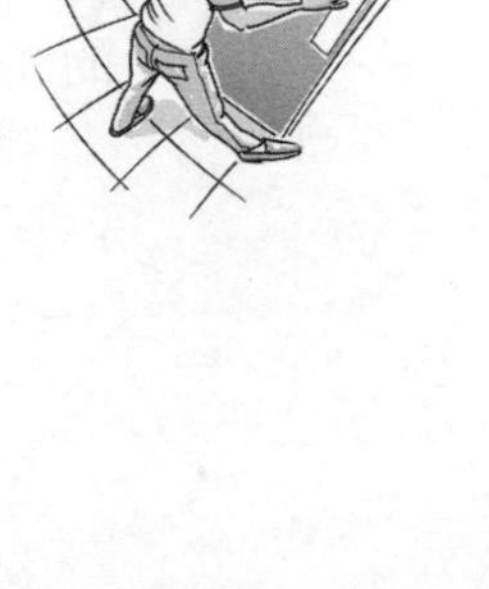

友誼；有時他們的心情會起伏不定，有時會離開。

其次，如果你把自己的價值放在被別人接受、人緣好或在臉書上擁有最多朋友上面，你會發現自己每個週末都在妥協、都在更改心中的標準，來適應朋友的需要。無論你相不相信，總有一天，朋友將不再是你生活中最重要的事情。在高中時代，我有一群好棒的朋友。我們做什麼都在一起——一起到禁止游泳的水道裡戲水、一起在吃到飽的自助餐廳大吃大喝、一起在黑夜裡滑水、跟彼此的女朋友約會等，只要你講得出來的事，我們都做過。我好喜歡這些傢伙。我覺得我們永遠都會是好朋友。

高中畢業後，我離開家鄉。我驚訝地發現，我們四散各地，很少見面，新的感情、工作和新建立的家庭占據了我們的時間。在青少年時代，我絕沒有想到會變成這樣。

所以，盡量多交朋友，但是不要把生活重心放在他們身上。這種基礎不穩定。人們會改變，你也會改變。

以物質為重心

有時我們用財產和「物質」的眼鏡看世界。在這個標榜物質的世界裡，它教導我們「死前得到最多玩具的人才是贏家」，我們必須擁有速度最快的汽車、最漂亮的衣服、最新款的智慧型手機、最美麗的髮型，還有理應帶給我們快樂的許多事物。物質也可以用頭銜和成就的形式出現，例如啦啦隊隊長、戲劇中的主角、學生會主席、校刊主編、校隊的最有價值球員，以及畢業典禮中致告別辭的學生代表。

謀求與享受物質並沒有什麼不對，但是，我們絕對不應該讓自己的生活以物質為重心，因為這種做法沒有任何持久的價值。

我們的自信必須來自內在的價值和品質，而非外在的事物和擁有的數量。畢竟，死前得到最多玩具的人，仍舊是死了。

我認識一個女孩，她擁有滿櫃子最美麗、最昂貴的衣服。同一套衣服她很少穿兩次。跟她比較熟以後，我發現她有嚴重的「電梯眼」，每當她跟女生講話，她的眼睛就會從上到下打量對方，看看對方的衣服是不是跟自己的一樣漂亮。對於以物質為生活重心的她而言，這種做法讓她有優越感。她的自信大部分來自她擁有的東西，而非來自她的個性、聰慧與善良。對我來說，這種態度無異於走入歧途。

我看過一則哲言，完全說出了我的想法：「如果我的價值是由我所擁有的東西來決定，要是我失去這些東西，那時我是誰呢？」

塔莎的行動	布萊迪的反應
未經思考，說了一句不體貼的話。	「我今天完了。」
跟布萊迪最要好的朋友說話。	「他們在打情罵俏嗎？他們兩人都背叛了我。」
「我認為我們應該和其他人約會。」	「我的生命結束了。妳不愛我了。」

以男友或女友為重心

在所有的生活重心當中，這一種可能是最容易中計的陷阱。我的意思是，在某些時刻，有誰不是把心思全放在男友或女友身上？

假設布萊迪把生活重心放在女友塔莎身上。讓我們看看，這種做法使布萊迪變得多麼不穩定（請見表格）。

諷刺的是，你愈是把生活重心放在某人身上，對方愈會覺得你沒有吸引力。為什麼呢？首先，你若把重心放在某人身上，對方就會覺得，得到你是一件輕而易舉的事。其次，有人用他全部的感情生活包圍你時，你會覺得厭煩、生氣。由於對方的安全感來自於你，而不是來自他的內心，他便會不停地跟你攤牌，討論你們的感情現況，這種壓力會使你受不了。

我開始跟我太太約會時，她有一個地方很吸引我，那就是她沒有把生活重心放在我身上。我永遠不會忘記，有一次她曾拒絕我的重要邀約（而且她面帶微笑，沒有抱歉的話語），我真喜歡她的做法！她屬於她自己，有自己的內在力量。她的心情完全不受我的影響。

相信我，如果你不把重心放在男友或女友身上，你會成為一個比較好的對象。這道理也適用於你試圖得到對方青睞的時候。如果你把生活重心放在對方身上，有時候你會因為太需要對方，而變得黏人，最終絕望。獨立的人比依賴對方的人更有魅力。

此外，把重心放在別人身上，並不表示你愛對方，這僅僅表示你依賴對方。一對情侶要是把生活重心放在彼此身上，你一定看得出來，因為他們會不斷地分手，然後再復合。儘管感情已經是千瘡百孔，他們的感情生活和自我認同卻深深糾纏在一起，因而無法放手讓對方離去。

你可以隨自己的意思，盡量多交些男友或女友，但是不要狂熱地黏住對方，也不要把生活重心放在對方身上。儘管有例外狀況，這種感情通常還是像溜溜球一樣，忽上忽下起伏不定。

以課業為重心

把生活重心放在學校的青少年，遠比你想像的要多。加拿大的麗莎一直後悔她把生活重心放在學校上。

我的志向很高，向來注重課業，因此，我沒有好好享受青春年華。對我來說，這種態度不僅不健康，而且十分自私，因為我只在乎自己與自己的成就。

國一的時候，我希望成為一位腦科醫生，因為這是我能想到最困難的差事。於是，我每天清晨六點起床，凌晨兩點以後才睡覺，就是為了讓自己有所成就。

我覺得老師和同學也期待我這麼做。要是我沒有拿高分，他們就會很驚訝。父母雖然要我放鬆一點，但我對自己的期望跟老師、同學對我的一樣高。

我現在才明白，即使不這麼拚命，我仍然可以得到渴望的成就——我明明可以愉快地追求自己的目標的……

受教育對我們的未來非常重要，的確應該排在第一位，可是別讓名次和平均分數掌控自己的生活。以課業為重心的青少年，經常忘記上學的目的是學習。數以千計的青少年已經證明，你可以在課業上表現優異，同時保有平衡健康的生活。

感謝老天，我們的價值不是由分數來決定。

以父母為重心

父母可以成為愛與引導的最佳來源。你應該尊敬他們、為他們爭光，但是，光把生活重心放在父母身上，一心只想取悅他們，這種態度將會變成一種真實的夢魘（不要對你爸媽說，這是我說的，要不然他們可能會拿走這本書……開玩笑的）。請看這位路易斯安那州少女的經歷：

我整個學期拚命念書。我只知道，這樣做能取悅父母——我得到六個A和一個B+。可是，我在他們的眼睛裡只看到失望的神情。他們只想知道，得B+的這門課為什麼沒有拿A。為此，我只能忍住淚水。他們究竟要我怎麼樣？

這是我高二的情況。往後兩年，我試著讓父母為我驕傲。我打籃球，希望他們以我為榮，不過，他們卻從來不曾來看我打球。我每學期都成為優等生，但不久他們就期待我每一科都拿A。我想上大學，將來當老師，但是父母認為，教書又不賺錢，要是念別的科系，將來我的經濟狀況就會比較寬裕，於是我照辦了。

我做每一個決定之前，都會問自己：「媽和爸希望我怎麼做？他們會不會以我為傲？會不會因此而愛我？」然而，無論怎麼做，我永遠都不夠好。我把自己的全部生命放在父母看重的目標和期待上，這種做法並沒有讓我快樂。多年以來，我活著只是為了取悅父母。我覺得生活完全失控了，自己沒有用、一點也不重要。

我終於明白，我不可能得到父母的讚許。要是我不振作起來，就會毀掉自己，我需要找到一個真實、持久不變的重心；一個不會吼叫、反對和批評的重心。於是，我開始仰賴原則去過自己的生活。我認為這些原則（像對自己與父母真誠以對、對於快樂生活的信心、對未來的希望，以及對自己善良本性的信念）會帶來快樂。一開始，我有點假裝自己很堅強，過了一段時間以後，我真的變堅強了。

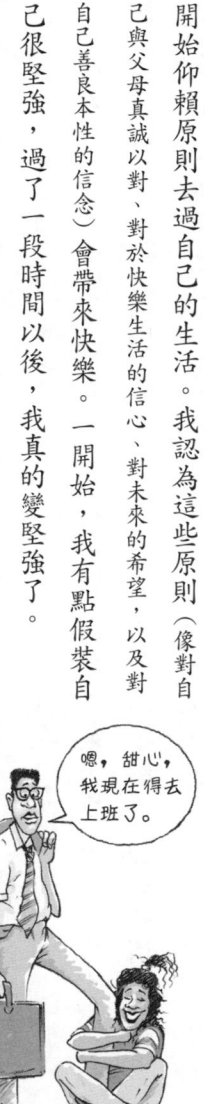

最後，我終於能夠勇敢站起來，跟父母大吵一架，讓他們認清我的性情，結果他們還是愛我的。他們為了過去給我的壓力而道歉，說出他們對我的愛。在我記憶中，我到十八歲才聽到父親說「我愛你」，但那是我聽過最甜蜜的話，值得我長久等待。如今我還是在乎父母的看法；他們的意見還是會影響我，但是，我終於可以為自己的生活與行動負起責任——我會先讓自己高興，然後再去取悅別人。

其他的重心

還有太多事情可以當作生活的重心。運動和嗜好就是許多人的生活重心。一個以運動為重心的小伙子，一心想成為偉大的運動員，後來卻因受傷而結束運動員的生涯。這種情況我們看過多少次了？類似的事情隨時都在發生，這個可憐的傢伙必須重建生活。其他的嗜好與興趣，像是跳舞、辯論、演戲、聽音樂和上俱樂部等，也有類似的問題。

以英雄為重心呢？要是你把生活重心都放在一部電影、某位搖滾歌星、知名的運動員、創業家，或是位高權重的政界人士身上，萬一他們死了、做出愚蠢的事，或是琅鐺入獄，那時你該怎麼辦？你該何去何從？

我們有時會以敵人為重心，把自己的生活重心放在怨恨某個團體、人物或觀念上。網路上有數不清的網站，成立目的居然是厭惡某個主題或名人。這麼做多浪費時間！為什麼不把這股精力用在讓你快樂的事情上？另外，以工作為重心的態度是一種病態的表現，通常多是年齡較大的人才有這個問題。不過，有些青少年也是工作狂。工作狂通常是由一種強迫性的需求所推動，渴望追求更多的物質，例如金錢、汽車、地位、社會的認可等。這些東西無法帶來長久的滿足，因為永遠都會有更新型的iPhone上市，讓你覺得用過時的手機很丟臉。

還有一種常見的重心，就是自我中心，認為世界是圍著你和你的問題旋轉。最常出現的後果是，你會深深憂慮自己的情況，輕易忘卻他人的苦痛。

你看得出來，這些生活重心並不能提供我們所需要的穩定感。我並不是主張，我們不應在跳舞或辯論方面出人頭地，或是不要跟朋友和父母培養美好的感情。事實上我們應該這麼做。只不過，在熱情追求目標，以及把整個生命放在某個目標上，兩者之間的確有一條明顯的界線，而我們不該跨越它。

以原則為重心——真實的目標

如果你開始覺得好奇了，這裡有一個生活重心真的很有效。它是什麼？（請下鼓聲）就是以原則為重心。我們都曉得地心引力會帶來什麼後果。把球往上拋，它就會落下來，這是一種自然法則。有些法則掌管物理世界；有些原則掌管人類世界。這些原則不是宗教，也不是有待討論的東西，它們不屬於國家或種族，也不屬於你我。無論你是貧是富，是名人或無名小卒，是男是女，它們公平地適用於每一個人，既不能買進，也不能出售。要是你靠它們而活，你就會揚名萬里；要是你違反它們，你就會一敗塗地（嘿！還滿押韻的嘛！）。事情就是這麼簡單。

下面是幾個例子：誠實是原則；服務是原則；愛是原則；努力是原則；敬重、感激、穩健、公正、操守、忠誠和負責都是原則，除此之外，當然還有很多沒有提到。不過，要辨別它們的存在並不困難。就像羅盤永遠指向正北方，你的心靈也會認出真實的原則。

以「努力」這個原則為例，如果你不付出代價，也許能暫時過關，但是最後終將無處可逃。有一次，我和大學時代的足球教練一同受邀參加一項高爾夫球賽。教練的高爾夫球打得很好，而其他人（包括教練）也以為我會打得很好。畢竟，我在大學是運動員，而所有大學裡的運動員都會打高爾夫球。真的是這樣嗎？其實他們錯了！我的高爾夫球打得糟透了！我這輩子只打過幾次，連怎麼握球桿都不知道。我很緊張，害怕大家會發現我的球技有多爛，尤其是我的教練。於是我想騙過他和別人，讓他們相信我很出色。一開始，在第一個洞旁邊聚集了一小群人，而我是第一個開球的人。為什麼是我？我走上山坡準備開球。這時我心中祈禱奇蹟出現。

咻！奇蹟真的出現了！我簡直不敢相信自己的眼睛！我把球打得很遠，直接飛向發球區與果嶺之間的草地。

我轉過身，向群眾微笑，好像我一向打得這麼好。「謝謝你們，太感謝了。」我瞞住了他們。可是，我蒙混的其實是我自己，因為場內還有十七又二分之一個洞要打。事實上，大家只花了五個洞的時間，就發現我是個高爾夫白痴。過沒多久，教練就嘗試教我怎麼揮桿，我的缺點在此時一覽無遺，真是難堪！

如果你沒有付出代價，追求更好的成績，就無法在打高爾夫球、彈吉他，或是講阿拉伯話上假裝是高手。成功沒有捷徑，努力才是原則。正如NBA的偉大球員「大鳥」柏德（Larry Bird）所說：「如果你不做功課，罰球就投不進。」

實踐原則需要信念，尤其是看到別人靠著說謊、欺騙、放縱、操控，以及只求自己的利益等做法，在生活中超越群倫的時候，你特別需要信仰。不過，你沒有發現的是，他們最後絕對無法擺脫違反原則的困擾。

拿「誠實」的原則為例。如果你是個大說謊家，可能暫時可以瞞天過海，甚至好幾年都沒有被識破，可是，你很難找到一個長期成功的騙子。迪米爾（Cecil B. DeMille）談到他的經典名片「十誡」（*The Ten Commandments*）時說：「我們不可能違反律法，只能違反自己來對抗律法。」

原則和前面討論過的生活重心不同，它永遠不會讓你失望、不會在背後說你壞話，也不會起身離去。它不會因為事業終結而被迫結束，也不會因為膚色、性別、貧富或身體特徵的不同而有所好惡。在你能建立的生活中，以原則為重心的生活，是最穩定、最持久、最堅固的生活基石。我們都需要它。

要掌握永遠有效的原則，首先你可以想像一下，如果用相反的態度過生活，會是什麼光景？那可能是一種詐欺、放縱、自私、怨恨、遊手好閒、忘恩負義的生活。我無法想像，這種生活會帶來任何美好的事物。你呢？

諷刺的是，把原則放在第一位，是其他生活重心的成功關鍵。例如，你若實踐了服務、尊敬和愛的原則，就會有比較多的朋友，或是能夠經營一段比較穩定的情感。同時，把原則放在第一位，也是個人品格的關鍵。

現在，就讓原則成為你的生活重心或思維模式。無論在什麼情況下，你都要捫心自問：「這件事跟什麼原則有關？」碰到每一個問題，都要追求能解決它的原則。

覺得筋疲力竭、快要被生活打倒時，或許可以試試平衡的原則。

覺得沒有人信任自己的時候，你需要的可能是誠實的原則。

以下的例子當中，忠心是主要的原則。在麥克比（Walter MacPeek）所寫的《對兄弟忠誠》（*Loyalty to a Brother*）裡有這麼一個故事：

有一對法國兄弟同在一個步兵連服役作戰，其中一人遭德軍槍彈擊中倒地，保住性命的另一人要求長官讓他潛行過去，把兄弟帶回來。

「他可能已經死了。」軍官說：「你冒險把他帶回來也沒有用處。」

可是這人不斷懇求，軍官終於同意。這個軍人爬到他兄弟的身邊，這時，受傷的兄弟嚥下了最後一口氣。

「你看吧。」軍官說：「你冒了生命的危險，結果一點用也沒有。」

「不，」湯姆說：「我做了他期望我做的事，我也得到了我的回報。當我爬到他身邊，把他抱在懷裡，他說：『湯姆，我曉得你會來——我就是曉得你會來。』」

以下幾章裡，你會發現這七個習慣分別都有一、兩個原則做為基礎。這就是它們之所以擁有力量的原因。你所秉持的原則將決定長期和短期的影響力。

預告：下一章我們會討論，如何用你從未想到的方式獲得財富。請繼續！

何謂「跨出一小步」？

我們家最喜歡的一部電影，就是「鮑伯的故事」（*What About Bob?*）。這部電影是比爾・墨瑞（Bill Murray）主演的。它描述一個有問題、為恐懼症所苦、不成熟、腦筋很差、依賴心特別強的人，他名叫鮑伯，從來不離開他依附的對象馬文博士。馬文是一個知名的精神科醫師，一心想擺脫鮑伯。最後，馬文送了一本他寫的書給鮑伯，書名是《嬰兒學步》（*Baby Steps*）。他對鮑伯說，要解決鮑伯的問題，最好的辦法不是一下子得到很大的突破，而是像嬰兒學步，每次都朝著目標跨出一小步。鮑伯高興極了！他再也不必擔心從馬文的辦公室離開後，面對回家途中種種令他恐懼的事物。他只需要從馬文的辦公室跨出一小步，再一小步、一小步地走到電梯旁邊，然後再繼續走下去。

在每一章的結尾，我也會提供幾個小小的步驟，從這一章開始——你馬上就能運用這些輕鬆的小步驟，把剛才讀到的東西派上用場。這些步驟雖然不起眼，卻都是強而有力的方法，能幫助你達到更大的目標。所以，跟著鮑伯一起跨出一小步吧！（一旦你接受事實，知道你無法動搖他，他就變得非常可愛了。）

跨出一小步

① 下次照鏡子時，對著自己說點打氣的話。

② 今天你要對某一個人的看法表示欣賞，並且說：「嘿，這是個好主意。」

③ 找出你可能對自己施加限制的思維模式，例如：「我不是外向的人。」然後今天做點跟這種想法完全相反的事。

④ 想一想，你喜歡的人或好友當中，有誰最近出了問題？思考一下，是什麼原因使他們行為偏差？

⑤ 沒事做的時候，有什麼想法會在你腦中盤旋不去？請記住，你最重視的事將會成為你的思維模式或生活重心。什麼事情占用了你的時間、消耗了你的精力？

⑥ 「希望別人怎麼待你，就怎麼待人」的做人準則永遠有效！今天就開始實踐這項哲言。如果你不希望別人對你不耐煩、向你抱怨晚餐菜色、口出惡言，就不要用這種方式對待別人。

⑦ 找個安靜的地方獨處。想一想，什麼事情對你最重要？

⑧ 找出最常聽的歌曲，仔細聽聽歌詞。想一想，歌詞內容與你相信的原則是否一致？

⑨ 幫忙家事或打工時，試著實踐努力的原則。不妨多做些，超過別人的期望。

⑩ 下次碰到難題、不知如何是好的時候，要捫心自問：「我應該在這件事上面運用什麼原則（例如誠實、愛、忠心、努力和耐心）？」現在，跟著這項原則走，再也不要回頭。

第二部

個人成功

個人帳戶

從鏡子裡的自己做起

習慣一：主動積極

我就是動力

習慣二：以終為始

掌控你的命運，不然別人就會取而代之

習慣三：要事第一

「要」與「不要」的力量

第三章

個人帳戶

從鏡子裡的自己做起

要在公眾領域獲得成功，就得先在個人領域的內心戰鬥中得勝。一切的改變都得從你自己開始。我永遠不會忘記，我是怎麼學會這項功課的。

「你到底是怎麼啦？真讓我失望。高中時代的西恩到哪裡去了？」教練瞪著我：「你還想不想上場？」

我震驚極了：「當然想。」

「算了吧。你只是依樣畫葫蘆，心卻不在這上面。你最好振作起來，要不然那些年輕的四分衛一旦超過你，你就永遠別想上場了。」

這是我在楊百翰大學讀大二時參加足球訓練營發生的事。當時我剛從高中畢業，好幾所大學曾招募我入校，但我選擇了楊百翰，因為該校擁有培養國家代表隊四分衛球員的優良傳統，像吉姆・麥克馬漢（Jim McMahon）和史提夫・楊（Steve Young）都是該校出身，後來都成為職業球員，帶領各自的球隊在超級盃中奪得勝利。我參加了季賽前舉辦的足球營，在隊中的四分衛裡排名第三，一心想成為國家代表隊的一員。

教練說我在球場上的表現「差勁透了」的時候，他的話好像重重地打了我一耳光。真正讓我覺得困擾的是，他的確說對了。雖然我花很長的時間練習，卻沒有真正認定這件事，自己仍然有所保留，而我心知肚明。

我必須做出一個艱難的決定：不是金盆洗手，就是加倍投入。往後的幾星期，我心裡天人交戰，直接面對許多恐懼和自我懷疑的念頭。我的條件夠不夠好？我能承受這種壓力嗎？我的個子夠不夠大？我很快就發現自己害怕競爭，害怕站在聚光燈下，害怕嘗試及可能發生的失敗。這些恐懼拉住了我，不讓我付出全力。

班奈特（Arnold Bennett）說過的一句話，很能描述我面對兩難的處境時，做出的最後決定。他寫道：「真正的悲劇是人在一生當中，從來沒有鼓起勇氣，盡最大的努力——他從來沒有發揮最大的能力，從未達到自己的最高境界。」

我向來不喜歡悲劇，於是決定鼓起勇氣，盡自己最大的努力，獻出全部的自己，毫無保留。我不曉得有沒有機會成

我從鏡子裡的這個人做起。我要求他改變做法。這個訊息再清楚不過，要是你希望改善世界，就看看自己，做出改變。
——蓋芮特（Siedah Garrett）與貝樂德（Glen Ballard），《鏡中人》（*Man in the Mirror*）

為先發球員。要是失敗了，至少我已經全部投入。

我沒有大聲宣告：「我要投入。」也沒有任何掌聲；我只是默默在心中展開一場戰爭。經歷了幾個星期的爭戰，我打贏了。

一旦全心投入，一切都不一樣了。在球場上，我開始掌握機會，得到很大的進步。我的心放在打球上面，教練也注意到我的改變。

球季開始，球賽一場接一場舉行。我坐在板凳上，雖然有挫折感，我還是努力打球，不斷進步。

接著，球季的中段期間將要舉行一年當中最重要的一場比賽——我們要和全國級的空軍聯隊比賽。這場球賽將有六萬五千名球迷前來觀賞，有線電視臺ESPN也將轉播這場球賽。比賽的前一週，教練把我叫到他的辦公室裡對我說，我將成為先發的四分衛。哇！不用說，這是我生命中最漫長的一個星期。

球賽的那一天終於來臨了。比賽開始時，我幾乎說不出話來。過了幾分鐘，我平靜下來，終於帶領球隊奪得勝利，最後還被ESPN選為這場球賽的最佳球員。球賽結束後，許多人祝賀我奪得勝利。這些祝福實在美好，但是他們不明白真相。

他們不知道勝利背後的故事。他們以為，我是在那天眾目睽睽之下，在球場上奪得勝利。然而我知道，早在幾個月前，勝利就開始在我的腦袋裡悄悄出現。當我決定要面對恐懼、毫無保留、鼓起勇氣、盡自己的最大努力時，我就開始為勝利付出。擊敗空軍聯隊比克服自己容易多了。要在公眾領域獲得成功，就得先在個人領域的內心戰鬥中得勝。有句格言說得好：「我們已經碰到了敵人，那就是我們自己。」

由內而外

我們必須先學會爬行，才能學會走路；我們必須先學會算術，才能學會代數；我們必須先解決自己的問題，才能解決別人的問題。要是你希望在生活中有所改變，最先要改變的就是自己，而不是父母、男女朋友或老師。一切的改變都要從你開始。好好想一想，這個過程是由內而外，而不是由外而內。

一位美國聖公會的主教提醒了我。他寫道：

當我既年輕又自由，我的想像力沒有限制，我夢想著改變世界；
當我年齡較長，更為睿智，我明白世界不會改變。
我決定把眼光放低一點，單單改變我的國家。可是它看起來紋風不動。
當我進入暮年，我做出最後急切的嘗試，
我只想改變我的家人，這些跟我最親近的人，可是，唉，他們一點也不肯改變。
現在，我躺在這裡，在死亡的床上，
我了悟到（或許是頭一次），如果我先去改變自己，
那麼，藉著以身作則，我或許能影響家人，
藉著他們的鼓勵和支持，我或許能改善我的國家，
誰曉得呢？我或許能改變這個世界。

本書的目的就在這裡。從內而外做出改變，從鏡子裡的男性或女性做起。

本章（個人帳戶）和以下的習慣一、習慣二與習慣三，乃是要改善你和你的個性，或是幫助你在個人領域取得成功。再下來的四章，也就是「情感帳戶」和習慣四、習慣五、習慣六，處理的是人際關係，也就是在公眾領域得到成功。

開始討論習慣一之前，讓我們看看，你可以藉著什麼方法，立刻建立自信，在個人領域獲致成功。

個人帳戶

你對自己的感覺就像一個銀行裡儲蓄或開支票的帳戶，讓我們稱它為個人帳戶。

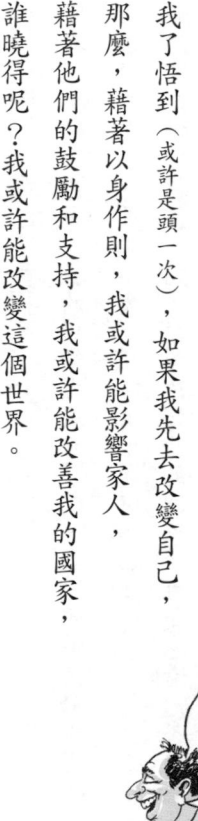

藉著你的思想、言語和行為，你可以存錢進去，也可以提錢出來。例如，當我對自己所做的承諾持續付出，我覺得很有把握。這就是存款。叮噹一聲，錢就進了收銀機。從另一方面來看，當我對自己失信，我覺得失望，就如同從帳戶中提錢出來。

讓我問問你，你的個人帳戶情況如何？你對自己有多少的信用與信心？你是富裕還是破產？

以下的徵候可以幫助你評估自己的現況。

個人帳戶狀況不佳的徵候有：

- 很容易屈服於同儕壓力。
- 會跟憂鬱和自卑的感覺掙扎。
- 過度在意別人對你的看法。
- 表現傲慢自大，好掩飾心中缺乏安全感的情緒。
- 藉著吸毒、接觸色情刊物、偷東西或幫派活動來毀掉自己。
- 很容易嫉妒別人，尤其在跟你親近的人有所成就的時候。

個人帳戶情況良好的徵候有：

- 立場堅定，可跟同儕壓力對抗。
- 不會過度在意自己的人緣好不好。

個人帳戶的存款方式	個人帳戶的提款方式
對自己守信	對自己失信
在小事上行善	只顧自己
對自己好一點	擊敗自己
誠實做人	為人狡詐
更新自己	耗盡自己
開發天賦	忽略天賦

- 認為生活大致上是一種積極的經驗。
- 信任自己。
- 目標促使你往前努力。
- 對別人的成功感到快樂。

如果你的個人帳戶沒什麼錢，也不要氣餒。這種情況不會是永久的。

今天就開始，存進一元、五元、十元或二十五元，最後你一定會找回自信。

長時間從事小額存款，正是讓帳戶情況轉好、讓你更加富有的良方。

藉著許多青少年團體的協助，我整理成表格，包括了六種重要的存款項目，能幫助你建立個人帳戶。而且，正如牛頓運動定律，在每一種存款的旁邊，我也列出對立的提款方式。

對自己守信

你有沒有碰過總是食言的朋友？他們說要打電話給你，卻沒有打來。他們答應週末來找你玩，到時卻忘得乾乾淨淨。於是過了一陣子，你不再相信他們了，因為他們的承諾沒有任何意義。當你不斷做出承諾卻又食言的時候，同樣的事情也會發生。例如你說「我一回家就要開始念書」，結果你卻在臉書上和朋友聊天。當你一再對自己食言，久而久之，你也會不信任自己。

我們應該把對自己做出的承諾，看得和我們對生命中最重要的人所做出的承諾一樣嚴肅。如果你覺得生活開始失控，就專心把你能控制的一件事做好——掌握你自己。對自己許下一個承諾，然後信守承諾。先從你確定自己能完成的五元小額存款開始，例如今天不要喝汽水。等你比較能信賴自己，就可以存進比較困難的一百元，例如決定和有暴力傾向的男友分手，或是下定決心戒除癮頭。

在小事上行善

我記得看過一位精神科醫師所寫的話。他說，只要你覺得抑鬱，最好的辦法就是為別人做點事。為什麼呢？因為它讓你的注意力向外發展，而不是向內發展。一心為別人服務的時候，你不太容易覺得沮喪。有趣的是，幫助別人的副產品，就是對自己產生美好的感覺。

我記得，有一天我很興奮地坐在機場等待登機，因為機票升等了，我可以坐頭等艙。而在頭等艙，空服人員的服務會更好，食物更美味，座位還有足夠的空間讓我伸展雙腳，腳不用像椒鹽脆餅一樣蜷曲起來。事實上，我的座位是整架飛機上最好的一個。位子的號碼是第一排的1A。不過登機之前，我發現一位年輕的婦女，帶著幾件隨身行李，手上抱著一個哭泣的嬰兒。這時，我聽到自己的良心說話了：「你這個混蛋，讓她坐你的位子。」我跟這個念頭奮戰了一會兒，終於屈服了。

「對不起，妳看起來好像比我更適合享有頭等艙的服務。我知道帶孩子坐飛機是多麼困難的事。妳何不跟我換位子呢？」

「你確定嗎？」

「是的。我真的無所謂。反正我在飛機上會一直工作。」

「謝謝。你真好心。」她說，於是我們換了位子。

登機時，我驚訝地發現，看著她坐上1A的位子，讓我有多麼高興。事實上，在這種情況下，坐到24B或任何一個位子，再也不是那麼糟糕的事。在飛行的時候，我很想知道她的情況如何。我再也忍不住，便起身走到頭等艙，在簾幕後面偷看裡面的情況。她和孩子坐在寬敞舒適的座位上，兩個人都睡著了。我覺得自己好像得到了百萬美金。叮噹一聲，錢存好了。我一定要多做一點好事。

一個名叫陶妮的青少年對我說了一個窩心的故事。這是服務之樂的另一個例證：

> 在我住的社區裡，有一個女孩跟她爸媽住在一戶雙拼房屋裡。他們的經濟情況不好。過去三年當中，我和媽媽把我穿不下的衣服都送去給她。我對她說：「我想，妳也許會喜歡這些衣服」或是「我很想看到妳穿這件衣服」。
>
> 她穿上我給的衣服時，我覺得真好看。她說：「真謝謝妳送我這件新襯衫。」我答道：「妳穿這個顏色真好看！」我試著體貼她的心情，不讓她難堪，也不要讓她覺得，我認定她是個窮人。這件事讓我開心，我曉得我在幫助她，讓她擁有更好的生活。

不要嫌麻煩，特地去邀請全班最孤單的孩子來加入你們這群朋友。寫一封謝函，寄給曾經深深影響你的某個朋友、老師或教練。下一次在投幣機前付停車費時，不妨替你後面的車子付錢。付出能給予生命，不僅對方受益，你也得到力量。我很喜歡布魯斯・巴爾頓（Bruce Barton）在描述耶穌生平的著作《沒有人認識的男人》（*The Man Nobody Knows*）中的觀點，它把日行一善的想法說明得十分透澈：

> 巴勒斯坦有兩片海洋。一片是活水，魚兒悠游其中，沿岸綠意盎然。樹木在水面

上伸展枝幹，又伸出饑渴的根鬚，啜飲那能治病的水分。

……約旦河從山坡上流下，濺起水花，匯入這片海洋。它在陽光下歡笑。人們在它旁邊建屋，小鳥在它旁邊築巢。由於它在這裡，每一種生命都更加快樂。

約旦河往南流，流進另一片海洋。

這裡沒有魚兒游動，沒有樹葉婆娑，沒有小鳥歌唱，沒有兒童嬉笑。除非趕路，否則旅人必定改道而行。這裡的空氣沉滯地浮在水面，沒有任何人或飛禽走獸會喝下它的水。

是什麼原因讓這兩片鄰近的海洋產生天壤之別？不是約旦河——它把同樣美好的河水灌注到兩者身上；也不是它們躺臥的土壤，更不是四圍的鄉野。

差別在這裡。加里利海接受了約旦河的水，卻不把河水留下來。於是流進它的每一滴河水，最後又都流了出去。這片海洋付出與接受的數量一樣多。

另一片海洋則比較精明，它充滿嫉妒心，把得到的河水都儲藏起來，慷慨的衝動也引誘不了它。得到的每一滴河水，它都納為己有。

加里利海因付出而生生不息。另一片海洋卻吝於付出。它的名字是死海。

世界上有兩種人。巴勒斯坦有兩片海。

對自己好一點

對自己好一點的做法有許多意義。它意謂著，你不會期待自己明天早晨就變得完美。如果你是在嬰兒潮的後期出生的，就像我們當中的許多人一樣，你就要對自己有耐心，給自己一點時間去成長。

它意謂著，你要學著對自己所做的蠢事付諸一笑。我有個朋友名叫查克，該笑自己的時候，他總是開懷大笑，絕不把事情看得太嚴重。他這種充滿希望的態度，吸引了許多朋友，令我深深讚嘆。

對自己好一點也表示，當你把事情弄砸了，要原諒自己。誰沒有出過錯？我們應該從錯誤中學習，但是不應該嚴厲地責怪自己。過去的就過去了。你應該了解錯誤，找出原因，從中學到教訓，若有必要，便調整自己，然後就放下這件事，往前邁進。

「快樂的關鍵之一，」莉塔・布朗（Rita Mae Brown）說：「即在於善忘。」

有一艘在海上航行的船隻，船底多年來黏附了幾千個甲殼動物。牠們會把船往下拉，對安全構成威脅。因此，這條船必須除去甲殼動物。其中最便宜、也最簡單的方法，就是把船停在淡水港，避開海水。不久，甲殼動物就會放鬆脫落，這艘船便能卸下重擔，返回海洋。

你是否也背負著過往的錯誤、憾恨和痛苦，如同這條船攜帶著沉重的甲殼動物？也許你必須讓自己在淡水裡浸泡一會兒，按下重新整理的按鍵。學著放下重擔，再給自己一次機會，或許是你此刻需要的存款。

就像「火星人」布魯諾的歌：「人生短暫，不要徒留遺憾……人只有一生可活，不如活出最美好的生命。」

誠實做人

幾天前，我在同義詞字典中，尋找「誠實」的同義詞。以下是我找到的幾個同義詞：正直、重氣節、講道德、有原則、愛真理、堅定、忠實、真誠、公正、善良、直率和真心真意。沒有一個不好的字眼跟它有關係，你說是嗎？

誠實有許多不同的表現形式。第一個就是對自己誠實。別人看到了你的真正面貌嗎？或是你隱藏在迷霧之中，別人只看到投射在鏡中的你？我發現，只要偽裝自己，試著做出另一種模樣，我就會對自己有一種不確定的感覺，這就像是在個人帳戶

中提款。我喜歡歌星茱蒂・嘉倫（Judy Garland）的話：「表現自己的一流水準，而非他人的二流模樣。」

其次是誠實的行動。你是否用誠實的態度面對過去？如果你曾經有過不誠實的作為（我想我們都做過這種事），就要試著誠實做人。當你再也不必隱藏真實的自己，不必遮遮掩掩地行動，你將會如釋重負，帶給你一種完整的感覺。這個道理也適用於你在網路上的身分。雖然別人並未直接看見你，但不代表你可以說謊，畢竟你心知肚明自己並未說真話。記住，你不可能一面做不對的事，一面又覺得舒服。以下是傑夫所說的故事，這是一個很好的例子：

我讀國二的時候，修幾何的班上有三個同學數學不好，但我的數學很棒，於是每次小考時，我就向他們收三塊錢，在考試時把多選題答案傳給他們。

一開頭，我覺得自己很會賺錢，覺得這個差事不錯，並沒有想到它會傷害所有的人。過了一段時間，我明白不該再做下去，因為我不是真的在幫助他們，他們因此什麼也沒有學到。這件事只會帶來更多的問題，作弊對我也沒有助益。

當你身邊的人都在作弊、對父母說謊、在工作時偷竊，卻總是全身而退時，你需要很大的勇氣，才能誠實面對這些事。但是請記住，每一項誠實的作為，都是在個人帳戶中存款，而且會增強你的精神力量。正如諺語所言：「我有十倍的力量，因為我心地純潔。」誠實雖然不是當今潮流，卻永遠是最佳策略。

更新自己

你必須花點時間跟自己相處，時時更新自己、放鬆一下。如果你沒有這麼做，就會失去對生活的熱情。

似乎半個地球的人都看過「阿凡達」（*Avatar*）了，這部電影創下有史以來最高票房。為什麼這部電影這麼成功？除了史無前例的電影特效和絕佳的電影製作之外，我相信故事本身是一舉成功的關鍵，因為我們都必須親身體會電影中的寓意。

故事發生在二一五四年的潘朵拉星球，這個林木蓊鬱的星球是南門二恆星系的衛星。故事主軸以傑克・蘇里（Jake Sully）為中心，他原是海軍陸戰隊隊員，如今癱瘓了，行動受限於輪椅上，深感壯志未酬。而當時，科學家模擬星球上藍膚色原住民納美人，研發出複製品「阿凡達」，身高達三百公分以上。傑克藉由操控屬於他的「阿凡達」重拾生命力，因為他再度享有健全的身體，行動自由，儘管這一切只發生在他的意念中。但，故事的發展很快就不僅止於此。傑克意外邂逅當地的納美人，隨後與納美人奈蒂莉（Neytiri）墜入愛河。他愈與奈蒂莉及她的族人相處，就愈體會到納美人世界的美麗、和平與力量，而他所屬的人類族群卻整日誇誇其談，渴求自然資源，一心想掠奪納美人的世界。

這個故事帶給我們的訊息是找回生命力，拔去插頭，花點時間聆聽我們周遭的大自然。它提醒我們要不時讓自己放空，好好休息。

如今，你不需要化身成三百公分高的藍色半人類，才能找到平靜，但就像傑克・蘇里，你必須找到自己的避風港，某個屬於你的聖殿。去找個地方，安坐在那裡，望著白雲沉思。找個樹墩，聆聽風聲、鳥鳴或你自己的心跳聲。雖然你沒辦法像傑克一樣，有幸接觸酷炫十足、綻放燦爛光芒的靈魂之樹，但或許你可以找到一處屋頂、一張公園長椅、有草地的地方……任何地方都可以，只要你能在那裡獨處。現在這一切聽起來或許有些矯揉造作，但相信我，現代的人類生活在持續的物質風暴中心，我們都需要好好深呼吸，偶爾拔掉插頭，唯有如此，才能賦予我們靈魂全新的生命力。

加拿大的西奧多也有他的避難所：

只要覺得壓力太大，或是跟父母處不好，我就到地下室去。在這裡，我有一根曲棍球的球棒、一顆球，還有一片光禿禿的水泥牆。我對著牆打球，發洩內心的挫折感。我會打半小時，然後回到上面，覺得煥然一新。這個方法使我在曲棍球的比賽中如有神助，但是它對我跟家人的關係幫助更大。

亞德里安對我說到他的避難所：每當他覺得壓力太大，他就從他就讀的高中後門溜進體育館。獨自一人站在安靜、黑暗、寬闊的體育館裡，避開一切煩人的事，可以大哭一場，或是單純地放鬆一下。

愛莉森也找到了只屬於她一個人的花園：

在我很小的時候，父親在工作中意外喪生。我不知道事情發生的經過，因為我一直不敢問媽媽。也許是因為我在心中創造出他的完美形象，而我也不想打破它，所以我覺得如果他還活著，一定會保護我。我會想像如果他還在，他會怎麼為人做事、會怎麼幫助我。我真的需要他時，就走到附近的小學，爬上溜滑梯的頂層。我有一種傻氣的感覺，就是只要走到最高的地方，就可以感覺到他。於是我爬上去躺在那裡，在心中跟他談話，我可以感覺得到，他也在跟我談心。每當有一件事真的困擾我，我就到那裡去，把我的重擔與他分享。

除了找個地方當作避難所，還有許多方法可以更新自己，在個人帳戶中存款。運動就很有效，例如出去散步、跑步、跳舞，或是打沙袋。有些青少年建議看場老電影、用自己的電腦錄製音樂、剪輯影片，或是找個能給自己打氣的朋友聊天。還有許多人覺得，寫日記具有神奇的力量，能幫助他們適應得更好。

第七個習慣是不斷更新。它談到花些時間更新你的生理、心智、情感和心靈。不用著急，到時候我們會做更深入的討論。

開發天賦

找到和培養一種天賦、嗜好或特殊的興趣，是你能在個人帳戶中存進的最大財富。

想到天賦的時候，我們為什麼總是想到那些了不起的「傳統」稟賦，像運動家、舞蹈家，或是得獎的學者？事實上，天賦種類繁多，千萬不要妄自菲薄。你可能有閱讀、寫作或演講的才華，或是善於節奏、搞笑、記憶細節、受大家歡迎的天賦，或是組織、音樂或領導方面的技能。究竟是哪方面的天賦，其實並不重要。只要你做的是自己喜歡的事，只要你有這方面的天分，不論是下棋、演戲或溜滑板，都會讓你開心得要命。這是一種表現自己的方式。同時，就像以下這個女孩所說，它能增強你的自信。

當我告訴你，我真正的天賦與興趣就是野草，你或許會捧腹大笑。我說的不是菸草，而是到處可見的野花野草。別人只想到剷除它們，我卻時時觀看它們。

於是，我開始拔下花草，把它們壓好，做成美麗的圖片、明信片與藝術作品。這些自製的卡片鼓勵了許多悲傷的人。經常有人拜託我做壓花，請我與人分享這方面的知識。這件事讓我得到太多的喜悅和自信——單單是了解自己擁有特殊的稟賦，能夠欣賞大多數人忽略的東西，就已經足夠，但我還有別的收穫。它教導我，如果單純的野草就包含了這麼多的學問，生活中的每一件事物將有多少東西值得挖掘？它使我的觀點更深入，也讓我這個平凡的女孩成為一位探險家。

我的妹婿布萊斯對我說過，培養一種天賦能幫助他建立自信，發展事業，對世界有點影響力。他的故事發生在特頓嶺（Teton），這條山脈聳立在愛達荷州和懷俄明州的平原上。特頓嶺的最高峰「大特頓嶺」（the Grand Teton），海拔高達四千兩百公尺。當時布萊斯還是少年。打棒球的時候，揮棒的姿勢完美無瑕，直到有一天，他在玩BB槍的時候，意外射中自己的眼睛。醫生擔心動手術會使他的視力永久受損，便把那顆BB彈留在他的眼睛裡。

過了幾個月，布萊斯回到棒球場上。每次上場，他都被三振出局。因為他有一隻眼睛失去了對深度的認知能力，還有大部分的視力，以致無法判斷球的位置。布萊斯說：「以前我是明星球員，現在連球都打不到。我相信自己以後什麼也做不成了。這件事嚴重打擊我的自信。」

布萊斯有兩個哥哥多才多藝，他卻不曉得自己現在能做什麼，因為他殘廢了。他住在特頓嶺附近，於是決定試試爬山。他開車到救世軍商店，買了尼龍繩索、登山用鐵鎖、鐵栓、粉筆與其他登山設備。他閱讀登山書籍，研究如何打結、扣好安全帶和繞繩下降。他第一次真正的攀爬經驗，是從朋友家的煙囪上，用繩索爬下來。不久，他就開始攀登大特頓嶺附近的小山。

布萊斯很快就發現，自己在這方面很有天分。他和許多登山的人不一樣，他的身體強壯輕巧，彷彿天生就適合攀岩。

經過了幾個月的訓練，布萊斯終於獨力登上大特頓嶺。他花了兩天的時間才登上峰頂，達成這個目標使他信心大增。

登山的同伴很難找，於是布萊斯開始獨自展開訓練。他把車開到特頓嶺，跑到山下，爬上山頂，再跑下山去。他經常這麼做，因此愈爬愈厲害。有一天，他的朋友基姆說：「喂，你應該試著打破大特頓嶺的登山紀錄。」

他對布萊斯說，有個擅長登山的國家公園管理員名叫加克・葛里登（Jock Glidden），曾經創下紀錄，只花了四小時十一分鐘，就跑完了攀登大特頓嶺的全程。布萊斯心想：「絕對不可能。我希望有一天能認識這傢伙。」可是，布萊斯繼續練習，攀爬速度愈來愈快。基姆總是說：「你必須試著打破紀錄。我曉得你做得到。」

在某個場合裡，布萊斯終於見到了加克。這個超人創下了無法超越的紀錄。布萊斯和基姆坐在加克的帳篷裡。這時，本人也是知名登山家的基姆突然對加克說：「這傢伙想打破你的紀錄。」加克凝視著布萊斯，看著他重僅五十七公斤的身軀，響亮地笑了起來，彷彿在說：「這是給你的提示，你這個小矮子。」布萊斯覺得氣急敗壞，不過馬上就重新振作起來，同時基姆還是不斷鼓勵他：「你做得到。我曉得你做得到。」

有一天清晨，布萊斯背著橘色的小背包，帶了一件薄夾克，一直跑上大特頓嶺的山頂，然後跑回來。他總共花了三小時四十七分零四秒，途中只停了兩次：一次是為了取出鞋子裡的石子，一次是在山頂的名冊上簽名，好證明他到過那裡。他高興極了！他真的打破了紀錄！

幾年之後，布萊斯驚訝地接到基姆打來的電話。「布萊斯，你聽說了嗎？你的紀錄被人打破了。」當然，基姆又加上一句：「你必須奪回它。我曉得你做得到！」有個名叫金恩（Creighton King）的男子，只花了三小時三十分又九秒就跑完全程。金恩曾在科羅拉多州的派克峰馬拉松比賽中奪冠。

在布萊斯最後一次攀峰的兩年後，在他的紀錄被打破的十天後，他站在大特頓嶺下，位於路培恩草地（Lupine Meadows）的停車場上，穿著嶄新的跑鞋，很想打破金恩的紀錄。陪伴他前來的包括朋友、家人、基姆，還有當地電視臺的攝影小組，準備拍攝他的奔跑過程。

布萊斯和以前一樣深知，登山最困難的部分，乃在於心理素質。攀登大特頓嶺的人當中，每年都有兩、三人喪命。他不想成為他們當中的一員。

運動作家威克斯（Russell Weeks）描述跑上大特頓嶺的過程時寫道：「從停車場開始，你就面對了一段十五、十六公里的Z型路軌的上坡小徑，然後要穿過一片峽谷，爬上兩片冰河積成的冰磧，攀登兩片鞍部，穿越兩峰之間的罅隙，再從大特頓嶺西邊的山壁往上爬兩百一十三公尺，才能登上山頂。從路培恩草地到山頂的來回路程，海拔高度大約是四千五百公尺。奧登柏格（Leigh Ortenburger）所寫的《特頓嶺登山手冊》（*Climber's Guide to the Teton Range*）指出，單是最後一段兩百一十三公尺的登山路程，就要花上三小時。」

布萊斯開始跑，不斷往上爬。他的心臟怦怦跳，兩條腿開始發熱。他專心奔跑，在十二分鐘內，就爬上了最後的兩百一十三公尺。只花了一小時五十三分，他就登上山頂，把他的確認卡放在石頭底下。他知道，如果想打破金恩的紀錄，關鍵就在下山的路程。下坡的路有時非常陡峭，他跨著大步，每一步的距離之長，讓他迅速超越幾個朋友。朋友後來告訴他，他的臉當時因為缺氧而變成紫色。還有一隊登山員顯然知道他在嘗試打破紀錄。當他越過他們的身旁，他們喊道：「加油！加油！」

布萊斯在加油聲中回到路培恩草地。他的膝蓋流血，球鞋破損，頭痛得厲害。從他離開的時刻，只過了三小時六分鐘又二十五秒。他完成了不可能的任務！

消息迅速傳開，布萊斯成為附近最棒的登山家。布萊斯說：「它給了我一種認同的身分。每個人都希望在某一方面有點名氣，我也不例外。我的登山能力讓我得到努力的方向，也是我自尊心的重要源頭。我藉著它來表現自己。」

如今布萊斯已是一家公司的創辦人和總裁。這家成功的公司為登山者和山區跑步者提供高品質的背包。最重要的是，布萊斯在做他喜歡與擅長的事。他善用天賦，讓自己和別人的生活得到助益。此外，他的紀錄至今仍然屹立不搖（你可別異想天開，動起打破這個紀錄的念頭），而且那顆BB彈也還在布萊斯的眼睛裡。

我的朋友，如果你需要一點自信心，就得立刻在你的個人帳戶裡存款。存進去以後，你會立刻感覺這種差異。請記住，你不必攀登高山才能存款。還有一百萬種別的辦法，可以讓你既安全又有效地增加存款。

預告：下一章我們會討論你和你的狗有什麼不同。讀下去，你會曉得我在講什麼！

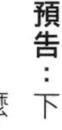

跨出一小步

對自己守信

① 按照你的計畫，接連三天都在預定的時間起床。

② 找出一件必須在今天完成的簡單事情，像是練習彈鋼琴、洗衣服，或是為了英文功課而讀一本書。想清楚，你要在什麼時間完成，然後對自己守信，把事情做好。

在小事上行善

③ 今天默默做一件好事，例如主動倒垃圾、修理你媽媽的筆記型電腦，或是替家人鋪床。

④ 發起「正面的社交媒體攻勢」，約你的朋友們透過社交媒體，發出充滿善意的訊息與讚美。

開發天賦

⑤ 列出你想在今年培養的天賦，以及達成目標的具體方法。

⑥ 列出你最欣賞的人的天賦。

對自己好一點

⑦ 想一想，你覺得自己在哪方面不如別人？然後做幾次深呼吸，對自己說：「這不是世界末日。」

⑧ 試著一整天都不要用消極的態度，在內心跟自己談話。每當發現你在洩自己的氣，就要找出三個對自己的積極看法，用它們來取代消極的觀點。

更新自己

⑨ 找出一個能讓你精神為之一振的有趣活動，今天就去做它。例如，你可以打開音響，痛快地跳舞。

⑩ 你覺得倦怠嗎？現在就站起來，繞著人行道快步走上一圈。

誠實做人

⑪ 下一回有人問起你最近在做什麼或有什麼感覺的時候，對他們講出你所有的心聲，不要有所保留、刻意誤導或欺騙。

⑫ 至少花一整天的時間，試著説真話，不要誇大事實，也不要加油添醋。

第四章

習慣一：主動積極

我就是動力

在我這個家裡長大成人，有時是一種極大的痛苦。為什麼呢？因為爸爸總是要我為自己生活中的每一件事負責。

每當我說：「爸，我的女朋友真讓我生氣。」爸爸會立刻答道：「算了吧，西恩，要不是你讓別人惹你生氣，沒有人有這個本事。這是你的選擇。是你選擇要生氣的。」

如果我說：「我們新來的生物老師爛死了，我一定什麼也學不到。」爸爸會說：「你為什麼不跟老師談一談，給他一點意見，讓他做些改變？要是有必要，你可以找個家教老師。要是你沒把生物學好，西恩，那是你自己的錯，不是老師的問題。」

爸爸從不讓我推諉責任。不但總是對我提出挑戰，也不讓我為了自己的作為責怪別人。幸運的是，我媽讓我這麼做，要不然我可能會發瘋。

我經常喊道：「爸，你錯了！不是我選擇要生氣，是她激怒我的。別再找我麻煩了。不要管我。」

我爸的觀點對於我這個青少年來說，實在是難以下嚥的良藥。可是我有「後見之明」，後來我就明白他的做法所蘊藏的智慧。他要我知道，世上有兩種人：主動積極、為自己的生活負責，並努力實現目標的人，以及被動消極、老愛責怪別人，並承受命運的人。

人的快樂程度大致相當於他們決心做到的程度。
——美國前總統林肯

習慣一，也就是主動積極，是了解其他習慣的關鍵。這就是它為何排在第一位的原因。習慣一的意思是：我就是動力。我是自己生活的舵手。我可以選擇自己的態度，為自己的快樂或不快樂負責。我是自己命運的駕駛，而不是乘客。

主動積極是獲得個人成功的第一個步驟。你能想像，有人能沒有學過加法和減法，就先學會代數？這是不可能的。七個習慣也一樣。沒有了解習慣一，就做不到習慣二到習慣七。原因是，除非你覺得自己是生活的主人，否則其他的一切都是空話。

主動積極，還是被動消極？這是你的選擇！

每一天，你我都有一百次的機會，可以選擇要用主動積極，或是被動消極的態度面對生活。每一天都有可能發生這些事：天氣很壞、你收到惡毒的簡訊、找不到工作、姊姊偷你的連帽衫去穿、學校徵選沒上榜、朋友在背後說你壞話、有人在你的置物櫃塗鴉、父母不讓你把車開出去（毫無理由）、你在學校的停車場收到罰單，還有，你在考試時搞砸了。你該怎麼辦？你是用被動消極的態度，面對這些日常生活的煩擾，還是要變得主動積極？決定權在你手上。這是千真萬確的。你不必用跟別人相同的態度，也不必採取別人認為你應該抱持的態度，來面對這些事情。

開車時，你是否經常碰到別人突然超車，迫使你猛踩煞車？這時你怎麼做？破口大罵？比中指？讓這件事整天令你不快？還是讓它過去，一笑置之，繼續過日子？

這是你的選擇。

被動消極的人靠著本能的衝動做選擇。他們就像碳酸飲料。如果生活搖晃它們，壓力就會增加，他們便會突然爆炸。

「喂，你這個蠢蛋！滾遠一點！」

主動積極的人則依據價值觀做選擇，先思考，後行動。他們明白無法控制所有事情，可是可以控制自己的反應。被動消極的人像碳酸飲料，主動積極的人卻像清水。隨你怎麼搖晃，他們依然不會

有任何改變。沒有滋滋的聲音，沒有噗噗的泡沫，也沒有一點壓力。他們平靜、清涼，一切都在控制中。

「我不要讓這傢伙激怒我，毀掉我整天的心情。」

想了解積極心態，我有一個好方法，就是隨時比較各種情境下，積極與消極的人會有哪些不同的反應。

情境一：朋友明明告訴你她很忙，卻跑出去玩

你在臉書上看到最好的朋友在派對上開心合照，但那一天晚上她明明告訴你她很忙，沒辦法跟你出去玩。她不知道你看到照片了，五分鐘前，她還在你面前甜言蜜語。你覺得受到傷害，覺得她背叛了你。

被動消極的反應是：

- 臭罵她一頓，推開她，從此各走各的路。
- 陷入深重的沮喪，因為她把你扔下，自顧自出門找樂子。
- 認定她是個兩面人，是個騙子。從此不跟她講話，做為對她的懲罰。
- 以牙還牙，排擠她，自己出門玩。畢竟，她也曾經這麼對待你。

主動積極的反應是：

- 原諒她，再給她一次機會。
- 跟她當面說清楚，平靜地說出你的感受。
- 明白她和你一樣，都不是完人。有時你也沒找她一起出去，但你一點也沒有要傷害她的意思。

情境二：公司新人在你想做的時段值班

你在店裡打工了一年多，一直很投入、很可靠。最近，店裡雇用了一位新員工。主管讓他在大家都想做的週六下午值班，而你一直想在這個時段值班。

被動消極的反應是：

- 把一半的時間花在抱怨上面。向別人和他們的狗說，這個決定是如何不公平。
- 批評新來的員工，找出他的每一個缺點。
- 傳訊息給你的主管，問他為什麼不喜歡你。
- 值班時開始偷懶。

主動積極的反應是：

- 跟主管談談，了解這位新進員工為何得到較佳的值班時間，並詢問你和他是否可以輪流。

- 繼續努力工作，下次換你獲得升遷。
- 找出辦法，讓自己表現得更好。
- 如果你決定了，認為這份差事是個沒有發展的死胡同，就得開始找工作。

傾聽自己的言詞

你可以從人們說的話分辨出他們的態度是積極還是消極。被動消極的人通常會說出這樣的話：

「我就是這種人。我就是這個樣子。」他們真正想說的是，「我不必為自己的作為負責。我是改不了的。我天生注定是這個樣子。」

「要不是我的化學老師是這麼一個大混蛋，情況一定會有所不同。」他們真正想說的是，「我的一切問題都是學校造成的，不是我的緣故。」

「謝了，你剛毀了我這一天的心情。」他們真正想說的是，「我的心情不是掌控在我手裡，而是由你操縱。」

「只要我能換一間學校，交更好的朋友，有更酷的父母，有一個男朋友……我就會快樂了。」他們真正想說的是，「我無法掌握自己的快樂。我的快樂被操控在『物質』手上。我必須擁有這些東西，才會覺得快樂。」

請注意，被動消極的言詞會把力量從你身上奪去，交給某人或某件事物。正如我的朋友畢瑟威（John Bytheway）在著作《真希望高中就明白的人生道理》（*What I Wish I've Known in High School*）中所說，當你用被動消極的眼光看事情，這種態度就像把你生活的遙控器，交到別人手上，並且對這人說：「拿去吧，無論何時，只要你願意，就可改變我的心情。」從另一方面來看，主動積極的言詞會把這個遙控器重新交到你的手上。你有選擇的自由，能夠決定自己想留在哪一個頻道。

受害者病毒

有些人染上了「受害者病毒」。或許你已經看過這種東西。感染受害者病毒的人相信，在他們的困厄經歷當中，世上每一個人都有份，世界虧欠了他們……但事實絕不是這樣。我很喜歡作家馬克吐溫的話：「不要到處跟人說，這世界沒能給你一個好的生活。這世界什麼也不欠你。早在你出現以前，它就在這裡了。」

我在大學足球校隊打球時，碰到一個男孩。不幸的是，他也染上這個毛病。他的看法往往令我抓狂：

被動消極的言詞	主動積極的言詞
我會試一下	我會去做
我就是這個樣子	我可以做得更好
我無能為力	讓我們看看有哪些辦法
我必須這樣	我選擇這樣
我就是沒辦法	一定有辦法的
你把我整天的心情都毀掉了	我不讓你的惡劣心情影響我

「要不是教練對我有偏見，我就會當上先發球員。」
「我原本可以攔截到球，可是有人擋住了我。」
「我原本可以在四十碼的進攻時衝得更快，可是我的球鞋鬆掉了。」

我總想說：「是啊，當然。要是我老爸不是禿頭，我就會當上總統了。」我一點也不奇怪，他為什麼從未上場比賽。在他心中，問題永遠是別人的。他從來沒有反省過，或許他的態度才是問題所在。

亞卓安娜是芝加哥一位成績優異的學生。她在一個感染受害者病毒的家庭長大：

我是黑人，並以此自豪。膚色沒有阻擋我求上進。我從白人與黑人的教師和輔導老師那裡學到太多東西。可是在家裡，情況就完全不同了。我母親是全家的主宰。她今年五十歲，在南方生長。她做事的態度好像奴隸制度才剛被廢除。她把我在學校的優異表現視為威脅，好像我要加入「白人那邊」。她還是會說「這人不讓我們做這個、做那個。他把我們困在這裡，什麼也不讓我們做」。

我總是反駁道：「沒有人不讓妳做任何事情，是妳自己不讓，因為妳一直用這種態度想事情。」連我的男朋友也會掉進這種「白人阻撓我」的態度。最近他想買車，卻沒有買成。於是他挫折地說：「那個白人不希望我們得到任何東西。」我幾乎大發脾氣。我明白地告訴他，這種想法是多麼可笑。可是我的話只讓他覺得，我站在白人這一邊。

我還是相信，只有一個人能阻擋你，那就是你自己。

除了自認是受害者，消極被動的人還有以下的特徵：

- 很容易被冒犯。
- 容易生氣，說出稍後就會覺得懊悔的話。
- 責怪別人。
- 等著壞事發生在他們身上。
- 抱怨、發牢騷。
- 不得已的情況下，才會做點改變。

主動積極益處多

主動積極的人像是另一個種族。他們的特徵包括：

- 很難被冒犯。
- 遭逢逆境時，會退一步想。

- 對自己的選擇負責。
- 總能找到辦法達成目標。
- 先思考，再行動。
- 把心思放在能有所作為的地方，不去擔憂做不到的事。

我曾做過一份差事，跟一個名叫瑞迪的傢伙共事。我不曉得他有什麼困擾，但是他不喜歡我，而且他要我知道這一點。他每天都粗聲粗氣對我說話。我的意思是，他簡直是無時無刻不針對我，態度一直很惡劣。有一次我渡假回來，一個朋友對我說：「哥兒們，西恩，要是你知道瑞迪怎麼講你就好了。你最好提防他暗箭傷人。」

報復對方實在很無聊。有時我想把這傢伙痛打一頓，可是我忍住了。我保持鎮靜，對他這些愚蠢的攻擊視而不見。只要他侮辱我，我就挑戰自己，要自己用對他好來做為回報。我相信，只要我抱著這種態度，這件事終能得到解決。

過了幾個月，情況開始改變。瑞迪看得出來，我不想玩他的遊戲，因而振奮起來。有一次他甚至對我說：「我試著激怒你，可是你不為所動。」在這家公司上班約一年後，我們成了朋友，彼此敬重。要是我憑著本能，以其人之道還治其人之身，我們今天一定交不成朋友（而且我很肯定，我們之中至少有一個人會受傷，少了幾顆牙齒）。其實只須一方努力，便能帶來友誼。

瑪麗貝絲發現，主動積極的態度對她很有益處：

我在學校修過一門課，課程中談到主動積極。我想知道該如何應用到生活裡。

有一天，我正在替一個買日用品的人結帳。突然間他對我說，我剛剛刷過的那些東西不是他的。我的第一個反應是心想：「你這個白痴。」然後把區隔顧客購買物品的棍子，擺到他和下一位顧客的東西中間。「你為什麼不早一點講？」這樣我就不用取消這些品項，也不用叫上司來檢查改過的地方。這時，這人就這麼站在那裡，一副看笑話的樣子。同時，氣氛愈來愈緊張，我真的氣炸了。火上加油的是，他竟然有膽子問我，花椰菜我打的是多少錢。

我震驚地發現，他是對的！我輸入的花椰菜條碼的確不正確。於是我更加生氣，很想罵他一頓，來遮掩自己的過錯。就在這一刻，有個念頭突然在我腦中跳出來：「主動積極。」

於是我說：「你是對的，先生。這完全是我的錯。我會改成對的價錢。只要幾秒鐘就好。」我又想到，主動積極並不表示，你要像門墊一樣隨人踐踏。所以，我和悅地提醒他，下次若想避免這個問題，他必須把棍子擺在自己的東西旁邊，跟別人有所區別。

我覺得開心極了。我不但向對方道歉，同時也把想講的話說出來。這種做法如此簡單，但是它讓我藉著這個習慣，改變了內心的想法，進而得到自信。

你或許會說：「算了吧，西恩。沒有這麼容易。」我不想跟你爭辯。被動消極實在是容易多了。失去理智很容易，不需要任何控制力就辦得到，抱怨、發牢騷也很容易。毫無疑問，主動積極的態度是比較高遠的道路。

但是請記住，你不需要成為完美的人。事實上，你和我都不是完全的積極或消極，而是居於兩者之間。關鍵即在於建立主動積極的習慣，好讓你按照自動航海裝置過生活，不必時時想到這件事。要是你選擇，在每天的一百件事當中，有二十件事是用主動積極的態度去面對，就要試著把比例提高到三〇％。過一陣子，再提高到四〇％。永遠不要低估微小的改變所能帶來的深遠影響。

我們只能控制一件事

事實上，我們無法控制發生在自己身上的每一件事，包括我們的祖先來自哪裡、明年的學費是多少、哪一支球隊會贏得超級盃，或是別人怎麼對待我們。可是，有一件事是我們能控制的，那就是面對發生在自己身上的事情時，所做出的反應。這個才重要！基於這一點，我們必須放掉無法控制的事，開始操心能力範圍以內的事情。

想像有兩個同心圓。裡頭的圓圈代表的是我們能控制的範圍，包括自己、態度、選擇，以及對於發生在自己身上的事情，所做出的反應。而圍繞在控制範圍外的圓圈，就是我們無法控制的範圍。它包括我們無能為力的幾千件事情。

如果我們耗費時間和精力，擔憂自己無法控制的事情，例如別人的粗魯評語、以往的過失，或是天氣的變化，會有什麼結果？你猜吧！我們會有更強的無力感，好像自己是受害者。比如說，要是姊姊經常欺負你，你卻只會老是抱怨她的缺點（這是你無法控制的），這種做法對解決問題毫無幫助，只會讓你把自己的問題歸咎於她，失去掌握自己的力量。

瑞娜莎對我說過一段經歷，很能說明這個觀點。她曾參加一場排球比賽。球賽舉行前的一個星期，她聽說敵隊有位球員的母親，嘲笑她球技差勁。瑞娜莎沒有將這些評語一笑置之，而是義憤填膺，氣得不得了，整個星期都在想這件事。於是比賽開始時，她的唯一目標就是向這位媽媽證明，她的球打得很好。然而瑞娜莎在這場比賽中表現不佳，大多數時間都坐在板凳上，她的球隊也打輸了。這是因為她把心思全放在控制不了的事情上（一個陌生人對她的評語），以致失去了她能控制的唯一東西，也就是她自己。

從另一方面來看，主動積極的人會把注意力放在自己能控制的事情上。藉著這種做法，他們體驗到內心的寧靜，更能掌控自己的生活。他們學著一笑置之。對於自己無能為力的許多事情，學著用包容的心看待。他們或許不喜歡這些事情，但是同時也曉得，憂慮是沒有用的。

化逆境為成功

生活時有困厄，但是我們擁有決定權，可以決定自己要做出什麼反應。你可以告訴自己：「我搞得定，我可以度過這個關卡。」此外，你不妨想一想，要是你沒遇上任何挑戰，豈不是很無聊？那樣一來，你就永遠不會學習成長，也不可能會改變了！每一次的逆境都是一個機會，讓我們化困難為勝利。蘭利（Brad Lemley）在《遊行》（*Parade*）雜誌中寫道：「你在生活中遭遇的事情並不重要，重要的是如何因應。」這是米契爾（W. Mitchell）說過的話。他是一位白手起家的百萬富翁、深受歡迎的演說家、市長，以及擅長河流乘筏和特技跳傘的人。他在發生意外以後，獲得了這些成就。

如果你見過米契爾，就會覺得難以置信。他的面孔好像是用許多顏色的小塊皮膚拼湊而成。手指不是斷了，就是只剩半截。癱瘓的雙腿細瘦、無用，擺在鬆垮的衣服底下。米契爾說，有時人們試著猜測他是怎麼受傷的。車禍？越戰？真相比大家的想像都要駭人。一九七一年六月十九日，他正值人生顛峰——年輕，健康，人緣好。前一天他才買下一部漂亮嶄新的摩托車。當天早上他才完成首次獨自飛行的航程。

他回憶道：「那天下午，我騎著摩托車去上班。到了路口，我跟一輛洗衣店的貨車相撞。摩托車倒下來，壓到我的手肘，撞碎了我的骨盤。油箱撞開，落在摩托車上。汽油漏出來，被引擎的熱氣點燃。我全身的灼傷面積超過六五%。」幸運的是，車禍現場附近有位男士反應很快，立刻拿滅火器噴灑米契爾，因而救了他一命。

儘管如此，米契爾的臉已經燒毀了，而且手指發黑、燒焦、扭曲變形。他的兩條腿只是一團淋漓、鮮紅的血肉。第一次探望他的人，往往嚇得昏厥過去。有兩個星期，他一直不省人事。最後他終於醒了。

往後的四個多月，他經歷了十三次的輸血、十六次的植皮手術，還有其他幾次手術。米契爾做了幾個月的復健，花了幾年來適應他的殘障。四年後，無法想像的事情發生了。米契爾乘坐的飛機墜毀，使他從腰部以下全部癱瘓。他說：「我告訴別人，我發生過兩次意外時，他們簡直聽不下去。

墜機癱瘓的事件發生後，米契爾在醫院的健身房碰到一個十九歲的病人。「這小子也癱瘓了。他以前會爬山、滑雪，擅長戶外活動。他相信他這輩子已經完了。最後，我走到他身邊說：『你知道嗎？我出事以前可以做一萬件事。現在還有九千件事能做。我可以把餘生花在悲嘆失落的一千件事情上，但是我選擇專心做好剩下的九千件事情。』」

米契爾說自己有兩個祕訣。一個是來自朋友和家人的愛與鼓勵，另一個是他從各方蒐集得來的人生哲學。他曉得自己不必相信社會的觀念，認為一個人必須擁有美貌和健康，才能得到快樂。他強調說：「在我這艘太空船上，我是船長。起起落落都是我的經驗。我可以做選擇，把經歷看成是逆境，也可以看成是起點。」

我很喜歡海倫．凱勒的話：「上天給了我這麼多。所以我沒有時間去想，自己沒能得到什麼。」

儘管大多數人的逆境不像米契爾的經歷那樣嚴重，但我們都會跌倒。你或許被拋棄，或許在學校的選舉中落敗，或許被不良少年毆打，或許進不了想去的學校，或許得了重病。我希望、也相信，你會抱著主動積極的態度，堅強面對這些關鍵時刻。

我記得自己曾遭遇一次重大的逆境。我當上先發四分衛的兩年後，我的膝蓋受了重傷，以致表現變差，最後終於失去了這個位置。我清楚地記得，球季開始前，教練把我叫到辦公室對我說，他們要把先發球員的位置交給一個新進球員。

我難受極了。我花了一生才達到這個位置。這年我念大四。這件事不應該發生。

我有一個選擇。我可以抱怨、在背後說這個新進球員的壞話，加上自憐自艾。或者……我可以盡量利用這個經驗。

幸運的是，我決定面對困境。儘管我不再達陣得分，但是能在其他方面提供協助。所以，我壓下驕傲的心，開始支援這位新球員，以及球隊裡的其他人。我努力練習，為每場比賽做準備，好像我是先發球員。更重要的是，我選擇有尊嚴地做下去。

這種做法容易嗎？一點也不。我常覺得自己一敗塗地。擔任過先發球員之後，變成每場比賽都坐在旁邊看，實在是一種羞辱。保持良好的態度真是一場持續的奮戰。

這個選擇正確嗎？絕對如此。我雖一整年都是板凳球員，卻用其他的方式，為球隊做出貢獻。最重要的是，我為自己的態度負責。這個決定在我生命中產生的積極影響力，簡直無法用言語描述。

克服受虐經驗

在種種逆境當中，最艱難的就是面對受虐的經驗。我永遠忘不了，有一個早晨，我跟一群遭到性虐待的青少年一起度過。他們有些人從小就遭受性虐待，有些人是約會強暴的受害者，有些人不是遭受情感上的虐待，就是身體上的虐待。

希瑟對我講到這段經驗：

我在十四歲那年遭到性虐待。事情發生在一個園遊會上。有個男同學走過來對我說：「我有話跟妳說，跟我來，只要幾分鐘就好。」我不疑有他，因為這個男孩是我的朋友，向來對我不錯。他帶我走了很遠，到高中的防空洞裡面。就在那裡，他壓住我，強暴了我。

他不斷告訴我：「如果妳說出去，沒有人會相信妳。反正妳其實也希望這件事發生。」他還說，爸媽會以我為恥。因此大約有兩年的時間，我對此事隻字未提。

最後，我參加了一項協談活動。在那裡，受虐的人會說出親身經驗。有一個女孩站起來，講出和我類似的經歷。當她說出對方的名字，我禁不住哭了出來，因為強暴我的正是這人。結果發現，我們當中有六個女孩都遭到他的侵害。

幸運的是，希瑟現在已經走上康復的道路。在這個青少年團體裡面，她得到無限的力量。這個團體正在嘗試幫助其他的受虐者。藉著站出來分享經驗，她讓許多人得以避開這個男孩的惡行——而這正是積極主動、充滿力量的行動。

碧吉的經驗十分不幸，卻也是常見的現象：

五歲的時候，我遭到某個家人的性虐待。我太害怕，不敢告訴任何人，只能試著把受傷和憤怒的感覺埋在心底。如今我回顧一生，明白它影響了每一件事，我也因而隱藏了自己。十三年後，我才真正面對這段童年的夢魘。

許多人跟我有過相同的經驗，而且大多數人決定隱藏起來。為什麼？有些人害怕會因而招致生命危險；另外一些人則是為了保護自己或別人。無論是什麼理由，隱藏都不是最後的解答。它只會在靈魂裡深深切下一刀，看起來彷彿永遠也無法痊癒。面對它是止血的唯一辦法。你不妨找個人談談，對方必須使你安心，讓你信任。這是一個漫長艱難的過程，可是一旦面對它，你就能開始真正地活著。

如果你遭受過虐待，這不是你的錯。你必須說出真相。隱忍掩飾只會讓受虐的感覺更強烈。告訴別人以後，就等於把煩惱分給對方一半。你可以跟情人或信賴的朋友談談、參加協談團體，或是去找專業的治療師。要是你找的第一個對象不懂得接納你的痛苦，不要放棄，繼續尋找，直到找到能夠接納你的人為止。把你的祕密跟別人分享，是痊癒與原諒過程的重要步驟。若能抱著積極的態度，主動進行此事，你一天也不用背負這個重擔。

變遷舵手

我曾問過一群青少年：「誰是你的楷模？」有一個女孩提到她母親；另一個男孩談到他哥哥。有一個人特別沉默。我問他，他欣賞的是誰。他低聲說：「我沒有楷模。」他只想讓自己跟應該模仿的人不一樣。不幸的是，許多青少年都有這種心理。他們來自問題叢生的家庭，沒有任何人可供仿效。

可怕的是，惡劣的習慣，例如虐待、酗酒和依靠救濟金的態度，經常從父母傳給子女，使得問題家庭不斷重複上演。例如，如果你在童年時代遭到虐待，統計數字顯示，你在成年後很可能會虐待別人。有時這些問題代代相傳，可以追溯到好幾代以前。你可能來自許多世代酗酒、吸毒，或是依靠救濟金過活的家庭，也或許你的家人沒有一個念到大學畢業，甚至高中畢業。

有個好消息告訴你，你可以停止這個循環。由於主動積極，你能阻止這些壞習慣，不再傳下去。你可以做一個推動改變的舵手，把良好的習慣傳給下一代，就從你自己的孩子開始。

有個不屈不撓的少女名叫希爾達。她跟我談到，她在家中推動改變，成為變遷舵手的經過。她家的人有太多事要操心了，教育絕非他們關心的重點。希爾達看得出會有什麼後果。她說：「母親在縫紉工廠上班，薪水微薄。父親的薪水只比最低工資多一點。我總是聽到他們為錢爭吵，煩惱怎麼付清房租。他們只讀到小學六年級。」希爾達清楚記得，父親因為不會讀英文而無法陪她一起做作業。這件事使她很難過。

念國中的時候，希爾達全家從加州搬到墨西哥。不久她就發現，這裡的教育資源十分有限。於是她詢問父母，能否讓她返回美國跟阿姨同住。往後幾年，希爾達為了繼續念書，做了很大的犧牲。

她說：「跟表兄弟擠在一個房間裡，實在不是件容易的事。不僅必須跟他們同睡一張床，為了給他們學費和房租，我還必須去打工，但這是值得的。」

「儘管在高中就結婚生子，我還是繼續上學，努力完成學業。我想向爸爸證明，不管發生什麼事，他說我們家沒有人能成為專業人士，那樣的說法是不對的。」

希爾達不久就要大學畢業，拿到財務方面的學位。她希望自己重視教育的價值觀，能夠傳給子女：「今天，只要我做得到，在沒有去學校的時候，我就坐在沙發上，讀書給兒子聽。我教他說英語和西班牙語，試著存錢給他念書用。有一天，他會需要別人幫助他做功課。那時我會在他旁邊，陪他讀書。」

我訪問過一個十六歲的青少年，他的名字叫尚恩，住在中西部。他也變成家中的變遷舵手。尚恩跟父母和兩個手足一起住在城裡的貧窮地區。儘管父母並未離異，卻經常吵架，指責對方有外遇。他的父親開卡車，向來不在家。母親跟十二歲的妹妹一起吸紙菸。哥哥高二時成績不及格，最後輟學。有段時間，尚恩失去了希望。

就在覺得落到谷底時，他在學校上了一門個性發展的課程（教授七個習慣）。他開始明白，自己可以做點努力，試著掌握生活，創造未來。

幸運的是，尚恩的祖父擁有尚恩家樓上的公寓。尚恩每月付他一百美元房租，搬進了那戶公寓，因此他有了自己的浴室，能夠不接觸樓下的種種紛擾。尚恩說：「現在情況好多了。我對自己比較好，比較尊重自己。我們家以前雖然沒人進過大學，還是有三家大學要我。我做的一切都是為了我的未來。我的未來將會跟他們不一樣。我知道我不會坐下來，跟十二歲的女兒一起吸菸。」

你的內心有力量，能夠奮發圖強，超越父母傳下來的東西。你或許沒辦法搬到樓上去住，像尚恩一樣逃開這些影響，但是你能在心中求上進。無論處境多麼艱難，你都能成為變遷舵手，為自己創造新生活。

> **無論成功失敗，該負起責任的人都不是別人，而是自己。我就是動力。**
> **——伊蓮・麥克威爾**

強化積極的心態

以下這首詩摘自波爾蒂亞・尼爾森（Portia Nelson）所著《我的人行道有個洞》（*There's a Hole in My Sidewalk*），把為生活負責的態度寫得很好，它描述一個人可以從消極的心態逐漸轉為積極。

◆〈簡短的五章〉（Five Short Chapters）裡的自傳◆

I

我沿著街道前行。
人行道上有一個很深的洞，我掉了進去。
我迷失了……我很無助。這不是我的錯。
我花了幾乎像永恆那麼長的時間，才找到出去的路。

II

我沿著同一條街往前走。
人行道上有一個很深的洞，我裝作沒有看到。
但我又掉了進去。我無法相信，自己又落到同一個地方。
這不是我的錯。
我又花了漫長的時日，才離開那裡。

III

我走在同一條街上。
人行道上有一個很深的洞。
我看到它就在那裡，但我還是掉進去了。這是一種習慣。
我的眼睛是張開的。我曉得自己在哪裡。

這是我的錯。我立刻出來了。

IV

我走在同一條街上。

人行道上有一個很深的洞，

我從它的旁邊繞過去。

V

我走上了另一條街。

你也可以為自己的生活負責，藉著強化積極的心態，遠離地面的坑洞。這種突破性的習慣會讓你屢屢成功，令人刮目相看！

有志者事竟成

積極有兩個真正的意義。首先，你會為自己的生活負起責任。其次，你有一種「有志者事竟成」的態度。有志者事竟成的態度和無能為力的態度極為不同。請看以上表格所做的比較。

有志者事竟成	無能為力
主動實踐目標	等待事情發生在自己身上
思考解決辦法與種種選擇	思考問題和障礙
行動	讓別人行動影響自己

如果你用有志者事竟成的態度做事，又能發揮創意、堅持到底，就能

得到驚人的成就。我記得在大學時代，依照學校要求，我「必須」修一門不感興趣的外語科目。這件事對我毫無意義，因此我沒有修這門課，反而決定自行創造課程。於是我列出自己要讀的書單、要做的功課，找了一位老師來帶我。然後我去見院長，提出我的構想。他採納我的想法，我便用自己設計的課程，修完了外語的必修課。

美國飛行員埃莉諾・史密斯（Elinor Smith）說：「我很久以前就注意到，有成就的人很少坐在那裡等著事情發生。他們會主動出擊，去影響事情的進展。」

這句話實在有道理。要達成目標，就得採取主動。要是你為了沒有約會而心情不好，不要光是坐在那裡哀嘆，而要採取行動來改變這種情況。你應該想辦法認識新朋友，對人友善，時時保持微笑，甚至主動邀請對方。他們可能不曉得你有多棒。

不要等著完美的工作掉到你的懷裡，而要主動去追尋，送出履歷表，結交人脈，提出免費工作的構想。

如果你在一家商店裡需要店員的協助，不要等待店員發現你，你要去找他們。

有些人誤以為，有志者事竟成的態度就是咄咄逼人、富有侵略性、表現得令人厭惡，甚或會不守規矩、自訂規則。不是這樣的。有志者事竟成意謂著勇敢、堅毅和靈光。抱著這種信念的人富有創造力，擅長經營企業，擁有很多資源。

我的同事琵亞對我說過以下的經驗。儘管這是很久以前的事了，有志者事竟成的原則仍然沒有改變：

我年輕時，曾在歐洲的一個大都市裡為合眾國際社工作，擔任全職記者。我沒有經驗，總覺得緊張，覺得自己達不到強悍、年長的男性新聞團隊的期望。那時，披頭四即將來訪。我驚訝地發現，報社派我去報導他們的新聞（我的編輯不曉得他們有多麼出名）。當時他們是歐洲最熱門的焦點人物。他們一出現，成千上百的少女就當場昏倒，而我竟然有幸採訪他們的記者會。

這場記者招待會十分刺激，能夠在場觀看，使我深感興奮。可是我發現，大家拿到的材料都一樣，我還需要一點能上頭版的東西。我不能放掉這個機會。所有經驗老到的記者，一個個返回報社去發新聞，披頭四也回到房間裡去了。我留在那裡心想，我必須想出一個辦法，跟他們講到話。沒有時間可以浪費了。

我走到飯店的大廳，拿起可以通到房間的電話，撥了頂樓的號碼。我想，他們應該住在那裡。結果是樂團經理接的電話。「我是合眾國際社的琵亞・傑森（Pia Jensen）。我想上來跟披頭四談談。」我自信地說。（這樣講對我有什麼損失？）

我驚訝地聽到他說：「上來吧。」

我顫抖著，彷彿中了大獎。我走進電梯，上到飯店的皇家套房。有人把我帶到一個地方，那裡有一整層樓那麼大。他們都坐在這裡，林哥、保羅、約翰和喬治。我壓下緊張生澀的感覺，試著表現得像個世界級的記者。往後的兩小時，我大笑、傾聽、談著、寫著，享受我生命中最美妙的一段時光。他們對我非常好，專心地跟我談話。

第二天早上，我的報導上了國內重要報紙的頭版。往後幾天，我跟披頭四個別進行深入報導，在世界許多大報以專題刊出。稍後，滾石合唱團來訪。你猜，他們要誰去採訪他們？我，一個年輕的女性，一個沒有經驗的記者。我對他們使用同樣的做法，這辦法再次奏效。不久我就明白，我可以憑著愉悅而堅定的態度，完成許多成就。我的心中有一個模式逐漸成形，相信任何事都有可能發生。藉著這種做法，我總是可以得到最佳的新聞，我的記者生涯也因此展開了新的一頁。

英國劇作家蕭伯納非常了解有志者事竟成的意義。聽聽他是怎麼說的：「人們總是責怪環境，認為是環境讓他們變成今天這個樣子，但我不相信。在這個世界上，出頭的人都會站起身來，尋找他們所要的環境。要是找不到，就自己創造環境。」

請看，狄妮絲是怎麼創造出她想要的環境：

我知道，一個青少年想在圖書館裡工作，看起來是一件多麼奇怪的事。可是我真的想得到這份工作。我渴望得到它的程度，超過世上任何事物。不過，圖書館目前並不打算雇用工作人員。於是我每天都上圖書館，在那裡讀書、跟朋友廝混，或單純只為了想離家而去那裡。還有哪個工作地點比得過我時常報到的地方呢？我雖沒有在

那裡工作，卻認識了圖書館的工作人員，並自願為某些活動幫忙。不久，我就定期去圖書館幫忙。這種做法是值得的。當他們終於有個空缺，我是第一人選。我找到了最棒的工作。

暫停按鈕

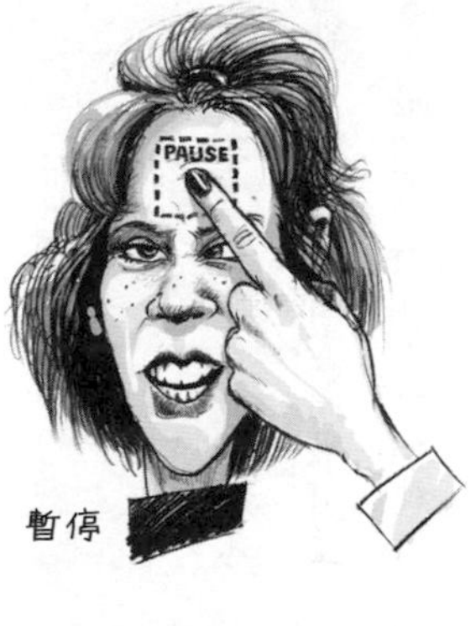

別人用粗魯的態度對你時，你要從哪裡得到力量，讓自己不要用粗暴的態度罵回去？對於剛開始學習的人來說，只要按下「暫停按鈕」就好。沒錯，就是當作你在使用遙控器，往上按一下人生暫停鈕（如果我記得沒錯，暫停按鈕的位置就在你的前額中央）。有時生活的步調太快，我們對每一件事都是基於習慣，立刻做出反應。如果你能學會停頓、掌控、思考自己想做什麼反應，就會做出比較明智的決定。是的，你的童年、父母、基因和環境，都會在某些方面影響你的做法，但是都不能迫使你去做任何事。你不是注定要如何，你有選擇的自主權。

當生活處於暫停狀態，你要打開工具箱（它們是你生來就擁有的），運用四種人性工具，幫助你決定怎麼做。動物沒有這些工具。這就是你為什麼比你的狗聰明的緣故。

這些工具就是自覺、良知、想像力和自主意志，也是你的力量工具。

自覺　我能站在旁邊，觀察自己的想法和行動。

良知　我能聽內心的聲音，明辨是非。

想像力　我能揣想新的可能性。

自主意志　我有選擇的力量。

讓我們藉著蘿莎的故事，來說明這些工具的意義。想像有個青少年名叫蘿莎，她的狗叫呆呆。他們兩個要去散步。

「小子，我們去外頭走走好嗎？」蘿莎說。呆呆跳上跳下，不停地搖尾巴。

這個星期蘿莎很不好過。她剛和男友艾瑞克分手，和媽媽也幾乎不講話。她沿著人行道往前走，想到這星期發生的事。她對自己說：「妳曉得嗎？跟艾瑞克分手真的很不容易。或許這是我對媽媽這麼無禮的原因，我把挫折感都發洩在她身上。」

你看得出蘿莎在做什麼嗎？她跳脫自我，正在評估和衡量自己的行為。這個過程叫做「自覺」。它是一種工具，每個人天生都有這種能力。藉著運用自覺，蘿莎發現，她讓分手影響到她和母親的感情。這種體悟是改變她對母親的態度的第一步。

這時，呆呆看到前面有一隻貓。牠本能地往前跑，瘋狂追逐貓兒。

呆呆是一隻忠誠的狗，但牠完全沒有自覺，就連自己是一隻狗也不知道。牠不能一面跳脫自我，一面說：「你曉得嗎？自從蘇西（牠的狗鄰居）搬走以後，我就把怒氣發洩在附近所有的貓兒身上。」

蘿莎繼續往前走，繼續天馬行空地思考。她急切等待明天校園音樂會的來臨。她會在音樂會上表演獨唱。音樂是她的生命。蘿莎想像自己在音樂會上歌唱，令觀眾目眩神迷，然後再彎腰致謝，接受滿場朋友、老師……當然，還有每一個迷人的男孩的熱烈歡呼。

在這一幕，蘿莎運用了她的另一個人性工具，也就是想像力。這是一個了不起的稟賦。它讓我們避開眼前的環境，在腦中創造新的可能性，同時也給我們機會揣想未來，見到自己渴望成為的模樣。

在蘿莎想像這幅光芒四射的景象時，呆呆正忙著在泥土裡挖洞，想抓住一條肉蟲。呆呆想像力的活躍程度，大致與一塊石頭相去不遠。牠的想法無法超越眼前的環境，也無法揣想新的可能性。你能想像呆呆思考的樣子嗎？牠無法在心中想著：「有一天，我會擁有自己夢想中的狗屋，屋裡設有旋轉門和凸窗。」

突然間，蘿莎感覺到口袋裡的振動，她拿出手機，發現新朋友泰勒傳來訊息：「嗨，蘿莎，最近還好嗎？」

「嘿，泰勒，我正在帶呆呆散步。」蘿莎回傳

同時她收到另一則訊息：「我聽說了妳跟艾瑞克的事。他真是個無賴。」

泰勒提到艾瑞克，使蘿莎覺得不舒服。這件事跟泰勒沒有關係。不過蘿莎還是想表現得有禮貌。她曉得泰勒只是想多了解她，沒有惡意。蘿莎覺得，她應該表現親切友善的態度。

「是啊，跟艾瑞克分手是不容易。你最近怎麼樣？」

蘿莎在這裡運用的人性工具是良知。良知是內心的聲音，這聲音總是教導我們明辨是非。每個人都有良知。我們是否聽從，將會決定它是壯大還是縮小。

這時，呆呆正對著紐曼先生剛漆好的白色矮籬上撒尿。

呆呆絕對沒有對與錯的道德觀念。畢竟牠是一條狗，只會按照本能行事。

蘿莎帶呆呆散步回來後，她剛進屋裡，就聽到媽媽在另一個房間喊道：「蘿莎，妳去哪裡了？我到處找妳都找不到。」

蘿莎已經決定，不跟媽媽發脾氣。於是，她沒有喊回去：「離我遠一點。」而是平靜地答道：

「媽，我只是帶呆呆出去散步……」

「呆呆，呆呆！回來。」呆呆衝出門外，追逐騎單車的送報男孩。蘿莎一看，不

禁尖叫起來。

蘿莎正在運用她的第四個人性工具，也就是自主意志，來控制她的憤怒。她曾告訴呆呆不可以追逐送報生，但是牠的本能壓過了主人的警告。自主意志是採取行動的能力。它意謂著我們擁有選擇的力量，能控制自己的情緒，克服我們的習慣和本能。

從這個例子，你可以看出來，在每天的生活中，我們不是運用這四個人性工具，就是棄而不用。我們愈是善加利用，它們就變得愈強健，我們便有更大的力量，能夠採行主動積極的態度。然而，要是不去用它，我們就會變得消極被動，像狗一樣藉著本能生活，而不是像人類一樣藉著選擇，積極採取行動。

應用人性工具

德莫爾・里德（Dermell Reed）對我說過，在一次家庭危機當中，他主動積極的態度改變了他的一生。德莫爾在奧克蘭東區的一個貧窮的社區中成長，在七個孩子當中排行第四。在他之前，里德家的孩子沒有一個念到高中畢業，德莫爾也不想破例。他對自己的未來沒有把握，家人也都在為生存掙扎。他住的街道充滿了幫派份子和毒販。他能離開這裡嗎？在一個沉靜的夏夜，在他高中最後一年的時候，德莫爾在家中

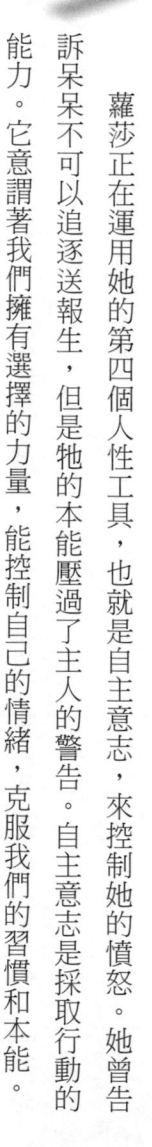

聽到一連串的槍聲。

「每天都有槍聲，當時我並不在意。」德莫爾說。

突然間，他的朋友腿上中彈，從門外衝進來。他大叫著說，有輛汽車剛剛開過來，車上的人突然朝街上開槍。德莫爾的小弟凱文被打中，現在已經死了。

德莫爾對我說：「我煩躁、生氣，覺得受到傷害。我失去了某人，這人我永遠也見不到了。他才十三歲，就在街上的一場騷亂裡喪命。我無法說明，我家的人後來是怎麼過日子的。對全家人來說，我們的心情直落谷底。」

德莫爾的自然反應是把兇手殺掉。畢竟德莫爾是在街頭長大的。這是他能為死去的弟弟報仇的唯一辦法。警方還沒有找出是誰幹的。可是德莫爾曉得是誰。在一個有霧的八月晚上，在凱文喪生的幾週後，他得到一把點三八口徑的左輪手槍。於是他走上街頭，準備報復綽號「肥東」的東尼・戴維斯。這個毒品販子殺了他弟弟。

「天色很暗。戴維斯和他的朋友們看不到我。他坐在那裡跟人講話、大笑、高興得很。我距離他只有十五公尺，蹲坐在一輛汽車後面，拿著一把裝了子彈的手槍。我坐著想：『我可以扣下板機，殺死這個兇手。』」

重大的決定時刻到來。這時，德莫爾在心中按下暫停按鈕，叫自己不要輕舉妄動。他運用想像力，思考自己的過去和未來。「在幾秒鐘裡，我想到自己的一生，衡量自己有哪些選擇，以及有多少逃脫、不被警方抓到的機會。我想到凱文有多少次可以來看我打美式足球。他總是對我說，我一定能成為職業球員。我想到自己的未來，想到上大學，想到我希望在這一生實現的事。」

暫停。德莫爾傾聽他的良知。「我一面拿著槍，一面在發抖。我想，我善良的一面叫我站起來回家去，去上學。要是我報復對方，我會毀掉自己的未來，淪為跟兇手一樣的人。」

德莫爾運用自主意志，沒有向自己的憤怒屈服，也沒有丟棄他的生活，而是站起來走回家去，發誓要為了弟弟讀完大學。

過了九個月，他以優異的成績自高中畢業。學校裡的人簡直無法置信。五年後，他成為大學的美式足球明星球員，是家族中第一個大學畢業的人。

每一個人都和德莫爾一樣，在人生的路程中，總會碰到一、兩個強大的挑戰。我們可以選擇在挑戰中站起來，也可以讓自己被它征服。

伊蓮・麥克威爾下了一個很好的結語：「無論成功或失敗，該負起責任的人都不是別人，而是自己。我就是動力。我可以排除面前的一切障礙，也能在迷失在濃霧裡。這是我的選擇，我的責任。不論成功或失敗，命運的鎖鑰都掌握在我手裡。」

這就像福斯汽車的廣告詞：「在生命的路途上，有人是乘客，有人是駕駛……我們要駕駛！」

讓我問問你，在你的生命裡，你是坐在駕駛座上，或者僅僅是一名乘客？你是在指揮自己的交響曲，或者只是被演奏的曲目？你像一罐碳酸飲料，還是一瓶清水？我該說的，都已經說了。

我該做的，都已經做了。這是你的選擇！

預告：在下一章裡，我要帶你經歷一段令人永遠難忘的旅程，它的名字是「偉大的發現」。來吧。它的每一分鐘都會很刺激！

跨出一小步

① 下一次有人激怒你時，試著用平和的態度回應對方。

② 今天，你要仔細傾聽自己的話語。算一下，你講了多少次的消極言詞，例如「你讓我

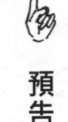

如何如何」、「我必須如何如何」、「他們為什麼不能怎麼做」和「我沒法如何如何」。

③ 想一想，今天你有沒有碰到一直想做、卻不敢做的事。如果有，請離開你熟悉的範圍去追求它。不論是邀請某個人跟你約會、在班上舉手發言，或是加入一支團隊都好。最糟的情況會是什麼？你可能會失敗或遭到拒絕，那又怎樣？總好過連試都沒試過吧！

④ 在手機裡面或用便利貼留一個訊息給自己，常常提醒自己：「我不要讓某件事決定我的感受。」

⑤ 下一次參加派對，不要只是坐在牆邊，等著好玩的事來找你。你應該主動去找它。走向前去，向陌生人介紹自己。

⑥ 下次拿到不公平的成績時，不要大發脾氣，或是大哭大鬧。跟老師約個時間，討論這次的成績，看看你能從這件事學到什麼。

⑦ 跟爸媽或朋友吵架時，率先向對方道歉。

⑧ 在你不能控制的範圍內，找出一樣你一直為它擔憂的東西。現在就下定決心，把它放下。

⑨ 如果有人傳給你惡毒或無禮的訊息，按下你的暫停按鈕。不要在氣頭上做出任何回應。不要按下傳送鍵。先讓自己冷靜下來，再決定怎麼做才是最好的應對之道。

⑩ 運用你的自覺捫心自問：「我最不健康的習慣是什麼？」下定決心，加以改善。

第五章

習慣二：以終為始

掌控你的命運，
不然別人就會取而代之

「你可以告訴我，我該往哪裡走嗎？」「這大致要看你的目的地是哪裡。」「我不在乎去哪裡……」愛麗絲說。「那麼走哪一條路都沒有關係。」這隻貓說。

——摘自《愛麗絲夢遊仙境》

外面正下著雨，你困在家裡，出不了門。於是你和朋友決定邊聽音樂，邊玩拼圖。你把一千片拼圖在一張大桌子上灑開，然後打開盒子，想看看拼好的圖片。但是，裡頭竟然沒有圖片！它是空白的！你心想，沒有圖片作參考，要如何完成拼圖呢？其實只要看一眼，你就知道怎麼做了。你只需要看一眼，這會造成多大的差別！沒有圖像，你就毫無線索，不知道從哪裡著手。

想想你的生活，還有那一千片拼圖。你的心裡是否有一個目標？你是否有一個明確的圖像，描繪出你一年後想變成的模樣？有沒有你五年後的樣子？還是毫無線索？

習慣二是「以終為始」。它的意思是，要培養一個明確的圖像，描繪出你在生活中想達到的境地。它意謂著，決定你的價值觀，設定目標。習慣一指出，你是自己生活的駕駛，而不是乘客。習慣二說明，既然你是駕駛，就要決定目的地在哪裡，然後畫出地圖，達成目標。

你可能會想：「我不曉得自己有什麼目標，也不知道長大後要成為什麼樣的人。而且，坦白說，我現在才不在乎。」或許這麼說會讓你好過一點：我已經長大了，但我依然不知道我想成為什麼樣的人。事實上，當我說到以終為始，並不是要你決定未來的每一個細節，像是選擇職業或配偶；我說的只是為明天考量，決定你要走的方向，好讓你的每一步都踏在正確的路徑上。

以終為始的意義

或許你沒有發現，其實自己隨時都在心中進行以終為始的做法。建造房子之前，你會畫出藍圖。烤蛋糕之前，你會看食譜。寫報告之前，你會列出大綱（至少我希望你這麼做）。這種態度是生活的一部分。

現在，讓我們找個能夠獨處的地方，運用想像力，體驗一下以終為始的經驗。

此時讓你的頭腦放空，不要想傳訊息給朋友，忘了額頭上那顆青春痘。專心地跟我一起做深呼吸，打開你的心。

用你心靈的眼睛，揣想有一個人從半條街以外的距離朝著你走來。一開始，你看不出是誰。不過，隨著這人愈走愈近，你忽然明白，無論你相不相信，這就是你自己。但那不是現在的你，而是你所希望成就的一年後的你。

現在，想得深入一點。

過去一年當中，你是怎麼過日子的？你的內心有什麼感覺？你看起來像什麼樣的人？你有哪些特質（記住，這是你希望自己一年以後變成的模樣）？

現在，你可以回到現實。如果你真的嘗試這個實驗，或許能觸及深處的自我。你會感覺到，什麼東西對你比較重要，在往後的一年當中，你想完成什麼事情。這就叫以終為始。它對你完全沒有害處。

吉姆發現，以終為始是一個有力的辦法，能夠幫助他化夢想為現實：

感到挫折或沮喪時，我發現有一種做法相當有幫助。我會找個地方獨處，閉上眼睛，在心裡描繪長大以後想去的地方。我試著去看理想生活的整個面貌，然後自動開始思考該怎麼做、該有什麼改變，我才能到那些地方。我在讀九年級的時候，開始了這個做法。今天我已經上路，要把這些想像化為事實。

事實上，為明天考量的確是一件令人興奮的事。以下這個高中生的經驗，可以幫助你掌握自己的生活：

我這一生從未計畫過任何事情，只是碰到什麼就做什麼。我從來沒有想過，一個人應該要有目標。明白這個道理時，我興奮極了。因為我突然發現，我的思考超越了此時此刻。如今我不但規畫學業，還在思考將來怎麼教養子女、教導家人，以及要擁有什麼樣的家庭生活。我掌握了自己，不再隨風飄盪！

心中有目標，為什麼會如此重要？我要給你兩個很好的理由。第一個理由是，你正站在生命中重要的十字路口上，你選擇的路將會產生永久的影響。第二個理由是，要是你不決定自己的未來，別人就會替你做決定。

生命的十字路口

讓我們看看第一個理由。你在這裡，你很年輕、很自由，有長長的一生在前面等著你。你站在生命的十字路口，必須選擇要走哪一條路：你要念大學或研究所嗎？你想去旅行嗎？還是學習另一種語言？你應該加入團隊嗎？你想交到什麼樣的朋友？你會再蹺課嗎？你想約會嗎？想跟什麼樣的人約會？你想在結婚前發生性行為嗎？

你會喝酒、抽菸、吸毒嗎？你要選擇什麼樣的價值觀？你要跟家人建立什麼樣的關係？你對生命抱著什麼樣的態度？你要支持哪些事情？你要用什麼方式為社區貢獻一份心力？

今天你所選擇的道路，將會永遠地塑造你。我們在這麼年輕、這麼不穩定的時候，就要做出許多重要的決定，這真是一件既讓人害怕、又令人興奮的事。然而這就是生活。

如何選擇朋友？

拿選擇朋友作例子。朋友對你的態度、名聲和方向會造成強大的影響。我們都有強烈的渴望，希望自己被團體接受，成為其中的一份子。可是我們往往只看誰接受我們，就跟誰交朋友。這種做法有時並不高明。例如，要讓一群吸毒的學生接受你，你只要跟著吸毒就好。

壞朋友會把你帶上你不想走的道路，走錯路以後，要停住腳步重新回頭，將是一條漫長艱難的旅程。老實說，有時候，與其交到壞朋友，還不如沒有朋友來得好。

如果你很難交到益友，請記住，朋友不一定得跟你年紀相當。我曾跟一個男孩談天，他在學校沒有什麼朋友，但是他的爺爺會聽他說話，是他最好的朋友。這份感情便填補了他平日在友誼方面的空虛。

透過網路或手機APP軟體與別人建立連結，能夠讓你感覺到力量，尤其是當你不擅長經營人際關係的時候。班的故事就是最好的例子：

去年秋天，我迷上線上遊戲。在那裡，我可以結識跟我同類的人，別人通常叫我們宅男。雖然我在新學校沒有認識那麼多人，但我在線上社群有很棒的朋友支持我。

所有使用者都可以在線上聊天、發言，而且其中有些人真的很有趣。終於能夠和一些不會取笑我沉迷線上遊戲的人聊天，讓我感到很安心，而且我想親自跟那群人見面。然後，我記得我聽到一些關於網路跟蹤狂與線上騷擾的新聞，有點嚇壞了。我領悟到我得放聰明點——我的意思是，這些跟我聊天的人似乎都很酷，不像危險人物，但我知道我不應該告訴他們個人資訊，也不該跟他們碰面——因為，說真的，我根本不知道他們是誰！因此，我告訴他們，我對於約出來碰面感覺不是很自在，而大部分的人都覺得這很酷，沒什麼關係，於是我們就讓彼此的關係停留在線上的友情。只有一次，有個人真的讓我感到毛骨悚然——有個使用者跟我要地址和照片，就在我開始感到有壓力之前，我領悟到我可以掌控情況。我把他們封鎖了，從此不相往來。事實上，加入這個線上社群讓我更有自信，而我也在新學校交了更多朋友。

在網路上分享個人資訊，再怎麼小心謹慎都不為過，而班看起來已經記取教訓。

即使你和別人視訊聊天，或你追蹤別人的 Instagram 帳號，對方似乎人很好、很有吸引力，你仍沒辦法確定他們在現實生活中是不是瘋子。

那麼，傳送訊息或你的照片呢？即使是傳給你已經認識的人，而且你十分信任對方？當下這麼做或許很有趣，但是誰知道過一段時間，收到訊息或照片的人會怎麼做？萬一你和男朋友或女朋友分手了，結果他們為了傷害你，到處散播你之前傳的訊息或照片，又該怎麼辦？哎喲！看起來每個星期都會有某個名人或政治家陷入這類麻煩裡。如果你謹守界線，避免這種事發生，就能大大降低遭人利用的風險。

概括來說，選擇朋友和伴侶時要放聰明點。記得選擇你信任的人，因為你的未來大半掌握在你身邊的人手上。

如何看待性行為？

我們該怎麼看待性行為？這是一個重要的決定！要是你等到了「熱頭上」再去思考該選擇哪一條路，那時就太遲了。你必須現在就加以抉擇。這個選擇將會影響你的健康、你對自我的感覺、成長的速度、名譽、約會對象、可能結婚的對象等等，所以務必審慎而透澈地思考這件事。有一個方法可以幫助你釐清自己的想法：想像你希望自己最終想要成為什麼樣的人？在此刻，你希望未來的配偶用什麼樣的態度過生活？

近來的民意調查發現，青少年最喜歡的娛樂是看電影。我也喜歡看電影，所以我跟你同一國。但是，我會提防電影傳播的價值觀——大部分電影都會說謊，在性愛這方面尤然。電影美化了濫交和一夜情，完全不提潛在的危險與後果。電影不會告訴你，感染愛滋病或性病之後，你的一生會徹底改變。電影不會告訴你，萬一事後懷孕，你必須輟學（孩子的爸爸早就不知去向，也不再寄錢給妳），生活在貧窮的壓力下，把週末花在換尿布和照顧嬰兒上面，再也不能當啦啦隊員、不能跳舞、不能當個孩子，會是什麼滋味。

我們能自由選擇自己的道路，卻無法選擇它所帶來的後果。你玩過滑水道嗎？你可以選擇從哪一條滑道上滑下來，可是一旦開始，你就停不下來，而且必須承受結果……直到終點。伊利諾州的一位青少年分享了她的經驗：

我念高一時過得很不好——我什麼都做過，酗酒、吸毒、跟成年男人親熱、加入品性不良的團體等等。我做這些事，主要是因為我感到很挫折、很不快樂。雖然這種行為僅僅持續了一年，可是至今我還在為這些過去的錯誤付出代價。大家不但都沒有忘記這些事，就連我自己也很難面對不光榮的過去。

我覺得它會永遠纏著我。大家還是會對我現在的男朋友說：「聽說你的女朋友酗酒、吸菸，而且很隨便。」最糟的是，每次碰到問題，我就會立刻想到：「如果我沒有做那些事，就不會有任何問題了。」

如何面對課業？

面對課業的態度也會用一種重要的方式，塑造你的未來。克莉斯塔的經驗即顯示，在你受教育的過程中，以終為始的態度將會帶來豐盛的成果：

我讀高一時，決定修一門美國歷史的高級班課程。這樣到了該學年結束時，我才有機會參加全國性的考試，取得大學學分。

一整個學年，老師給我們許多作業。要跟上實在不容易，可是我決心在班上要有優秀的表現，也要通過全國考試。心中有了目標，就很容易全力完成每一次的作業。

有一次作業特別花時間。老師要我們看一部有關南北戰爭的紀錄片，每個單元都要寫一份報告。這個專輯連續播放十天，每一個單元足足有兩小時。身為一個活躍的高中生，很難找到時間做這份作業，但我還是辦到了。而且我發現，只有我和少數幾個學生看了這個專輯。

終於到了考試那天。學生們都很緊張，氣氛十分凝重。主考人員宣布「考試開始」時，我做了一次深呼吸，打開密封的第一份考題——多選題。每做一題我就更有自信，因為我都知道答案是什麼。幾分鐘後，我聽到主考官說：「把鉛筆放下。」

第二份考題要我們選一個題目寫一篇文章。我緊張地打開密封的題目，快速地把問題看一遍。我選擇了有關南北戰爭的題目，運用之前我讀到的文章和這部紀錄片裡的資料答題。寫完的時候，我覺得鎮靜而有自信。

過了幾個星期，我收到了寄來的成績——我通過了這項考試！

誰在作主？

想像自己希望變成的樣子，這種做法還有一個理由，就是你若不掌握未來，別人就會越俎代庖。企業高級主管傑克・威爾許（Jack Welch）也曾經是青少年。他說：「掌控你的命運，不然別人就會取而代之。」

「誰會這麼做？」你或許會問。或許是你的朋友、父母或傳播媒體。你希望讓朋友來告訴你，你該有什麼立場嗎？你的父母或許很不錯，但是你希望他們為你規劃人生的藍圖嗎？他們的興趣跟你的想法可能南轅北轍。那媒體呢？你想要採納電動遊戲、八卦部落格或電視上的價值觀嗎？

現在你或許會想：「我不想思考未來，只喜歡活在當下，隨興生活。」我認同活

在當下，我們確實應該享受此時此刻，不要讓思緒飄浮在雲端。可是，我不同意隨興生活的態度。如果你決心隨興過日子，結果就是隨波逐流，而且通常是往下墜落，陷入泥濘，帶來不快樂的生活。你會做出大家都在做的事，而它可能根本不是你的目標。俗語說：「一條通往任何地方的道路，會使你什麼地方也去不了。」你必須選擇讓你感覺對的方向，這麼做永遠不嫌太早。

一旦沒有自己的目標，我們往往會立刻跟隨願意領導的人，甚至參與對我們沒有益處的事情。有一次我參加十公里的道路賽跑。有些選手和我正在等待比賽開始，可是沒有人知道起跑線在哪裡。然後，幾個選手沿著道路走去，好像他們曉得起跑線的位置。每一個人，包括我在內，都跟著他們走過去。我們假設，他們曉得要去哪裡。走了超過一公里後，我們突然明白，大家像一群愚笨的綿羊，正跟著幾個不知要去哪裡的蠢蛋往前走。最後我們發現，起跑線就在原先我們等待的地方。

絕不要假設別人曉得要往哪裡去，因為他們通常是搞不清楚狀況的。

個人的使命宣言

如果心中先有一個目標，是一件很重要的事，你要怎麼著手？我找到的最佳方法，就是寫下個人的使命宣言。使命宣言就像信條或座右銘，指出你的生命信念。國家的憲法就像使命宣言。大多數的公司，如蘋果和百事可樂，都有使命宣言。但是我認為，個人的使命宣言效果最好。

所以，你何不寫一份屬於自己的使命宣言呢？許多青少年已經在這麼做了。你會發現，它們形形色色，各有不同。有些比較長，有些很短。有些是詩，有些是歌。有些青少年會引用自己最喜歡的哲言，做為個人的使命宣言；也有些人用一張圖畫或照片，來代表他們的信念。

讓我跟你分享幾份青少年的使命宣言。第一個是貝絲・赫爾（Beth Haire）提供的：

> 頭一點，最重要的一點是，我要永遠對上帝忠實。我不會低估家庭的力量，也不會忽視真正的朋友。不過，我會留點時間給自己。碰到難關的時候，我會加以克服。面對挑戰的時候，我會抱持樂觀的態度，而非懷疑的心情。我要永遠保持積極的自我形象和昂揚的自尊。我了解，我的所有意圖都是以自我評估為起點。

琴的使命宣言則來自她最喜歡的歌手泰勒絲（Taylor Swift）：

> 對我來說，無所畏懼並非少了恐懼，也不等於完全不害怕。對我來說，無所畏懼是內心懷抱恐懼；無所畏懼是有所質疑。而且，是很大的恐懼與質疑。對我來說，無

所畏懼是與自己害怕的一切共存，直到死亡。

史提芬・史卓恩（Steven Strong）分享了他的使命宣言：

信仰、受教育、成功、有生產力、運動、關懷、真誠、尊重。

我認識一個北卡羅納州的青少年，名叫亞當・索斯尼（Adam Sosne），他對七個習慣很了解，很想建立未來的計畫。以下是他主動提供的個人使命宣言：

- 對自己、身邊的每一個人，都要有信心。
- 對每一個人都要仁慈、有禮和尊重。
- 設定可以達到的目標。
- 永遠不要放掉這些目標。
- 永遠不要把生活中的單純事物視為理所當然。
- 欣賞人們的差異；把這些差異看成極大的優勢。
- 提出問題。
- 每天都努力達成與人相互依賴的境界。
- 記住，你必須先改變自己，才能改變別人。
- 用行動、而非言語，來表達自己的想法。
- 花時間幫助那些比你不幸，或是當天事事不順的人。

- 每天都閱讀七個習慣的章節。

每天都要看看這份使命宣言。

寫下使命宣言對你有什麼好處？有說不完的好處。最重要的一點是，它能打開你的視野，讓你看到對自己最重要的事情，進而幫助你做決定。一個高中生談到，寫下使命宣言，對她的生命產生了深遠的影響：

我念大三那年，沒法專心做任何事，因為我交了男朋友。只要能讓他高興，我願意為他做任何事。於是很自然地，要不要有性行為，便成了困擾我的問題。我一直覺得自己還沒有準備好，不想有性行為，但是大家都說：「去做就是了。」

後來，我在學校參加一項個性發展的課程。在課堂上，他們教我寫下使命宣言。我開始下筆，然後寫個不停。它給了我方向和注意的焦點，讓我覺得自己有了一個計畫、一個理由，可以依照它來決定自己的行為。它真的幫助了我，讓我堅守自己的標準，不去做我沒有準備好的事。

個人的使命宣言就像一棵扎根很深的樹木。它站得很穩，哪裡也不去。但是它生氣蓬勃，不斷生長。

你需要一棵扎根很深的大樹，幫助你度過生命中的暴風雨。你或許已經發現，生命什麼都是，就是不穩定。仔細想一想。人們是易變的。男朋友可能一下子愛你，一下子拋棄你。你今天是某人最好的朋友，明天對方就在背後說你的壞話。

想一想，有多少事是你無法控制的：你被迫搬家，媽媽失業，戰爭爆發，親人過世，加上時尚的潮流來來去去，緊身牛仔褲今年流行，下一年就過時了；或者吸血鬼正當紅，下一刻就遜斃了。

你身邊的一切都在改變。個人的使命宣言可以做為你深深扎根、屹立不搖的大樹。如果你能緊緊抓住一根無法搖撼的樹幹，就能面對變遷。

發現你的才華

發展個人使命宣言有一個重要的部分，就是找出你的專長。有一點我很有把握，就是每個人都有一個專長、一種天分、一件自己能做得很好的事。有些才華能吸引別人的注意力，像擁有天使般的歌喉。還有許多的才華，也許不能引人矚目，卻和前者一樣重要，例如善於傾聽、逗人發笑、原諒、繪畫，或是單純對別人好。

還有一個事實是，我們顯露才華的時刻各不相同。如果你的才華顯現得比較晚，你就要放輕鬆，等上一段時間，才能發現自己有哪方面的才華。

米開朗基羅完成一座美麗的雕像後，有人問他，他是怎麼做到的。他回答說，雕像一開始就在大理石裡面，他只是除掉四周的東西而已。

知名的猶太裔奧國精神醫師弗蘭克（Victor Frankl）是納粹集中營的生還者。他教導我們，才華不是由我們發明的，而是被我們發現的。換句話說，你生來就具備某些才華，所需做的只是發現它們。

我永遠不會忘記，我曾發現自己擁有未曾想到的才華。為了完成威廉先生高一創意寫作課的作業，我興奮地交出上高中後的第一份報告，標題是「老人與魚」。這是小時候父親經常在夜晚為我講的故事，我一直以為是他編的。他沒有告訴我，他借用了海明威的得獎名著《老人與海》。報告發回來時，我震驚極了。老師的評語是：「看起來有點陳舊。很像海明威的《老人與海》。」「海明威是誰？」我心想：「他怎麼會抄襲我爸的故事？」我就這麼悽慘地展開了無趣、為期四年的高中英文課程。我覺得，這些課程簡直像一堆廢土。

直到上大學，我修了一門短篇小說的課。老師是一位知名的教授。到那時，我才發現了自己對寫作的熱情。你相信嗎，我的主修竟是英文。要是威廉先生曉得，一定當場暈過去。

偉大的發現

以下十題「偉大的發現」是一個有趣的活動。它的目的是幫助你觸及深處的自我，做好準備，寫下自己的使命宣言。當你展開活動，就要誠實回答問題。如果你喜歡，可以在筆記本上寫下你的答覆。如果你不想寫下來，就在腦中思考清楚。做完以後，你會比較了解，什麼事情能啟發你、你喜歡做什麼、你想成為哪種人，以及你想在生活中達成什麼目標。

① 找出一個曾對你的生命產生積極影響的人。這個人有什麼特質是你想要培養的？

② 想像二十年後，身邊圍繞著你生命中最重要的人。他們是誰？那時你在做什麼？

③ 在兩座摩天大樓的屋頂，橫跨著一片鋼條（十五公分寬）。什麼東西能讓你願意從上面走過去？一千美元？一百萬美元？你的寵物？你的兄弟？還是名聲？仔細想一想……

④ 如果你可以在一座大圖書館裡待上一天，隨你看什麼都可以，這時你要讀什麼？

⑤ 列出你喜歡做的十件事，可以是網頁設計、跳舞、即興饒舌、瀏覽Pinterest、吃民族風味餐、做白日夢……任何你喜愛的事情都可以！

⑥ 描述在一段你曾深受啟發的時光裡所發生的事。

⑦ 五年後，一個主流新聞網站要做一篇跟你有關的報導，所以想訪問三位跟你親近的人。這三位會是誰？當他們談到你的時候，你希望他們說些什麼？

⑧ 找出一樣能代表你的東西，一種花、一首歌、一隻動物等等，為什麼能代表你？

⑨ 如果你能和古往今來的任何一個人共度一小時，你要選誰？為什麼是這個人？你要問對方什麼問題？

⑩ 每個人都有一項或更多的才華。以下的項目當中，哪些是你擅長的東西？你也可以增列以下沒有列出的項目。

擅長數字／擅長文字／擅長與人合作／運動／實現目標／察覺種種需要／接受別人／預測即將發生的事／記憶／創造性思考／做決定／藝術／演講／寫作／跳舞／處理瑣事／唱歌／幽默／分享／音樂／傾聽／機械／建築

開始寫使命宣言

現在，你已經花了點時間，經歷過「偉大的發現」，這個好的開始能夠幫你發展出使命宣言。以下有四個簡單的方法，你可以嘗試其中一種，或是把四種加以混合，按照你認為適當的做法來運用。當然，你也可以自己想出辦法。

一、**蒐集格言**：蒐集一到五條你很喜歡的格言，寫在一張紙上。這些格言就成為你的使命宣言。對有些人來說，偉大的格言很有啟發性，這個方法對他們很有用。

二、**傾倒想法**：花十五分鐘，把你的人生使命快速寫下來。不要擔心所寫的內容，也不必修改句子。只要不斷地寫，不要停下來，把所有的想法都寫在紙上。如果一時之間寫不出來，再想一想你在「偉大的發現」寫出的答案，它們應能激發你的想像力。當大腦活動起來，你再花十五分鐘加以修改，找出你傾倒出來的想法，各有哪些含意。結果是，不到三十分鐘，你就完成一份使命宣言的草稿。往後的幾個星期，你可以再做修改、增加內容、澄清觀念，好讓它對你有所啟發。

三、**獨處靜思**：挪出一段時間，比方說一整個下午，找個你喜歡、能夠獨處的地方，深刻反省自己的生活。想一想，你希望達成什麼目標？然後再看一遍你在「偉大的發現」裡做出的回答，並在本書提供的使命宣言裡尋找構想。運用你覺得合適的方法，從容建構使命宣言。

四、**大懶蟲**：如果你真的很懶，可以使用美國陸軍的標語「強壯威武」（喂，我只是開玩笑的），做為個人的使命宣言。

寫下使命宣言時常犯的一大錯誤，就是思考太久，希望讓宣言盡善盡美，結果是一直沒有動手。比較好的辦法是寫下一份不完美的草稿，稍後再加以改進。

另一個大錯是，青少年會試著仿造別人的使命宣言。這種做法是沒有用的。使命宣言可以用許多形式來表達，諸如一首詩、一首歌、一條格言、一張圖畫、許多文字、一個字、在Tumblr上面拼貼而成的影像等。沒有一種方法適合每一個人。你不是為別人而寫，而是為了自己。你不是為了英文老師而寫，也不會有人評分。這是你的機密文件，所以讓它為你發聲。你該問自己的重要問題是：「它能不能啟發你？」如果答案是肯定的，你就做對了。

一旦寫好了，就把它放在容易拿到的地方，像是放在手機裡面、貼在鏡子上。經常拿出來看，甚至把它背起來。

以下是兩個青少年的使命宣言。兩者的風格與長度截然不同。

惠特妮‧諾西卡（Whitney Noziska）的使命宣言：

關懷：世界、生活、人群、自己。

愛：自己、我的家人、我的世界、知識、學習、生活。

奮鬥：為了我的信念、為了我的熱情、以求完成、以求行善、以求真誠對待自己、對抗冷漠。

撼動：影響我所置身的環境、而非任由環境改變我，作一塊磐石。

謹記不忘！

凱蒂・霍爾（Katie Hall）的使命宣言比較短，但是對她來說，它代表了一切：「不增不減。」

提防三大路障

在你走向以終為始的態度、發展個人使命宣言的路途上，要提防危險的路障！

障礙一：負面的標籤

你有沒有被別人用負面的態度貼上標籤的經驗？像是你的家人、教師或朋友？

「你們這些住在東區的人都是一個樣子，老是找別人麻煩。」

「你是我見過最懶的孩子。你為什麼不振作一點，做點事來改變一下？」

「莉莉來了。我聽說她是個吸大麻的癮君子。」

我確信，你們學校也有很多自己的標籤。在我的學校裡，我們有「牛仔」、「有大腦」、「沒大腦」、「美少年」、「派對族」、「大學預校族」、「娃娃臉」、「拚命念書」和「愛爾蘭鄉巴佬」等標籤，而我被貼上的標籤就是「愛爾蘭鄉巴佬」。它的意

思是，這個人擅長運動、獨來獨往，而且腦容量只有花生那麼大。

標籤是一種表示偏見的醜惡形式。把偏見（prejudice）這個字拆開來看，就是「事先」「判斷」（pre-judge）。這不是很有趣嗎？當你給人貼標籤，就等於事先判斷了他們，也就是還不了解他們，就下了結論。我不曉得你怎麼想，但是，若不了解我的人對我做出不公平的判斷，我總是無法忍受。

你和我都太複雜，無法像百貨公司裡的衣服一樣，簡單俐落地被歸入某種類別。畢竟世上不是只有幾種人，而是有幾百萬個獨特的個體。

即使被貼上錯誤的標籤，你還是可以繼續過日子。不過，一旦開始相信這個標籤，真正的危險就來臨了，因為標籤就像思維方式。你怎麼看事情，就會得到什麼結果。例如，如果被貼上懶惰的標籤，你也開始相信自己正是如此。標籤就會變成一個自給自足的信念，你會依據這個標籤為人行事。記住，你不等於標籤，不要受限於任何人的偏見。

障礙二：「一切都完了」症候群

還有一件事要提防。當你犯了一、兩個錯誤，深深為此難過時，你會對自己說：「一切都完了。我搞砸了。誰在乎現在發生什麼事？」在這個時刻，你往往會開始自我毀滅，讓一切努力付諸東流。

讓我說一句。一切並沒有完蛋。許多青少年都有一段時間，覺得失去信心，就做了許多自己也不太自豪的事情……好像在測試生活的界限在哪裡。如果你犯過錯，恭喜你，你是正常的。每一個青少年都是這樣，大人也不例外。只要盡快釐清想法就沒事了。我保證。

障礙三：選錯牆壁

你有沒有這種經驗：當你拚命努力，想辦法得到某樣東西，一旦到手了，卻覺得心中空虛？我們在追求更有人緣、更被團體認可的過程當中，忘記了更重要的東西，像是尊重自己、真實的友誼和內心的寧靜。我們經常忙著攀登成功的梯子，卻從來沒有花點時間察看一下，這個梯子是否靠在正確的牆壁上。心中沒有目標，問題可就大了。但是，抱持的目標若是把我們導向錯誤的路徑，就會導致更嚴重的問題。

我曾跟一個球技精湛的人打過美式足球。他什麼條件都具備，包括當上隊長，以及一副壯碩的體格。每一場球賽，他都會用英雄式的拚命動作和傑出的運動技能，讓觀眾興奮得要命。球迷歡呼他的名字，年輕的男孩崇拜他，女人愛慕他。他什麼都有了。看起來似乎是這樣。

儘管他在球場上十分出色，下了球場以後，他的生活卻大有問題。他明白這一點，我也知道，因為我跟他一起長大。在他愈來愈出名的同時，我看著他放棄原則，迷失方向。他得到了觀眾的掌聲，卻犧牲了更重要的東西，就是他的品格。如果走錯了方向，發展再順利、相貌再好看，也沒有任何用處。

你如何分辨自己的梯子是否靠在正確的牆壁上？停下來，現在就花點時間問問自己：「我現在的生活，是否引領我邁向正確的方向？」傾聽你的良知、內心的聲音時，一定要誠實面對自己。這聲音告訴你什麼？

我們生活的方向不一定需要做一百八十度的轉變，而且往往只需小小的改變，就能把你帶到截然不同的目的地。試想，如果你想從紐約搭機飛往以色列的特拉維夫，但是在航程上往北提高了一度，你將會抵達莫斯科，而不是特拉維夫。

追求目標

確立正確的使命之後，你就會想設定目標。目標比使命宣言更加具體，能幫助你把使命分成許多個小部分。如果你的個人使命是吃下一整個披薩，你的目標就是找出方法，把它切成一片一片。

聽到「目標」這個字眼時，我們往往會有罪惡感。它讓我們想到，自己應該設定的目標，以及未能實現的另一些目標。這時，你應該忘掉過去的錯誤，採納蕭伯納的建議：「年輕時，我認為自己所做的十件事當中，有九件是失敗的。我不想一敗塗地，於是我用十倍的努力繼續做下去。」

以下是設定目標的五個重要關鍵，也是打開這扇門的五把鑰匙。

一號鑰匙：計算成本

我們有多少次在心血來潮的情況下設定目標，稍後卻無法貫徹始終？為什麼會發生這種事？因為我們沒有計算成本。

假設你的目標是希望今年在課業上得到更好的分數。但是，在你開始做以前，請先計算一下成本。這個目標需要哪些東西？例如，你得花較多的時間練習數學和文法，上網的時間相對減少，有時甚至得熬夜。而且一旦撥出更多的時間溫習功課，這即意謂著你得少看點電視，週五偶爾得待在家裡，不能出門玩。

衡量過成本以後，你可以想想好處在哪裡。好成績能為你帶來什麼結果？成就感？上大學的獎學金？一份好差事？問問自己：「我願不願意犧牲？」要是不願意，就不要做。不要對自己許下明知會反悔的承諾，因為這樣會讓你從個人帳戶裡提出款項。

有一個比較好的方法，就是把目標分成許多小部分。你不要一開始就要求自己每一科都要進步，而是先在某兩個科目上力求改進。到了下學期，再加強另外兩科。計算成本能夠讓你的目標比較切合實際。

二號鑰匙：白紙黑字

有人說過：「沒有寫下來的目標，不過只是願望而已。」白紙黑字的東西沒有商量的餘地，寫下來的目標擁有比想法強大十倍的力量。一位名叫泰咪的少女告訴我，把目標寫下來，使她選擇了正確的配偶。有好幾年，泰咪一直受到情人湯姆的情緒虐待。她覺得自己被困住了。她愈來愈依賴他，心情十分悲慘。有一天，她去探訪一位值得信賴的朋友時，終於靈光一現，決定改變。以下就是泰咪十八歲時寫的日記：

昨天我得到了足夠的力量與堅強的意志，決心離開湯姆和這個環境。我待在這裡已經有兩年半了，現在我必須做出一百八十度的轉變，以便找到足夠的內心力量，達成目標。我在心中想像自己五年後的樣子，想像到時候我要有什麼感覺。我揣想我能做自己，有力量做出明智的決定。最重要的是，我要跟某個人建立美好健康的感情。

於是我列出一張表，寫下我希望對方具備的特質，做為將來的參考。

情人及未來配偶的特質：

- 尊重。
- 無條件的愛。
- 誠實。
- 忠貞。
- 有趣，有幽默感。
- 每天都讓我歡笑。
- 支持我，讓我追求自己的目標。
- 是個好爸爸，對孩子很好。
- 正直（靈性的本質）。
- 是個好聽眾。
- 讓我覺得自己是一個整體，不是被撕裂成幾個部分。
- 會把時間留給我，希望我得到最好的一切。

列出這張表之後，我便有了足夠的依據，想像未來大致的模樣。當我讀它的時候，它讓我充滿希望，覺得自己能用比較好的方法過生活。

後來泰咪認識了一個很好的男人，並且跟他結婚。這個人符合她所列出的條件，快樂的結局的確存在。不要屈就於差勁的對象。

就像泰咪所發現的，寫下目標有一種神奇的力量。書寫迫使你把目標具體化。對於設定目標來說，具體至為重要。演員莉莉・湯姆琳（Lily Tomlin）說過：「我過去一直想成為大人物，可是我早該想得更具體一點。」

三號鑰匙：去做就對了！

我曾讀到科爾特斯（Cortes）到墨西哥的探險經過。一五一九年，科爾特斯率領五百多人和十一艘船，從古巴航行到墨西哥的尤卡坦（Yucatan）海岸。登上美洲大陸後，他做了一件其他探險隊長從來沒有想過的事：他把船全燒了。藉著切斷退路，科爾特斯讓自己和所有隨行人員全心投入征服的目標。不是成功，就是失敗。

《聖經》上說：「凡事都有定期。」有時我們會說：「我會試試。」有時則說：「我會做成。」有時我們找藉口，有時我們切斷退路。當然，有時我們只能全力向前。不過我也相信，有些時刻就是要全力去做。當創業伙伴說「我會試著把錢還你」的時候，你會願意借他兩千美元嗎？當情人在結婚儀式上被問到，是否願意與你結為夫妻時，若是回答：「我會試試」，這時你還想跟對方結婚嗎？

你明白我的意思嗎？我曾聽過一個上尉與中尉的故事：

「中尉，請你替我把這封信送去。」

「我會盡力的，長官。」

「不，我不要你盡力。我要你把這封信送去。」

「除非我死了，不然我一定照辦，長官。」

「你誤解了，中尉。我不要你死掉。我要你把這封信送到。」

中尉終於懂了。於是他說：「我會送的，長官。」

一旦全心投入，渴望完成一項任務，我們完成它的力量就會增強。散文家暨哲學家愛默生說：「假如你做了，你就會有力量。」每次承諾要完成一個目標，我就好像挖到了意志力、技能和創造力的金礦，我從來沒有想到可以擁有這些東西。全心投入的人往往能找到辦法，完成任務。

以下摘錄的段落是作家莫瑞（W. H. Murray）所寫的，這是我最喜歡的文章。它說到當我們講出「我要去做」的時候，內心會產生什麼改變。

一個人許下承諾之前，總會猶豫不決，總有可能放棄，總是沒有效率。此時若是忽略一個基本的真理，就會扼殺了無數的構想與傑出的計畫。這個真理就是，一個人決心投入之後，神就會眷顧他，各種事情開始湧現。若非如此，它們不會出現。一連串的事件由於這個決定而衍生，依據此人的偏好，帶來各種未曾預料的事件與物資方面的協助。沒有人想像得到，這些東西會來成就他。我對歌德的這兩句詩，懷有深刻的敬意：「無論你能做什麼、有什麼美夢，都可以去追求。／在膽大妄為裡，包含著天才、力量與魔術。」

絕地武士（Jedi，注：電影「星際大戰」裡的角色）尤達大師（Yoda）說：「要不就做，要不就不做。沒有什麼試一下的。」

四號鑰匙：運用重要時刻

生命中的某些時刻，包含了極大的契機與力量。關鍵在於駕馭這些時刻，用以設定目標。有開頭、有結束的事情，有起點、有終點的事情，就會有契機。例如，新年代表新的開始；分手代表結束。我還記得，我和交往兩年的女友分手後，簡直難受得要命。不過我也記得，當我意識到我可以開始跟一些剛認識的酷女孩約會時，我的心裡有多麼興奮。

以下是一張重要時刻的清單。它能帶來契機，讓你著手擬定新的目標：

- 新的學年。
- 挫折。
- 改變生命的經驗。
- 新發明。
- 搬到陌生的都市。
- 分手。
- 新的季節。
- 新工作。
- 新的愛情。
- 結婚。
- 第二次機會。
- 離婚。
- 出生。
- 新房子。
- 死亡。
- 換髮型。
- 週年紀念日。
- 畢業。
- 得到勝利。
- 新的一天。

困頓的經驗往往能帶來契機。你聽過鳳凰的神話沒有？每過五百到六百年，這隻美麗的鳳凰就會在火中自焚，在灰燼中升起，獲得重生。就像火鳳凰，我們也能從惡劣的經驗中，讓自己煥然一新，把逆境和悲劇當作蛻變的跳板。這些困境賦予你動力，讓你更有力量。

當你有動力想要做的時候，你可以學著駕馭這個關鍵時刻的強大力量，去設定目標，全心投入。不過，這種動力總有消逝的時候。當你不想做了，還是得堅持下去，這才能真正考驗你的品格。有人說：「品格是貫徹始終的紀律，即使做承諾時的精神已經消失，還是決心堅持到底。」

五號鑰匙：運用繩子往上爬

我的妹婿是位登山者，曾陪伴我和一個朋友爬上四千兩百公尺高的大特頓嶺。這段旅程真是恐怖！我們爬得愈高，山峰愈陡峭。那時，我們「用繩子往上爬」，也就是用繩子把所有人綁在一起，借助繩子往上爬；要是有一人落下去，繩子還可以救命。有兩次，繩子讓我不致墜落數百公尺的深谷，使我保住性命。相信我，我從沒有這樣喜歡過一條繩子。藉著互相扶持，以及繩子的協助，我們終於安全抵達峰頂。

如果你用繩子往上爬，借用別人的力量，就會得到較大的成就。假設你想要減肥。想一想，你要怎麼用繩子往上爬？也許可以找個擁有相同目標的朋友，結伴一起健身，為彼此打氣。也許你可以把這個目標告訴父母，讓他們提供協助。也許你可以在網路上尋找跟你一樣立志減肥的人，加入他們組成的線上社群。總之，你要發揮創意。藉著繩子，藉著朋友、兄弟姊妹、男女朋友、父母、輔導人員、祖父母、牧師或其他人的幫助，把自己往上拉。你的繩子愈長，成功的機會愈大。

化目標為行動

我念高二時，有八十二公斤重。我的弟弟大衛念高一，他只有四十多公斤。我們只差一歲，我卻比他壯兩倍，可是，大衛的精神力量很強大，他非常努力達成了目標。以下就是他的經驗：

參加普佛高中高一足球隊的經歷令我永生難忘。那時我只有一五五公分，體重只有四十出頭，比一般認定瘦小球員的四四・五公斤體重還要輕。因此，我找不到任何能用的足球配備，所有配備對我來說都太大了。雖然我拿到最小的頭盔，但是耳朵兩側還是得各塞進三個耳墊，好讓它適合我的小腦袋。我看起來像一隻頂著汽球的蚊子。

以前我很害怕足球訓練，尤其是我們必須跟高二學長做撞頭練習——和他們面對面排成兩列，相距九公尺。教練一吹哨，你就得猛撞對手，直到哨音再響。這時我總是數算我這排有幾個球員，看看什麼時候輪到我。然後再數數高二那邊，看看這次是哪一個要把我撞得飛上天去。我好像老是碰到最強壯、最惡毒的高二球員。「我死定了！」我經常這麼想。我會排好隊，等待哨音響起。不消一會兒，我就發現自己往後飛過去，衝到高高的天上。

那年冬天，我嘗試加入摔角隊，選擇加入四四・五公斤那組。儘管我飽餐一頓，穿著所有的衣服站上磅秤，我還是沒有四四・五公斤。事實上，我是隊裡唯一不必減肥的人。兄弟們認為，我可以成為一個很好的摔角選手，因為摔角和美式足球不一樣。摔角讓我可以跟體重相當的人競爭。然而，幾乎在每次的比賽裡，我都被對手按住，無法動彈。

等到春天一來，我參加了田徑隊。可是運氣不佳，我屬於隊裡跑得最慢的那一群。不必奇怪，你早該看看我這兩條像鉛筆一樣細的腿。

有一天，我做完田徑的健身練習後，再也無法忍受了。「我受夠了！」我對自己說。那天晚上，我在房內獨自寫下幾個想在高中達成的目標。要在運動場上揚威，我必須長高、長壯，於是我先設立相關的目標：到了高中的最後一年，我要長到一八〇公分，體重要有八十公斤。仰躺在長凳上的推舉重量，要達到一一三公斤。在美式足球方面，我要成為大學校隊先發的側邊接應球員。在田徑方面，我要成為代表本州的短跑選手。我還想像自己同時擔任美式足球隊與田徑隊的隊長。

你是否會說，這些都是美夢？在那一刻，我的確正視現實；要增加四十公斤的現實。然而我堅定地實踐這個計畫，從高一到高中最後一年都不放棄。

為了增加體重，我定出一條規則，就是我的肚子永遠不要是空的。於是我不停地吃東西。早餐、午餐和晚餐，只是一天八餐中的一小部分。我和校隊的先發中後衛凱瑞有個祕密協定。他有一九〇公分，超過一百公斤。他答應我，如果我協助他完成代數作業，他就讓我跟他一起吃午餐，好讓我吃得更多。

我決心吃下跟他一樣多的食物。每天的午餐時間，我都買兩份午餐、三罐牛奶、四個麵包。我們兩個在一起，一定引人發噱。吃午餐的時候，我還會把令人作嘔的蛋白質奶粉加進牛奶裡。每次喝下肚去，幾乎都要嘔吐。

高二那年，我開始跟好友艾迪一起上健身房。他在我的食譜裡加進一項規定：每晚睡覺前，要吃下十大匙花生醬和三杯牛奶。每週我們都得增加一公斤。在規定量體重的日子裡，要是沒有增加一公斤，我們就立刻喝水或吃東西，直到趕上目標。

後來媽媽在一篇文章上看到，如果一個孩子每天在完全黑暗的房間裡睡上十小時，再多喝兩、三杯牛奶，每年就可以比正常狀況多長高四、五公分。我相信這篇報導，並嚴格遵守這個做法。畢竟我的目標是長到一八三公分，我爸爸一五六公分的身高對我一點幫助都沒有。「爸，」我說，「我想要家裡最暗的房間。」然後，我用毛巾蓋住窗戶，塞進門縫，不讓一絲光線照到我身上！

接著，我定下睡眠的時間表：晚上八點四十五分上床，早上七點十五分起床。這樣我就有十個半小時的睡眠時間。最後，我盡量多喝牛奶。

同時，我開始練舉重、跑步，學著接美式足球。我每天至少做兩小時的運動。艾迪和我在舉重室練習時，我們會看看裡面的大號襯衫，希望有朝一日能穿得上。我最初的長凳推舉只能做到三十四公斤，比握住的扶手稍微重一點。

幾個月過去，我開始看到微小且緩慢的成果。上高二時，我長到一六五公分，約有五十四公斤重。我長高了九公分，增加了十公斤，比以前壯多了。

有時我覺得自己在獨自對抗整個世界，所以我特別討厭別人問我：「你怎麼會這麼瘦？為什麼不多吃一點？」我很想回一句：「你這個白痴！你曉得我付出多大的代價嗎？」

高中第三年，我長到一七二公分，體重六十五公斤。我繼續實踐增重計畫，還有跑步、舉重和體能訓練。在田徑的健身運動方面，我定下目標，要求自己每次短跑都不許偷懶。我從未錯過一次練習，即使生病也照常參加。突然間，我的犧牲開始有了回報。我長得很壯，也跑得很快。事實上，我長得太快，胸口上出現了皮膚伸張的白色條紋，好像被熊抓傷的疤痕。

在普佛高中升上四年級時，我終於達到了一八三公分高的目標，距離八十公斤的體重僅僅少兩公斤。同時我成為美式足球校隊的先發側邊接應球員，也被選為隊長。

這一年我在田徑方面更有收穫。我再次獲選為隊長，成為隊中速度最快的短跑選手，也是本州速度最快的短跑選手之一。

這一年的結尾，我的體重達到八十公斤，長凳推舉達到一一三公斤。同年級的女生把我選為該年度的「最佳體格獎」得主。這是我最喜歡的一個獎。

我做到了！我真的做到了！我達成了多年前自己設定的大多數目標。拿破崙的話真有道理：「只要一個人的心智能去構想、能去相信，雙手就能完成它。」

化弱點為長處

請注意，大衛如何運用這五把鑰匙來設定目標。他計算成本，把目標寫下來，並借助朋友的力量，同時在一個充滿契機的時刻設定目標（當他再也受不了，不願再當弱小的人），還有，他有勇氣去做。

我並不是要鼓吹只注重體格的心態，像大衛在前述階段的想法。我也無法向你保證，單憑意志力，你就可以讓自己長高許多。我只是試著讓你看見目標能在生命中發揮多大的力量。

在大衛告訴我他的經驗時，我逐漸明白，做為一個體重四十公斤的瘦弱小子，可能是一種隱藏的福氣。他這個明顯的弱點（瘦小的身材）實際上變成了他的長處（迫使他培養紀律和堅忍）。

在生理、心理和社會方面天生缺乏才華的人，一定有過跟他一樣辛苦奮鬥的經驗。這種向上的奮鬥所帶來特質與長處，是他們無法用其他方式得來的。這就是弱點何以變成優點的緣故。

所以，如果你生來就沒有得到美貌、肌肉、金錢或大腦，恭喜了！你可能得到最好的優勢。

馬洛赫（Douglas Malloch）的詩說得好：

若一棵樹從不需要奮力爭取陽光、天空、空氣和光線，
只是佇立於開闊的平原，永遠得到該有的雨水澆灌。
那麼，這棵樹就永遠成不了森林之王，只能以矮樹叢的樣貌活著、死去……
良木不會輕鬆如意地長大，風愈強勁，樹木愈壯大。

讓生活不平凡

生命是短暫的。在經典電影「勝利之光」（*Friday Night Lights*）中，強調了這個觀點。當教練甘恩斯（Gary Gaines）帶領的高中足球隊員陷入苦戰，他告訴他們：「所謂『完美』，跟計分板上的分數無關。完美跟輸贏無關。完美的重點在於你，以及你和自己、家人、朋友之間的關係。所謂『完美』，指的是你能夠看著朋友的眼睛，知道你沒有讓他們失望，因為你告訴他們實話。而實話就是你竭盡全力了。在那個當下，你盡力做到最好，眼神清澈，心中充滿愛與喜悅，你能夠活出那樣的自己嗎？如果你能夠成為那樣的人，你就是完美的！」

神學家瑟曼（Howard Thurman）曾說：「不要問世界需要什麼，你要問自己什麼事讓你有生命力，然後全力去做。因為世界所需要的正是具備生命力的人們。」活在當下！把握每一天！讓你的生活不平凡！

展開這種追求時，請記住，生命是一個任務，而不是一份事業。事業只是一種專業；任務則是一種主張。追求事業的人會問：「這對我有什麼好處？」實踐任務的人卻問：「我如何發揮影響力？」馬丁・路德・金恩博士的任務就是，讓每個人都得到民權，不論是什麼種族的人。甘地的任務是解放三億印度人民。泰瑞莎修女的任務是給沒有衣服的人衣服，餵飽飢餓的人。

這些例子雖然極端，但其實不用改變世界，你也能擁有任務。教育家莫里森（Maren Mouritsen）說：「多數人不會大有成就，卻能用偉大的方式來做小事。」

預告：你已經了解了「要」做的意志力。可是，你有沒有聽說過「不要」的力量？它就是下一章的主題！

跨出一小步

① 若想事業成功，你必須具備哪三種重要技能？你是否需要更有條理？是否公開演講時要更有自信？是否具備更高超的電腦程式能力？

② 每天看一看你的使命宣言，接連看三十天（培養一種習慣，就得花這麼長的時間），當你做各種決定時，遵循使命宣言的指引。

③ 看看鏡子裡的自己，捫心自問：「我會想跟我這種人相處嗎？」如果答案是否定的，就努力培養你所缺少的特質。

④ 去問學校裡的輔導老師，談談未來大學的選項或就業機會。不妨接受線上性向測驗，它能幫助你評估自己的稟賦、能力和興趣。

⑤ 現在你在生命中面對最重要的十字路口是什麼？就長期來說，哪一條路是最好的選擇？

⑥ 在你的臉書或部落格分享一些「偉大的發現」練習題，看看朋友的答案，同時也分享你的答案。

⑦ 想一想你的目標是什麼？你是否把它們寫下來了？如果還沒有，就花點時間寫好。記住，沒有寫下來的目標，不過是願望而已。

⑧ 找出一個別人貼在你身上的負面標籤，然後想想你能做哪些事，來改變這個標籤。

第六章

習慣三：要事第一

「要」與「不要」的力量

我在看「印第安那波里斯五百賽車」時心想，要是他們早點出發，就不用跑得這麼快了。

——喜劇演員史帝芬・萊特（Steven Wright）

我聽過一場演講，講者比較今日的青少年和一百五十年前的青少年，面對的挑戰有何不同。我很有興趣地聽著，也同意他的大部分觀點，直到他說：「一百五十年前的青少年面對的挑戰是必須努力工作。今天的青少年所面對的挑戰是，他們不夠努力。」

呃，不好意思，我對著自己喃喃說道：「不夠努力？你在講什麼鬼話？」我認為，今日的青少年比前人更忙碌、更努力。每一天我都親眼見到這個現象。課業、課外活動、球隊、社團、學生會、運動、打工、面對家庭問題等等，幾乎連喘口氣的機會都沒有。不夠努力？哈！擠牛奶和修籬笆並不比現代社會青少年的複雜生活更艱難。

讓我們面對現實。你有好多事情要做，卻沒有足夠的時間。放學後，你得參加預演，再來得去打工，晚點還得為明天的生物考試做準備。別忘了，你還要傳訊息給朋友，討論人際關係危機。接著，你應該做運動，還得遛狗，加上你的房間一團亂。你要先做哪一樣？

而習慣三「要事第一」能幫助你學會訂出優先順序，掌握時間，好讓你先做重要的事，而不是把它擺到最後才做。這個習慣不只教你做時間管理，還教你克服恐懼，在艱難的時刻做個堅強的人。

習慣二讓你決定，什麼事情對你最重要；習慣三則是把它們放在你生活的第一位。

當然，我們可以列出所有的目標與良善的意圖，但是實踐它們、把它們放在第一位，是最困難的部分。這就是我為什麼把習慣三稱作「要」（對你最重視的事情說「好」的力量）和「不要」（對比較不重要的事情與同儕壓力說「不」的力量）的習慣。

頭三個習慣乃是建立在彼此身上。習慣一說：「你是駕駛，不是乘客。」習慣二說：「決定你要去哪裡，畫張地圖，把你帶到目的地。」習慣三說：「往那裡去！別讓路障使你偏離路徑。」

把更多東西放進你的生活

你有沒有這種經驗：當你把衣服整齊地折疊放好，而不是就這麼扔進箱子裡去的時候，箱子裡會多出許多空間？真令人驚訝。同樣的現象也會發生在你的生活裡。你過得愈有條理，就能把更多的東西放進生活，也就是有更多的時間，可以留給家人、朋友、課業、自己等，你認為最重要的事情。

接下來，我要給你看一個神奇的模式，叫做「時間象限」。它能讓你得到更多的時間（尤其能讓你去做重要的事情）。「時間象限」由兩種主要的元素組成，就是「重要」與「緊急」：

重要——你認為最重要的事情；能夠實現你的使命和目標的活動。

緊急——有壓力、迫在眉睫的事情，需要立刻處理的活動。

一般來說，我們把時間花在四種不同的象限裡。每一個象限包含不同種類的活動，各代表一種人格類型（請見下頁表格）。

如果你還沒有發現，讓我告訴你，我們生活在一個對緊急事件上癮的社會。這是

	緊急	不緊急
重要	1. 因循型 · 明天的考試 · 朋友受傷 · 上班遲到 · 今天要交的報告 · 車子抛錨	2. 優先順序型 · 做計畫，設定目標 · 一個星期後要交的報告 · 運動 · 愛情 · 放鬆
不重要	3. 好好先生型 · 無止境的互傳訊息 · 干擾很多 · 別人的小問題 · 同儕壓力	4. 懶惰蟲型 · 花太多時間在臉書上 · 玩Xbox遊戲玩個不停 · 整天逛街 · 無止境的閒聊八卦 · 浪費時間

「立刻就要」的一代。這就是為什麼我們需要可以上網的手機、即時訊息、Instagram、急速減肥法、速食、限定一百四十字的推特和線上購物等等。這讓我想起在「巧克力冒險工廠」（*Willie Wonka and the Chocolate Factory*）裡，那個被寵壞的富家女維露卡（Veruca Salt）老是說：「現在，爹地，現在！我現在就想要一個奧帕倫帕族的矮人。」

時間象限

雖說緊急的事情不一定不好，但問題在於，我們總是把心思放在緊急的事情上，把重要而不緊急的事情擺在一旁。例如事先寫報告、在大自然散步，或是花時間跟遠方的朋友視訊聊天等這類重要的事，都被緊急的事情，像是傳來的訊息、電子郵件、各種截止期限、別人的問題，以及「必須立刻處理」的事情等給排開了。

如果將每個象限挖掘得再深入一點，在這個過程中，請你捫心自問：「我把大部分的時間花在哪一個象限？」

第一象限：因循型

讓我們從第一象限開始，也就是緊急和重要的事情。這些事情總是存在，像幫助生病的人、在截止期限內把要事趕完等。我們無法控制它們，必須立刻加以處理，可是為了先做這些事，而把其他的事耽擱下來，比方說我們拖延做功課，然後必須整晚熬夜準備考試；或者我們忽視腳踏車的保養太久了，然後必須送去維修。第一象限是生活的一部分，但如果你花太多時間在第一象限上，相信我，你會陷入一團混亂中，幾乎無法發揮潛力。因循型的人總是待在第一象限裡，你可能認識這樣的人。他的座右銘是：「我不要再因循下去——在不久的將來。」你可不要期望他會及早準備。這種人非要等到前一天晚上，才會著手寫報告或是準備考試。你也不要期望他會提早給車子加油，因為他永遠忙著開車。

因循型的人熱衷處理緊急事件，喜歡把其他的事一拖再拖……直到變成一種危機。可是他喜歡這樣，因為在最後一刻完成任務，可以讓他有一種緊湊的感覺。事實上，有緊急事件發生時，他的腦筋才會運轉起來，而且壓力愈大，他就愈有精神。

對因循型的人來講，預先規劃是不可能的事，因為它會奪走最後一秒完成任務的興奮。

我很能體會因循型的感覺，因為我在高中時就是一個因循大王。我覺得自己很酷，整學期不念書，到了考試的前一天晚上，再忙著準備所有的東西。多蠢！當然，我得到了好的分數，但是什麼也沒學到。上大學後，我為此付出代價。在許多方面，我到今天仍然在為此付出代價。

一個因循型的青少年說：

我拖延一切，直到學期結束前的兩個星期再拚命追趕。分數發下來時，我得到平均三點七到三點八的優異成績，但是我不覺得這是自己應得的，因為每個人都準時交作業，沒有在緊迫的壓力下趕工。我希望自己是那個樣子。

把太多的時間花在第一象限，會有以下的結果：壓力和焦慮；筋疲力竭；表現平平。

第二象限：優先順序型

我們把最好的這一型留到最後說明，暫時保留一點懸疑感。

第三象限：好好先生型

第三象限代表緊急、卻不重要的事情。它的特徵是想取悅別人，試著滿足大家的要求。這個象限會欺騙人，因為緊急的事情往往感覺上十分重要，但實際上通常不重要。我的意思是，有多少次你放下手邊的事去檢查手機，而你唯一收到的訊息是一個朋友回覆「好」或「大笑」，就這樣，根本就不值得你分心。第三象限充滿了對別人重要、對你卻不重要的活動。你不想從命，卻無法拒絕那些事，因為你害怕觸怒別人。第三象限的好好先生很難拒絕任何人、任何事，一心只想取悅別人，結果卻無法讓任何一個人高興，包括他自己在內。他患有「害怕錯過症」（FOMO, Fear of Missing Out），他沒辦法想像竟然有人不找他一起玩樂，因此他試著參與每個活動。他通常會屈服於同儕壓力，因為他希望自己人緣好，不想被撇在一旁。他的座右銘是：「明天，我會更有主見——如果你接受的話。」

好好先生在朋友們突然來訪，要他一起出去遊蕩到天亮時，總是沒法鼓起

好好先生型

勇氣拒絕。儘管他明天早上要考試，必須在家念書、早點上床，卻因為不想讓好友失望，最後還是去了。

儘管他答應妹妹要教她數學，卻還是忍不住傳了整晚的訊息，談論不重要的事。

他不是真想加入游泳隊；他喜歡的其實是美術。可是因為爸爸游得很好。當然，他不想讓父親失望。

我們每一個人，包括我自己在內，都有一點第三象限的性格。可是，如果我們對每一件事都說「好」，就不會有什麼成就。喜劇演員比爾・寇斯比（Bill Cosby）說得好：「我不曉得成功的關鍵是什麼，可是失敗的關鍵是試著取悅每一個人。」第三象限是最壞的象限，因為這種人沒有骨氣，總是浮躁不定，隨風轉向。

花太多時間在第三象限，會有以下的結果：感覺比較像是跟隨者，而非領導者；缺乏紀律；覺得自己像塊門墊，只是讓別人擦腳用的。

第四象限：懶惰蟲型

第四象限代表浪費和放縱。這些活動既不緊急，也不重要。

認識一下耽溺在第四象限的懶惰蟲。他喜歡一切沒有節制的事情，像看太多電視、睡太久的覺、玩太多電動，或者花太多時間上網。他最喜歡的兩種娛樂是經常午睡，以及每個週末看完一系列電視影集。

他是一個專業的懶蟲，畢竟要有某種能力才能睡到中午。當然，功課是他最後才會想到的東西，暑期打工更是想都不用想。你知道，他寧願在外面遊蕩。

好好放鬆，看線上電影，其實都是一種健康的生活方式。只有在過度耽溺的情況下，它們才會變成浪費時間的事。看一集電視節目或許是放鬆的必需活動，可是接連看第二集、第三集，甚至第四集節目（你已經看過六遍的重播節目），直到凌晨兩點才上床，就是把一個放鬆自己的夜晚，變成了浪費時間的活動。

生活在第四象限的結果是：缺乏責任感；有罪惡感；生活散漫；錯過冒險的機會。

第二象限：優先順序型

現在回到第二象限。它包含了重要而不緊急的事情，像放鬆自己、建立友誼、運動、事先規劃，以及準時完成作業！它是追求卓越的象限——我們希望自己待在這個地方。第二象限的活動很重要，可是它們緊急嗎？不緊急！這就是我們為何沒法去做的原因。舉個例子，在暑假找份好的工作，對你可能十分重要。但是暑假離現在還有好幾個星期，一點也不急迫，你或許會拖延找工作的事，直到時機過去，你才突然發現，所有的好差事都找到人了。如果你是在第二象限，就會事先計畫，找到一份比較好的工作。這種做法不會花費更多的時間，只是需要多一點的規劃。

優先順序型的人雖不完美，做事卻很有條理。他會把必須做的事全部看一遍，然後決定優先順序，確保應該最先做的事，能夠排在第一位來完成；應該最後做的事，就要最後完成。由於他事先規劃，建立了這個單純而有力的習慣，所以總能把事情掌握得很好。藉著準時做功課、事先寫報告，他做出最好的表現，避免讓自己因為趕工而承受沉重的壓力，甚至筋疲力竭。他也會安排時間做運動，更新自己，即使必須排開其他事情也不更改。他生命中最重要的人，像是家人和朋友，總是在他的優先順序中排第一位。儘管平衡的生活不易達成，他仍然把它視為最重要的事。

優先順序型的人經常為車子換機油，不會等到汽油用盡才加油。儘管他會給自己時間放鬆，但會適可而止，而且也會慎選放鬆的場合。

此外，他懂得用微笑拒絕別人。當朋友在晚上突然來訪，邀他一起去參加派對時，他會說：「不，謝謝。明天我有一個重要的考試。但是星期五晚上怎麼樣？我們那時可以聚聚。」朋友會說好，同時暗自希望自己也有勇氣，拒絕這次的活動。他曉得，拒絕同儕的要求時，一開始可能讓自己不受歡迎，但是別人會愈來愈敬重他。

生活在第二象限的結果是：掌握自己的生活；在各方面得到平衡；表現優異。

現在，你已經了解四個象限了，請問問自己，你把大部分的時間花在哪一個象限？第一、第二、第三，還是第四象限？事實上，我們都在每個象限都花費了若干時間，關鍵則是盡量把時間轉移到第二象限。增加第二象限時間的唯一方法，就是減少花在其他象限的時間。以下是達成這個目標的方法：

一、藉著減少因循的作為，縮減待在第一象限的時間：在第一象限，你永遠有許多事情要做。可是，如果你藉著提早完成重要的事，把拖延的事情減少一半，待在第一象限的時間就會大為減少。在這裡的時間愈少，你的壓力也會愈小。

二、對第三象限的事情說「不」：學著拒絕不重要的事。它們會拉住你，讓你無法處理更重要的事。不要總是被打斷。試著取悅每一個人，就像一隻狗徒勞地想抓住自己的尾巴。記住，當你說「不」的時候，其實就等於在對更重要的事情說「好」。

三、減少第四象限的耽溺活動：不要完全戒除這些活動，只要少做一點，你沒有時間可以浪費，把這些時間轉而用在第二象限。雖然你需要放鬆自己，但是請記住，放鬆自己的活動屬於第二象限；過度放縱的放鬆就算在第四象限。

除了把較多時間花在第二象限，還可以考慮以下建議，幫助你用更好的方法掌握時間，達成「要事第一」的目標。現在就拿起一本日曆，開始規劃每週的活動吧！

行事曆妙處多

我要大力推薦你使用行事曆或日曆，不論是電腦上的版本、手機版本或紙本都可以，只要有足夠的空間供你記下約會、待辦事項和目標。網路上有很多好用的日曆APP軟體，如果你喜歡，也可以買一本紙本的行事曆，或自己做一本雙線圈筆記本。

有人可能會想：「我不要讓生活受到行事曆的牽制。我喜歡自由一點。」要是你有這種感覺，請記住，行事曆的目的不是要綁住你，而是要放你自由。有了行事曆，你就不須擔心會忘掉該做的事，或是重複安排行程。它會提醒你，你的報告何時到期、考試何時舉行。你可以把所有的重要資訊都放在同一個地方，而不是四處分散。行事曆不是你的主人，而是協助你安排生活的好幫手。

每週做計畫

不妨每星期花十五分鐘，規劃下一週的生活，看看規劃未來會帶來什麼不同的影響。為什麼要每星期做計畫呢？因為我們會用一星期做為思考單位，而且如果每天做計畫，關心的事情會過於狹隘；如果每個月做計畫，注意的焦點又會顯得太過廣泛。一旦你有了某種行事曆，可以遵照以下的三個步驟，展開每週做計畫的程序。

步驟一：找出你的大石頭

在每週的第一天或最後一天，坐下來想想，下星期你想完成什麼事情。問問自己：「下星期有什麼最重要的事是我必須做的？」我把這些事稱為你的大石頭。它們可以是一些比較小卻重要的目標，而且應能配合你的使命宣言與長期目標。不意外的是，你將發現，它們大多是第二象限的活動。例如：

- 準備化學考試。
- 讀完《大亨小傳》。
- 參加凱立的遊戲。
- 申請暑期工作。
- 參加安賈莉家的派對。
- 運動三次。

找出大石頭的另一個辦法，就是想想你在生活中扮演的重要角色，例如學生、朋友、家人、員工、個體，以及你在扮演這些角色時，會去做或想做的其他事情。依據角色來規劃生活，會幫助你保持平衡。

在你找出本週的大石頭時，不要被攪得團團轉。儘管你可能覺得有四十個大石頭必須完成，還是要務實一點，把範圍縮小，讓你的大石頭不超過七到十個。

步驟二：為大石頭排出時間

你看過大石頭的實驗沒有？當你想將大、小石頭放滿一個水桶時，如果先放小石子，再把大石頭放在小石子的頂端，結果常常無法全都放進去。但是，如果你先把大石頭放進去，再擺小石子，小石子會塞滿大石頭的縫隙，於是所有的石頭都放進去了！關鍵就在於大石頭和小石子進入水桶的先後次序。大石頭代表最重要的事情；小石子則代表占用時間的日常瑣事，例如家事、工作、訊息和種種干擾。這個故事的寓意是，如果你不把大石頭先處理好，就別想完成所有事情。

因此，當你在計畫每週的活動時，要把大石頭預先寫在行事曆裡，為它們排出時間。例如，你或許覺得，開始準備歷史報告的最佳時間是星期二晚上，打電話給祖母的最佳時間是星期天下午，現在就把這些時間排出來。這就像預先訂位。如果有些大

角色	本週的大石頭
學生	開始寫歷史報告
朋友	胡力歐的生日、多講點好話
家人	去購物中心拿母親節禮物、打電話給奶奶
工作	準時上班
自己	去聽傑登的公演、每天晚上寫日記
辯論隊	完成準備工作、練習開場的陳述

石頭，像是「這星期每天要說三句話來讚美別人」，沒辦法訂出明確的實踐時間，你就要在行事曆的其他地方寫明此事。

要是你為大石頭預先排出時間，其他的日常活動還是一樣能放得進來。即使不能，誰會在乎這個呢？寧可排除小石子，也不要犧牲大石頭。下週好好處理這些大石頭吧！

步驟三：把其他的事情排進去

把大石頭預先放進行事曆後，就把所有的小事、每天的任務和約會，也一起排進去。這就是小石子該去的地方。如果你想在手冊的日曆上看看未來要做的事，不妨在手冊上寫下日後的事情與活動，例如假期、朋友的音樂會或生日。

每天做調整

有了一週的計畫以後，你可以按照需要每天調整。盡力實踐你的計畫，但即使你未能完成計畫中的每一件事情，也沒有

什麼大不了。畢竟就算你只完成了三分之一的大石頭，也比不做計畫的時候多做了三分之一。

如果你覺得每週計畫實在太僵化、太複雜，也不要完全放棄它。不妨只要簡單規劃每週要做的事即可。例如，也許一星期只要有兩、三個大石頭就夠了。

重點是：每週預先規劃的簡單做法，能幫助你把心思放在大石頭上面，讓你完成比以往更多的事情。

時間管理真的有用嗎？

這種時間管理的做法真的有用嗎？絕對有用。我讀過青少年寄來的許多信件，他們都因為以上的建議，得到莫大的成功。下面是兩個青少年的心得，他們學到時間象限的觀念，開始借助於行事曆，每週做計畫：

雅各：

我還記得自己看著時間象限的圖表說：「老天，這是真的。有很多事情，我的確是在最後一分鐘才趕著做完的。」像功課就是。要是報告必須星期一交，我會到星期天晚上才寫。要是星期五有考試，我星期四就不去上課，來準備考試。我當時處在非常嚴重的危機狀態。

我發現了哪些事對我比較重要後，就開始排列優先順序，使用行事曆。要是我想去釣魚，我會說：「另外一件事比較重要。我要先做那件事，也許明天再花上整天的時間去釣魚。」最後，我念書變得更有效率，考試表現很好，一切都井然有序。要是我早一點有效率地運用時間，壓力會減少許多。

布魯克：

我的壓力減少了，因為我不再一直試著記住早該在幾天前完成的事情。現在我可以規劃時間，然後有條理地處理事情。當我心情惡劣、覺得壓力很大的時候，就看看自己的行程表，曉得我還是有時間可以完成所有的事，尤其是我自己喜歡做的事情。

世上只有少數幾樣東西是不能回收使用的，浪費掉的時間就是其中之一。英國女王伊麗莎白一世臨死前就曾說：「我願用所有的財產，換取一瞬光陰。」

克服恐懼

習慣三不只是談論時間管理，這只是它一半的內容，另一半則是學習克服恐懼和同儕壓力。在壓力很大的時候，若想堅持你最初的信念，像是價值觀和標準，的確需要勇氣和膽識。我曾問過一群青少年，「你們認為最重要的東西是什麼？」他們的回答包括「家庭」、「朋友」、「自由」、「刺激」、「成長」、「信任」、「上帝」、「穩定」、「歸屬感」和「外貌」。我再問：「是什麼因素讓你沒法把這些東西排在第一位？」一點也不令人驚訝，最多人選擇的答案是「恐懼」和「同儕壓力」。以下我們要談談，如何處理這個問題。

舒適區和勇氣區

想做到要事第一，必須具備的第一個要素就是勇氣。勇氣能讓你走出自己的舒適區（Comfort Zone）。請看下頁的舒適區和勇氣區（Courage Zone）的圖表。

舒適區代表你熟悉的事物、認識的地方、相處自在的朋友，以及喜歡從事的活動，待在這裡輕鬆且安全，不需要向外伸出觸角，我們覺得很有保障。

不過另一方面，還是有些事會讓人緊張得寒毛豎立，例如結交新朋友、在一群人面前講話，或是堅持自己的信念等。歡迎你來到勇氣區！這裡有的是冒險、風險和挑戰。讓我們覺得坐立不安的每一件事物，這裡都看得到。在這個區域裡，不確定、壓力、改變、失敗的可能性，都在等待著你，但它也是充滿機會的地方，是你把潛力發揮到極致的唯一場所。要是你滯留在舒適區，就無法充分發揮潛力。這是千真萬確的。

或許你會問：「享受舒適區有什麼不對？」

沒什麼不對。事實上，我們的大部分時間本來就應該花在這裡。可是一步也不踏進未知的地方，這種做法絕對是錯誤的。你和我一樣清楚，很少嘗試新事物、很少展開翅膀飛翔的人，終將過著安全而無趣的生活。誰希望是那樣呢？冰上曲棍球明星葛雷斯基（Wayne Gretzky）說：「沒有射門，就絕對不會射中。」為什麼不對自己表現出一點信心，冒一次險，偶爾也降落到勇氣區？記住，最大的危險，就是完全不冒風險的生活。

不要讓恐懼替你做決定

這個世界上有許多病態的情緒，其中最糟糕的一種就是恐懼。想到我因為害怕而沒有做的每一件事，我就心痛起來。在高中時代，我對一個名叫雪莉的女孩十分著迷，可是卻從來沒有約她出來，因為恐懼在我耳邊低語：「她可能不喜歡你。」

我們征服的不是這座山，
而是自己。
——艾德蒙・希拉瑞
（Edmund Hillary，
首次登上埃佛勒斯峰的人）

我還記得，當年參加了七年級足球隊的一場練習後，我之所以決定退出校隊，就是因為害怕競爭。我也永遠不會忘記，我曾想競選學生會主席，後來卻因為害怕在全校師生面前講話而打了退堂鼓。在我的一生中，有許多課我沒有去修，有許多朋友我沒有結交，有許多球隊我沒有參加，全是因為這些醜惡的恐懼。然而，這些恐懼極為真實。我喜歡莎士比亞在《以牙還牙》（*Measure for Measure*）中所寫的：我們的懷疑是背叛者，藉著害怕去嘗試，它讓我們失去可能贏得的好處。

我永遠不會忘記父親曾經對我說過的話。他說：「永遠不要讓恐懼替你做決定；決定要由你自己來做。」我從此謹記在心。事實上，英雄行為都是人們正視恐懼時所表現出來的結果。想一想南非第一任黑人總統曼德拉（Nelson Mandela），當年他因為公開反對種族隔離政策，而被監禁了二十七年。要是他基於恐懼，一直不敢反抗當時的體制，情況將是如何？想一想，蘇珊・安東尼（Susan B. Anthony）永不退縮的勇氣。她領導美國女性進行漫長的抗爭，最後終於促使憲法通過，讓女性獲得投票權。想一想邱吉爾，這位二次大戰時期的英國首相，領導自由世界對抗德國納粹。要是他因為自我懷疑，在大戰期間表現得膽怯懦弱，那該怎麼辦？

面對恐懼而採取行動，絕不是一件容易的事。但是你會很高興自己做到了。我念大四那年，還差幾個學分，於是我看看選課單，想找門課填滿學分。當我看到歌唱課中有一門「個別教導發聲練習」的課程，我心想：「我何不走出舒適區，試試這玩意？」

我小心地在個別教授而不是團體上課的空格裡簽名，因為我不想在其他學生面前唱歌，不願當眾出醜。

一切都很順利，直到學期結束前，歌唱老師忽然宣布了一個令人震驚的消息：「西恩，你打算唱哪一首歌給其他學生聽？」

「你的意思是？」我驚懼地問道。

「這門課規定，你至少要在其他個別上課的學生面前唱一次歌。」

「這個主意不太高明。」我強調說。

「哦，這只是小事一樁。你會表現得很好的。」

對我來說，這可是件大事。光是想到要在一群人面前表演唱歌，就足以讓我全身不舒服。「我該如何逃過這一劫呢？」我心想。可是我不能放任自己這麼做，因為過去一年來，我曾多次向各個團體發表演講，勸他們不要讓恐懼替自己做決定。而現在……該輪到我上場了。

「要有勇氣，西恩。」我不斷在心裡重複地講：「你至少得試一下。」

那個恐怖的日子終於來臨了。當我走進這間「毀滅室」，準備進行首次的演出時，我不斷說服自己：「鎮靜一點，西恩。事情沒有那麼糟。」

可是情況愈來愈不妙。當我發現房間裡每個人幾乎都是主修音樂或戲劇時，我愈來愈覺得受到脅迫。我的意思是，這些人真的懂得如何唱歌，他們從小就在音樂會和合唱團表演。尤其第一個學生上臺演唱「悲慘世界」裡的一首歌曲時，我更害怕了，他唱得比這齣百老匯音樂劇的原唱者還要出色。然而，班上的學生竟然厚顏無恥地批評他。「我覺得你的音調有點平板。」天啊！他們會怎麼說我？

「西恩，輪到你了。」

是輪到我了。我站在全班同學前面，距離我的舒適區有三百萬光年那麼遠。我不斷對自己說：「要有勇氣！我簡直沒法相信，我居然在做這件事。」

「我要唱的是『窈窕淑女』裡的『在你住的那條街上』。」我顫抖地說。

伴奏的人彈出這首歌的前奏時，每個人的眼睛都落在我身上。我的心裡冒出一個念頭：「我怎麼會把自己弄到這步田地？」從大家臉上的微笑看起來，他們好像還真拿我當一回事。

「以往我經常走過這條街……」我唱起來。

我還沒有唱到第二句，學生們的表情就從興奮變成了痛苦。我緊張極了，身體繃緊，好像剛從烘乾機裡拉出來的牛仔褲。我得拚命把每一個字從嘴裡擠出來。這首歌快要結束時，音調非常高亢。即便在練習的時候，我也老是唱不上去。現在我心驚膽戰地期待它的來臨。快要唱到這裡時，我想：「管他的，拚命唱吧。」我不記得是否唱上去了，還是跳過去了。我只記得，有幾個學生十分困窘，只能盡力掩飾，也不敢看我一眼。

我唱完了，快快坐下。寂靜無聲。沒有人曉得該說什麼。

「好極了，西恩。」

「多謝誇獎。」我聳聳肩膀，好像我相信他的話一樣。可是你知道嗎？儘管這份經驗幾乎要了我的命，當我走出教室，一個人穿過停車場，走向我的車時，我深深感到自豪。說老實話，我一點也不在乎別人對我唱的高音有什麼意見；我僅為自己撐了過來而感到驕傲。就像競技體操運動員暨奧運金牌得主加比・道格拉斯（Gabby Douglas）說過：「艱困的日子是最好的時光，因為那樣的時光將造就出冠軍。只要你能撐過那些關卡，你就能克服任何事！」所以，下一次你想做以下的事情，甚至想在人群面前唱歌時……就去做吧！這些事情包括：

- 交個新朋友。
- 抗拒同儕壓力。

- 改掉一個舊習慣。
- 培養一種新的技能。
- 試著加入一支球隊。
- 參加一齣戲劇的面試。
- 邀請你喜歡的人出去。
- 換工作。
- 參與活動。
- 做你自己。

縱然你所有的恐懼與懷疑大聲吶喊著「你這個輸家」、「你會失敗的」、「不要嘗試」，也不要讓恐懼替你做決定，你才是做決定的人。

勝利的意義在於屢仆屢起

儘管我們有時會覺得恐懼，但這沒有關係。有句哲言說：「感覺恐懼，但還是要把事情做好。」我學到一個克服恐懼的方法，就是把以下的觀念長留心中：「勝利不過是屢仆屢起。」我們應該少操心跌倒，多擔心因為不去嘗試而錯失的機會。我們崇拜的許多人物，都經歷過許多次失敗。

例如，棒球巨星貝比．魯斯（Babe Ruth）曾經被三振過一千三百三十次。愛因斯坦直到四歲才會說話。貝多芬的音樂老師說他：「就作曲家來說，他是一點希望也沒有。」化學家巴斯德（Louis Pasteur）在化學課成績平平。火箭科學家韋納・布勞恩（Wernher von Braun）九年級時代數不及格。居禮夫人幾乎一文不名，稍後卻建立核子化學的領域，徹底改變了科學的方向。賈伯斯被自己一手創立的蘋果電腦開除，後來又重掌蘋果的經營大權，開發出iPhone。著名童書作家蘇斯（Dr. Seuss）博士的第一本書稿遭到二十七家出版社拒絕。以下是某個男人一生經歷的重大事件。他曾失敗過許多次，但是仍不斷奮鬥下去。請看一下，你能否猜中他是誰。這個人的經驗包括：

- 二十二歲生意失敗。
- 二十三歲競選州議員失敗。
- 二十五歲生意失敗。
- 二十六歲時情人去世。
- 二十七歲精神崩潰。
- 二十九歲努力成為演講家卻失敗。
- 三十四歲爭取眾議員提名失敗。
- 三十七歲當選眾議員。
- 三十九歲爭取眾議員提名失敗。
- 四十六歲競選參議員失敗。
- 四十七歲競選副總統失敗。
- 四十九歲競選參議員失敗。

這個人就是林肯，他在五十一歲時當選美國總統。在屢仆屢起之後，終於達成目標，得到每一個國家與人民的尊敬和欣賞。

在困境中要堅強

詩人佛洛斯特（Robert Frost）寫道：「森林中有兩條岔路，而我選擇了比較沒有人走的那條路，這個決定改變了一切。」我愈來愈相信，人生總有一些困厄的時刻、一些面對岔路的選擇。要是我們能堅強以對，就能在生命的旅程中「改變一切」。

艱難的時刻究竟是指什麼情況？這是一種心理衝突：不知該做正確的事情，還是去做輕鬆的事情？它們是重要的考驗，是生命的關鍵時刻。我們處理它們的態度和做法，將會真實而持久地塑造自己。它們有兩種類型，即小型與大型。

小型的艱難時刻每天都在發生，像鬧鐘響了就要起床、控制自己的脾氣，還有叫自己做功課。如果你能堅強面對這些時刻，生活就會順利許多，再也不必因為這些事而感到壓力。例如，要是我在某個困難的時刻表現得很軟弱，一直賴床，這種態度往往會愈演愈烈，使你在這一天的許多小事上遭遇失敗。但是，如果我按照計畫的時間起床，這件事往往會成為一連串成功的起點。

大型的艱難時刻與小型的困境不同，只會在生命中偶爾發生，像選擇好友、抗拒負面的同儕壓力，以及遭到重挫後重新振作起來。你可能被球隊淘汰、被情人拋棄、你的父母或許離婚、有家人去世。這些時刻通常對你影響深遠，而且經常突然降臨在你的身上。不過，如果你了解這些時刻可能來臨，就會有所準備，像戰士一樣迎向它們，獲得勝利。

碰到這些關鍵的困境時，要有勇氣。不要用未來的幸福去換取一夜的歡愉、一週的刺激，或是一個亢奮的復仇時刻。要是你想做某一件很蠢的事情，記住以下莎士比亞的詩句（哇！莎士比亞在本章第二次出現了）：

如果我得到了追求的東西，是什麼東西贏得了我？
一個夢、一次呼吸、一個泡沫，裝滿飛逝的喜悅。
誰願用一分鐘的歡笑，換取一星期的悲泣？
或是賣掉永恆，來買一個玩具？
誰願意為了一顆甜蜜的葡萄，讓整棵葡萄藤毀掉？

這些詩句所說的，正是犧牲你的未來，以換取一瞬間的開心。試想：誰會為了一個玩具放棄自己的未來？誰想用一星期的苦痛來購買一分鐘的快樂？誰會為了區區一顆葡萄，把整棵葡萄藤毀掉？只有愚蠢的人才會這樣做。

克服同儕壓力

某些最艱難的時刻，就是面對同儕壓力的時候。在所有的朋友都說「好」，你卻說「不要」，此時的確需要很大的勇氣。但是這種對抗同儕壓力的做法，我稱之為「不要的力量」，會在你的個人帳戶裡存進大筆存款。一位高中的輔導老師說：

有個高一女生在第一堂課開始前，衝進我的辦公室。眼淚從她的臉上汩汩流下，她同時大喊著：「他們討厭我！他們討厭我！」

她剛剛被這群朋友拋棄，因為她「太乖了」，昨天沒有跟他們一起蹺課到芝加哥去玩。她說，她一開始真的想去，但一想到學校要是通知媽媽，說她蹺課，媽媽會深受傷害。她覺得媽媽為她做了許多犧牲，不該那樣對待媽媽！她沒辦法讓媽媽失望。

於是她堅持拒絕，大家對她噓聲四起，她心想第二天應該就沒事了。可是情況並不是這樣——他們全都不理她，叫她另找新朋友，因為她實在太乖了。

在淚水和痛苦裡，她開始明白，她的內心有一種寂寞而舒服的感覺，因為儘管朋友拒絕她，她仍接受了自己，得到了自尊和內心的平安。她學到了一生的教訓。在這一刻，她為自己挺身而出，堅持立場。

同儕壓力有時十分強大。唯一的抵抗方法，就是完全脫離你所處的環境——尤其是在你加入幫派、兄弟會或姊妹會，或是跟一群朋友關係緊密的時候。對於希瑟來說，換個環境是最好的解決辦法：

我早就知道該換一群朋友，但是不知道該如何著手。我「最好的朋友」會鼓勵我做她經常做的事，像吸毒和隨便與人發生性行為。不久，學校裡的同學便開始叫我「母狗」。

雖然我一想到大家在一起的快樂時光，就還是想跟她、跟其他的人做朋友，但是，我明白自己其實正緊緊抓著一些東西，而那是我不該留戀的。

於是我決心徹底改變，遠離現在的環境。接著我徵詢媽媽的意見，表示希望能搬去跟阿姨住一陣子，展開新生活，找一群比較正派的新朋友。她同意了，從那時起，我就搬去跟阿姨住。

現在我在新朋友面前，會講出我認為正確的看法，我也更能忠於自己，而不在乎別人怎麼說我。這就是我，我不會改變自己來適應他們。要改變，也是為自己改變。

想克服同儕壓力的話，你必須比較重視你對自己的看法，而不是同儕對你的看法。波爾蒂亞・尼爾森（Portia Nelson）的詩句提醒我們：

一星期的任一天，我會選擇「出去」跟別人在一起，
並且跟自己保持聯繫……
而不是「投入」人群，卻跟我自己失去了聯繫。

同儕壓力為什麼這麼難抗拒？因為我們太渴望有歸屬感。這就是許多青少年為什麼願意經歷殘酷的儀式，成為一個團體的成員；為什麼有些青少年養成吸毒的習慣，表現暴力行為，以便加入幫派；有些青少年認為為了受歡迎，他們必須奉承一些特定的人，拋棄那些阻礙他們在社交生活中平步青雲的老朋友。

有時你必須冒險抗拒同儕壓力，做出正確的事。布魯克林的喬恩訴說他的故事：

高二那一年，我有些朋友開了一個臉書專頁，在上面抨擊一個他們討厭的班上女孩。那真的很可怕，他們散播她的照片，寫一些關於她的可怕訊息。其實根本沒有理由要這麼做，她只是一個不屬於我們圈子的局外人，大家卻失控似地一直講她的壞話，到後來一點都不有趣了。

有些朋友強迫我加入，但我拒絕了。最後，我匿名檢舉這個專頁發表惡意訊息，後來臉書就關閉了這個專頁。我知道這麼做是正確的。我也告訴校長，在我們這個年級有人在網路霸凌，不過我沒有指名是誰，後來我們召開了會議討論這件事。我一想到隔天要在學校面對大家，就感到害怕，但沒人知道是我做的。事實上，我在上數學課時，還跑去跟那個女生說話，當時我只是想多了解她一點，讓她知道她不孤單。結果她是一個很酷、很友善的人。我們從此就成了朋友，而她一直不知道是我阻止了這場網路霸凌。

壓力的益處

並非每一種同儕壓力都是不好的。事實上，許多同儕壓力很有益處。如果你找到一個朋友，這人對你產生積極的壓力，促使你有最佳的表現，就要跟他建立一生的友誼，因為你會從他身上得到一種非常特殊的收穫——他永遠都會支持你。

如果你發現自己想堅持立場，卻總是屈服於同儕壓力，有兩種做法供你參考。

首先，你要建立個人帳戶。要是缺乏自信和自重，你如何有力量對抗別人？那麼你該怎麼做呢？你可以今天就開始建立個人帳戶，一點一滴，對自己承諾一件事，然後實現它。無論是幫助某個需要幫助的人、培養一種稟賦，或是更新自己都好。最後你會得到足夠的力量，走上你的道路，而不是跟著別人的腳步前進（你也許想重新看看「個人帳戶」那一章）。

其次，你要寫下自己的使命宣言，設定目標。如果你尚未決定自己的信念，你如何能堅守？如果你明白，你願意遵行的目標是什麼，就比較容易對不符信念的事情說「不」。例如，當你的目標是得到好成績和上大學時，你會對這個目標說「好」，也比較容易對蹺課的行為說「不」（你也許想重新讀一遍「習慣二：以終為始」那一章）。

成功的共通元素

在這段最後的分析當中，我要說的是，「要事第一」很需要紀律。有了紀律，你才能管理時間。有了紀律，你才能克服恐懼。有了紀律，碰到艱難的時刻，你才能堅持立場，抗拒同儕壓力。亞伯特・葛雷（Albert E. Gray）多年來研究成功人物，想找出他們之所以成功的因素。你覺得他發現了什麼？成功的原因不是穿著得體、吃希臘優格，或是態度積極。他發現的是以下的元素，你要好好閱讀：

所有的成功人物都有一種做事的習慣，是失敗的人不喜歡去做的。成功的人雖然有時也不喜歡做這些事，但是憎惡最後會屈服在他們強大的目標之下。

這是什麼意思呢？它的意思是，成功的人願意貫徹始終，做自己不喜歡的事。他們為什麼要做呢？因為他們曉得，這些事會帶領他們走向自己的目標。

換句話說，無論你喜不喜歡，有時就是得發揮自主意志，完成該做的事。你認為，一個鋼琴家是否總能享受每天數小時的練琴時間？一個立志要賺錢上大學的人，是否總會享受兼兩份差事的工作？

我讀過一個關於美國大學摔角選手的故事。有人問他，在他的摔角生涯中，哪一天最值得紀念？他答道，就是練習取消的一天。他痛恨練習，可是為了更大的目標，他願意忍受下去。他的目標就是把能力發揮到極致。

最後的叮嚀

我們針對七個習慣，訪問過數千名青少年。你猜，哪一個習慣最難做到？猜中了！就是習慣三。所以，如果你花費很大的力氣跟它奮鬥，也不要覺得氣餒，有好多人跟你一樣。

如果你不知道如何開始實踐習慣三，不妨看看以下的「跨出一小步」。這就是我提供它們的目的——幫助你開始做起。

你的青春期歲月可以成為一生當中最刺激、最富探險色彩的時光。珍惜每一刻，就像下面美麗的詩句所說的：

要了解一年的價值，去問問修課不及格的學生。
要了解一個月的價值，去問問早產兒的媽媽。
要了解一星期的價值，去問問週刊的編輯。
要了解一天的價值，去問問家有六個孩子、拿日薪養家的人。
要了解一小時的價值，去問問等待見面的情侶。
要了解一分鐘的價值，去問問錯過火車的人。
要了解一秒鐘的價值，去問問車禍中的生還者。

要了解千分之一秒的價值，去問問得到奧運銀牌的人。

預告：在下一章，我們要討論組成生活的元素。我想，聽到這些東西時，你會覺得很驚訝。所以，繼續讀下去吧！還有，你已經讀完了半本書。恭喜你！

跨出一小步

① 在你的平板電腦或智慧型手機搜尋並下載行事曆的APP軟體，運用這個軟體，讓生活更有條理，在判斷好不好用之前，先試行一個月。

② 找出最讓你浪費時間的事情。你真的需要花兩小時察看別人的Instagram照片，或是玩電動遊戲嗎？

③ 你是不是喜歡取悅別人，對每一個人、每一件事都說「好」？如果答案是肯定的，今天你要在適當的情況下，鼓起勇氣拒絕別人。

④ 要是你一週後有個重要的考試，不要拖到考前的最後一天才開始讀書。現在就著手去做，每天讀一些就好。

⑤ 找出一件你拖延已久、卻十分重要的事，然後在這星期排出時間，把它做好。

⑥ 找出你未來一星期裡七個最重要的大石頭。現在，在你的行程表上排出時間，把它們一一完成。

⑦ 找出一件令你恐懼、阻止你達成目標的事，那可能是你害怕的人、害怕的情緒或害怕受傷。現在就下定決心，跳出舒適區，不再讓這份恐懼控制你。

⑧ 同儕壓力對你的影響有多大？找出一個或一群對你有極大影響力的人，然後捫心自問：「我做的是自己想做的事，還是他們希望我做的事？」

第三部

公眾成功

情感帳戶

組成生活的元素

習慣四：雙贏思維

生活是一場吃到飽的自助餐盛宴

習慣五：知彼解己

你有兩隻耳朵，卻只有一個嘴巴

習慣六：統合綜效

一條高遠的道路

第七章 情感帳戶

組成生活的元素

我最喜歡的一句格言，經常讓我有罪惡感。它就是：「臨死之際，沒有人會希望自己可以多花點時間待在辦公室。」

我經常問自己：「人們希望把時間花在什麼地方呢？」我想，答案可能是「花更多的時間跟自己所愛的人相處」。你看，人們在乎的還是感情，它就是組成生活的元素。跟你建立感情的人覺得怎麼樣？如果你必須為自己評分，看看你在最重要的幾份感情裡表現如何，你會怎麼打分數（見下頁表格）？

也許你表現得很好，也許不然。無論是哪一種情況，這一章的目的都是要幫助你改進這些重要的關係。不過在開始討論之前，我們先快速溫習一下前面的內容。

在「個人成功」的部分，我們學到個人帳戶的觀念，以及習慣一到習慣三。

在「公眾成功」的部分，我們會學到情感帳戶的觀念，以及習慣四到習慣六。正

你跟以下對象的感情如何？	很糟 ←→ 很好				
朋友	1	2	3	4	5
兄弟姊妹	1	2	3	4	5
父母或監護人	1	2	3	4	5
女友或男友	1	2	3	4	5
老師	1	2	3	4	5

如先前已經談過的，掌握感情的關鍵，就是先掌握自己。你不必是完美無瑕，只要有進步就好。

為什麼要能跟別人建立成功的關係，就得先成功地跟自己相處？因為在任何關係裡，最重要的事就是你的本質。愛默生說：「你本來的樣子在響亮地講話，以致我聽不到你嘴裡說的話。」如果你在感情問題中掙扎，或許不必外求，只要反省自己，就能找到答案。

個人領域的成功會使你愈來愈獨立，讓你主張：「我為自己負責，我能創造自己的命運。」這是一項很大的成就。公眾領域的成功則會幫助你與人相互依賴，學會與別人合作，讓你主張：「我是一個團體的成員，我對別人有影響力，能夠鼓舞啟發別人。」這個成就比前面的更偉大。你跟別人相處的能力，將會決定你未來是否快樂，事業是否成功。

現在，讓我們回到感情這個話題。有一個實用的方法，可以拿來思考感情。我叫它「情感帳戶」（relationship bank account）。在稍早的章節中，我們談過個人帳戶，它代表你自信的程度。同樣地，情感帳戶代表你對重要的感情所抱持的信心。

情感帳戶很像銀行帳戶。你可以存錢進去，改善跟對方的關係，也可以提錢出來，削弱這份感情。一份穩固健康的感情，永遠是長時間不斷存款的結果。情感帳戶跟銀行帳戶雖有相似之處，卻也有三個不同的地方。我的同事茱迪・亨里希斯（Judy Henrichs）說：

① 在銀行裡，你可能只有一、兩個戶頭，但是你可以跟每一個認識的人，開一個情感帳戶。假設你在學校碰到一個剛認識的人。要是你對他微笑打招呼，就等於開了一個跟他相處的情感帳戶。如果你對他視而不見，也等於開了一個帳戶，只不過是個負面的情感帳戶。無論如何，你無法逃避它的存在。

② 銀行帳戶可以取消，但是你一旦跟某人開了情感帳戶，就永遠不能結束它。這就是你碰到多年不見的朋友，為什麼還是可以立刻想起當年分離的場面。在情感帳戶裡，一分錢也不會消失。人們之所以對某些人懷恨多年，也是因為這個緣故。

③ 在銀行帳戶裡，十元就是十元。在情感帳戶裡，存入的錢與提出的錢不會等值。通常一次提款，就需要許多存款來補償。一句觀察敏銳但貶損人的評論，例如「我不知道你穿得下四號的衣服」，就會抵消幾週以來的存款。所以，你最好小心

> **生活中最迫切的問題是：「你正在為別人做什麼事？」**
> **——馬丁・路德・金恩博士**

說話。

如何建立一份豐富的感情，或是彌補一份破碎的感情？很簡單。一次存一點就好。如果你必須吃掉一隻大象，也得用這個辦法。一次咬一口就好，沒有捷徑可走。如果我和你的關係有五千元的虧損，我就必須存入五千零一元，才能讓我們的帳戶餘額回到正數，恢復正面的關係。

我問過一群青少年：「在你的情感帳戶裡，對方存入的最大一筆錢，是在什麼情況下完成的？」以下是部分的答案：

- 家人持續存錢進來，讓我深受鼓舞。
- 朋友、老師、我愛的人或是老闆誇我「你今天很漂亮」或是「做得好」的時候，對我的存款最多。一句話就能產生深遠的影響。

- 我生日那天，朋友們為我做了一幅旗子。這是最大的存款。別人在其他人面前稱讚我。
- 當我犯錯時，對方原諒、忘懷、提供協助、付出愛心。
- 我朗讀自己寫的詩句後，朋友告訴我寫得很出色，應該去寫一本書。這種感覺本來是很難跟人分享的。

情感帳戶的存款	情感帳戶的提款
對人守信	不遵守承諾
在小事上行善	只對自己好
對人忠誠	說閒話，打破別人對你的信心
傾聽別人	不聽人講話，只顧著自己說個不停
向人道歉	表現得自大傲慢
設定明確的期望	設定錯誤的期待

- 我上學前，母親從加州打電話來，還有我的兩個姊妹。她們祝我生日快樂。
- 哥哥跟朋友去看冰上曲棍球比賽時，總是願意帶我一起去。
- 一些小事。
- 四位好友聚在一起，知道彼此都好、都很快樂，就讓我有力量走下去。
- 只要克里斯說：「嗨，你好嗎，雷恩？」我就精神一振。
- 有個朋友認為我很真誠，總是忠於自己。這種認定對我意義深重。

由此看來，存款有好多種方式，但是上表有六種永遠有效的方法。當然，相對於每一種存款，也存在著另一種提款。

對人守信

「西恩，我不想再叫你一次。我那輛福特的行李箱裡有垃圾，是前幾天晚上開派對時留下的。請你把它們丟掉。」

「好的，爸。」

身為一個無憂無慮的青少年，後來我還是忘了丟垃圾，而且星期六下午有個熱情的約會，我希望能借用他的福特汽車，結果他拒絕了，因為那不是他的車。那是他朋友的車在車行修理時，車行暫時借他代用的車子。不過我還是把車開走了，因為爸很忙，我相信他不會注意到。

那天下午，我和女孩共度了一段美好的時光。但在回家途中，我撞到一輛汽車的尾巴。沒有人受到重傷，兩輛車卻都毀了。那是我一生中打過最悲慘的一通電話。

「爸，」

「怎麼樣？」

「我發生了車禍。」

「你什麼？你還好嗎？」

「我把車子撞爛了。沒有人受傷。」

「哪一輛車?」

「你的車。」

「不!」這時,我已經把話筒拿到離耳朵十五公分遠的地方,但是他的聲音仍然使我深深難過。

我請人把車子拖到福特的經銷站,看看他們能不能搶救它。那天是星期六,他們告訴我,要到星期一才能開始檢查。到了星期一,爸爸接到修車站打來的電話。修車站的經理告訴他,他的員工打開行李箱準備修理時,車裡冒出一陣腐爛垃圾的臭味(我忘記丟掉的垃圾),由於味道太噁心,他們拒絕修理這輛車。如果你以為我爸已經發過脾氣了,你應該看看他此刻的表情。

往後的幾個星期,爸對我不理不睬。他氣的不是我發生車禍,而是我在兩件事上面失信於他:「我不會開你的車,爸」、「別擔心,爸。我會把行李箱的垃圾倒掉」。這是一次巨額的提款。我花了很長的時間,才重新建立我對爸爸的情感帳戶。

在小事上信守承諾,是建立信任的關鍵。不論你說你將會做什麼,你就是得照做,否則就別說你會做。如果你告訴媽媽,你會在晚上十一點以前回家,或是今天晚上你會洗盤子,就要做到,好好在帳戶裡存款。許下承諾時要謹慎,一旦許下,就要盡力完成。要是由於某種原因(有時的確會發生這種事),自己無法實現承諾,就要讓對方曉得原因何在：「小妹，對不起，我今天晚上不能去看你演戲。我沒有想到，我得參加足球練習，可是我明天會去的。」如果你很真誠，試著做個守信用的人，萬一有突發狀況，別人也會體諒。

如果你跟父母的情感帳戶存款很少，就要試著用守信用的行為來增加存款。父母信任你時，一切都會比較順利。這是你已經明白的道理，不用我說你也知道。

在小事上行善

你是否曾經在一整天當中，碰到的每一件事都不順利，讓你心裡沮喪極了？或是突然有人對你說了一句貼心的話，讓你的心情豁然開朗？有時生活中的小事，諸如一聲招呼、一則有趣的簡訊、一個微笑、一聲讚美、一個擁抱等，就能讓情況大為轉變。要是你想跟某人建立友誼，不妨試著在小事上付出，因為在感情裡，小事就是大事。就像馬克吐溫所說的：「一句美好的稱讚，可以讓我活上三個月。」

我的朋友瑞娜告訴我，她的兄弟有一次在她的情感帳戶裡，存進一千元的經過：

我念九年級時，哥哥漢斯在讀高一。對我來說，他是最受人們歡迎的偶像。他擅長運動，經常跟女孩約會。他有好多很酷的朋友常來我們家。我夢想有一天他們不再把我看作「漢斯的蠢妹妹」。

後來，漢斯邀請芮蓓嘉・奈特（全校最最受歡迎的女孩）跟他一起參加高一學生的年度舞會，她接受了。於是他租了一套燕尾服，為她買了胸花，同時和他那群受歡迎的朋友一起租了輛三門禮車，又在一家高級餐廳訂了位。然後災難發生了。舞會那天的下午，芮蓓嘉得了重感冒，漢斯沒了女伴，雖然想找另一位女孩，但時間又太緊迫了。

漢斯當下可以有許多反應，包括生氣、自憐自艾、責怪芮蓓嘉，甚至認定她沒有生病，只是不想跟他去而已。在這種情況下，他必須相信自己是個沒用的人。可是漢斯不但選擇了主動積極的態度，還讓另一個女孩享受到美好夜晚。

他竟然邀請我——我！他的妹妹！——跟他一起參加他的高一舞會。

你能想到我有多麼陶醉嗎？媽和我滿屋子打轉，找衣服打扮我。可是，當禮車載著他的朋友開過來時，我幾乎膽怯到要打退堂鼓。他們會怎麼想？但漢斯微笑著，把臂膀伸過來讓我挽著，自豪地陪我走向禮車，好像我是這場舞會中的皇后。他沒有警告我，不要表現得像個小孩，也沒有向其他人道歉。他不在意我穿的是一件參加鋼琴演奏會的簡單短裙，其他的女孩全都穿著優雅的正式長禮服。

這場舞會讓我深深沉醉其中，當然一方面是因為我把調酒濺在短裙上，另一方面則是我整晚都沒坐冷板凳。我相信漢斯賄賂了他的每一個朋友，叫他們每人至少跟我跳一支舞，有些人甚至假裝打架，好跟我跳舞。我度過最快樂的時光，漢斯也很開心。男生們跟我跳舞時，他跟他們帶來的女生共舞！事實上，整個晚上每一個人對我都太好了，我認為部分的原因是，漢斯選擇了以我為豪的態度。這天晚上是我夢想成真的時刻。我覺得，學校裡的每一個女生都愛上了我哥哥。他是這麼酷、這麼和善、這麼自信，竟敢帶自己的妹妹參加高一的年度舞會。

如果日本諺語「一個仁慈的字眼，可以讓人在嚴冬得到三個月的溫暖」是真的，想一想，這件仁慈的作為將會溫暖多少個寒冬。

你不必千里迢迢尋求機會，在生活中就可以實踐微小的善行。有個名叫李的年輕人學過情感帳戶的觀念，他說：

我是高一某班的班長。學到存款的觀念後，我決定學以致用，藉著小小的善行來存款。我在每一位學生會幹部的信箱裡放了一張便條。雖然我跟這些人都不熟，我還是花了五分鐘的時間，在便條上寫道，我感激他們所做的事。

第二天，一個收到紙條的女孩走到我面前，突然緊緊擁抱我，感謝我給她紙條，然後又給了我一封信和一根糖果棒。她在信上說，那天她很不順利，壓力很大，心情沮喪，我的紙條卻讓她的心情整個扭轉了，幫助她快樂地解決這些煩惱。奇怪的是，在我給她紙條時，我跟她一點也不熟，甚至她可能不太喜歡我——因為她從來沒有注

意過我。真令人驚訝！一張簡單的紙條，竟然對她有這麼大的意義。

微小的善行不一定要一對一的時候才能做，你也可以跟別人一起存款。我曾讀到一篇文章，談到一群芝加哥附近喬利埃特鎮高中的學生，對一個名叫蘿莉的女孩所做的存款。他們為蘿莉加冕，封她為「返校女王」，改變了她的一生。

蘿莉和大多數學生不一樣，平時坐著電動輪椅在校園裡行動。由於腦性痲痺的關係，她的話語很難懂，動作也很笨拙。不過，學校裡每個人都知道她是一個超級甜美、友善的女孩。

校內社團「美國商界專業人士」裡的一群學生，決定提名蘿莉參加「返校女王」的選拔。在第一輪的淘汰中，蘿莉成為十名候選人當中的一員。不久，選拔大會宣布她贏得了后冠。全校兩千五百名學生一起為她歡呼：「蘿莉！蘿莉！」到了第二天，還有人去她家看她，她繼續收到成打的玫瑰。

有人問她，她想把后冠戴到什麼時候，蘿莉回答：「永遠戴著。」

若能積極在小事上行善，並待人如己，就能使別人以同樣的態度對待你。多思考存款對別人會有什麼意義，不要老是想著你希望達成的效果。對你來說，一個很好的

禮物可能是存款，但是對另一個人而言，有人傾聽他說話才是存款。

如果你想到一句讚美的話，不要讓這個念頭消失，說出來吧！就像布蘭佳（Ken Blanchard）在《一分鐘經理》（*The One Minute Manager*）一書中所寫的：「好心的念頭若沒有表達出來，就是一文不值。」如果你不確定是否應該接近別人，只要想想當他們收到讚美時會有多高興。不要等到別人去世，才送花給他們。

對人忠誠

高一時，我曾經跟朋友艾瑞克去看學校的高中籃球賽。當時有位板凳球員遭到許多人的嘲笑，雖然我知道他人很和善，對我一向很好，但是既然這麼多人在嘲笑他，我想笑一下也無妨，結果我逗得艾瑞克哈哈大笑。幾分鐘後我看看四周，結果驚懼地發現，他的弟弟就坐在我後面，他什麼都聽到了。我永遠不會忘記，他臉上明白寫著遭到背叛的表情。我趕快轉過身來，直到球賽結束，我都很沉默，覺得自己是個混蛋。那天我學到了關於忠誠的重要教訓！

你能在情感帳戶所做的最大一筆存款，就是對人忠誠。不僅是對方在場時要忠誠，對方不在場時更要忠誠。當你在別人背後說壞話，你只是用兩種方式傷害自己。

首先，對於聽到這些話語的人來說，你已經從他們的情感帳戶裡提款了。要是你聽到我把葛瑞格說得一文不值，而葛瑞格又不在場，你認為我會在你背後講些什麼好話？一點也沒錯。我會說你的閒話。

其次，當你在別人背後說他壞話時，你就是從對方那裡做出「無形的提款」。你有沒有察覺過，某人在你背後說你的不是？你沒有聽到這些話，但是卻可以感覺得到。這種事情很玄，可是它是真的。如果你在別人面前甜言蜜語，背後卻大肆批評，別以為對方會毫不知情，對方總會感覺到你的作為。

講壞話是青少年的一大問題，尤其是女孩們，男孩通常喜歡用其他的方式來攻擊別人（我們稱為「拳頭」）。說閒話為什麼如此受人歡迎？有一個理由是，你把別人的名聲握在手裡，這是一種權力強大的感覺。另一個理由是，我們說人壞話，是因為自己沒有安全感，覺得害怕或是受到威脅。這也是為什麼愛說閒話的人老挑一些在某方面特立獨行的人，比方說打扮與眾不同、思考模式不同、對自己有自信的人。但是你難道不覺得，「打倒別人，就能抬高自己」的想法實在非常愚蠢嗎？

閒話和謠言毀掉的名譽和感情，遠超過任何一種壞習慣。八卦在網路上四處流竄。你可以看到每個人近況的照片，很容易就會感到嫉妒或遭到排擠，進而引發毀掉別人的渴望。我朋友安妮的經驗說明了蜚短流長有多麼強大的破壞力：

高中畢業的那個暑假，我最好的朋友泰拉和我正在跟兩個很棒的男生交往。他們兩個是死黨，我們兩個也是閨蜜。我們四人經常一起出去。有一個週末，泰拉和我的男友山姆都跟家人出城去了。於是泰拉的男友威爾便打電話給我說：「既然他們都不在，我們又沒事，乾脆一起去看電影好了。」

我們真的去了，像普通朋友一樣——威爾曉得是這樣，我也知道。結果有人在電影院看到我們，產生誤會。在一個小鎮上，事情往往愈滾愈大。泰拉和山姆回來以後，我還沒來得及跟他們談過，謠言就傳開了，而且愈說愈嚴重。我打電話給他們的時候，他們用冰冷的態度對我。沒有解釋，也沒有溝通。我最好的朋友和男朋友都選擇相信我和威爾背著他們偷腥。那年夏天，關於忠誠，我學到艱難的教訓。我永遠不會忘記這件事，也無法釋懷。直到今天，這位曾經與我感情深厚的手帕交仍然拒絕跟我說話。

我覺得，在這個不幸的事件當中，若是多一點忠誠，就能解決許多問題。那麼，一個忠誠的人究竟該具備哪些條件？

一、忠誠的人會保密：有人要你保密時，一定要守住祕密，不要跑去告訴每一個人，好像你一點也不能控制自己。如果你喜歡別人把祕密告訴你，就更要守密，如此你就會聽到更多的祕密。

二、忠誠的人避開流言：你是否有時不想離開某一群聊天的人，是因為害怕自己走了以後，他們會開始說你的閒話？不要讓別人覺得你有這種恐懼。請你避開講閒話的場合，多想想別人的好處，這並不表示你不能談論別人，而是要你用建設性的方法提出建言。記住，堅強的心靈談論觀念，軟弱的心靈議論別人。

三、忠誠的人支持別人：下一次碰到大家在講別人壞話的場面，要不是乾脆不要參與批評，就是支持被攻擊的那個人。你可以堅持立場，但是不要一副正義凜然的樣子。

高中生凱蒂談到她的經驗：

英文課時，朋友麥特談到住在我家附近的金姆。我和她一直不太熟，但他有個朋友帶她去跳過舞，於是他開始批評：「她是個賤骨頭」、「她真隨便」。

當時我立即轉過身來說：「對不起，金姆和我一起長大。我覺得她是我所認識最可愛的人。」我說完之後，對自己感到有點驚訝。我真的努力支持她。金姆一直不曉得，我為她講過這些話，但是我對她的態度改變了，我們變成很好的朋友。

麥特和我也仍然是好朋友。他曉得可以信賴我，我是他忠誠的朋友。

打破群體的閒話需要勇氣。但是，最初的困窘消失後，別人會因為明白你的忠誠而欣賞你，他們會明白你忠於核心本質。你也應該對家人忠誠，因為這些感情會持續一生。

在《小熊維尼》的故事書裡，每一個角色都需要友誼帶來的安全感。

小豬悄悄走到維尼的背後。

「維尼，」他低聲道。

「是，有事嗎？」

「沒事。」小豬說，一面握住維尼的手：「我只是想確定你在這裡。」

傾聽別人

你能存進別人情感帳戶的單筆最大存款，就是傾聽別人說話。這是為什麼？因為在現代社會，大多數人不願傾聽，而且傾聽能讓心靈的傷口得到痊癒。有個十五歲的青少年陶妮說：

今年年初，我跟父母發生了溝通問題。他們不肯聽我講話，我也不聽他們的話。我們的衝突屬於「你錯了，我才是對的」的類型。我總是很晚回家，然後直接上床。到了早上，我吃完早餐就去上學，一句話也不說。

後來我去探望二十幾歲的表姊，對她說：「我需要跟妳談一談。」我們開車越過城鎮，以便單獨談話。結果我哭泣、尖叫了兩個半小時，不過，她始終靜靜傾聽我暴發的情緒，對我的幫助真的很大。她很樂觀，相信一切都會好轉，並建議我，如果能試著贏回父母的信任，可能會有很大的幫助。

最近我努力從他們的觀點看事情，不再老是吵架。我們的關係又恢復正常了。

人們需要別人聽自己講話的程度，就像他們需要食物。如果你花時間讓他們得到飽足，就能創造美好的友誼。習慣五會詳細討論傾聽的重要性。若能知彼解己，先試著去了解別人，你就會得到對方的了解。

向人道歉

當你吼叫、反應強烈或是犯了愚蠢的錯誤時，若能開口道歉，就能讓大量提款的情感帳戶迅速恢復。但是你要有勇氣，才能走到朋友面前說「我錯了」、「我向你道歉」或是「對不起」。特別困難的是，你要向父母承認自己犯了錯，因為你覺得，自己所知道的事情遠超過他們。十七歲的萊娜說：

我從過去的經驗得知，如果我承認自己的錯誤，向父母說對不起，他們就會原諒

一切，準備重新開始。但是這並不表示，道歉是一件容易的事。

我還記得最近有一天晚上，我媽媽跟我起了衝突，我做了一件她不同意我做的事。我沒有從實招來，相反的，我表現出一副他們什麼都不懂，非常惹人厭的樣子，然後在我媽面前用力甩上房間門。

我一走進自己的房間，就為了我們的衝突而感到難受。我可能一開始就知道自己錯了，也知道自己的態度很惡劣。我到底是應該待在房間上床睡覺，等事情煙消雲散，還是應該上樓跟他們道歉？我等了兩分鐘，然後選擇了比較高遠的那條路。我直接走到媽媽面前，緊緊擁抱她，告訴她我對自己的態度很抱歉。這是我所做過最棒的一件事。我們的衝突好像立刻變得從來沒有發生過。我覺得輕鬆快樂，可以開始把心思放在別的事情上。

一旦你激怒了別人，不要讓你的驕傲和膽怯阻擋了道歉的路。道歉不像表面上那樣可怕，而且它能讓你在事後覺得舒服。還有，道歉能讓別人解除武裝。想一想，人們被激怒時，往往會拿起武器，企圖保護自己。但是你若開口道歉，就能消除他們想跟你作戰的欲望，讓他們立刻丟下刀槍。

日後你和我都會繼續犯錯。因此，道歉是是一個很好的習慣，值得你積極培養。

設定明確的期望

「我覺得我們應該跟別人約會。」你的男友或女友可能會這麼對你說。

「可是我以為我們兩個是認真的。」你答道。

「唔，我沒有冒犯之意，但，不完全是這樣。」

「那麼你以前說你對我的那些感覺，又是怎麼回事？」

「我不是真心的。」

你是否經常看到某人受到另一人的傷害，只因為彼此並未說出真實的感受？人們往往為了要恭維別人、取悅別人，以致建立了不明確、不切實際的期望。

例如：為了在當時取悅父親，你可能會說：「當然，爸，我週末可以幫你修理車子。」可是實際上，你整個週末都安排了活動，一秒鐘的時間也沒有。到最後，你只能讓父親失望。如果你能在一開始就表現得實際一點，情況就會比較好。

為了培養信任，我們不可表達模糊的訊息，也不該暗示不真實或做不到的承諾。

瑪雅說：「今天我很高興，傑夫。我們下星期一定要一起做點什麼。」但她真正的感受是：「我今天很高興。不過，我們最好做朋友就好。」由於她導致了錯誤的期

望，傑夫一直邀她出去，瑪雅只好不停地拒絕他：「下個星期再說吧。」要是瑪雅一開始就表現出誠實的態度，雙方都會比較好過。這麼做很困難，但是不要害怕讓別人失望。長期來看，如果你讓他們跟隨你，最後又拋棄他們，造成的傷害會更大。

無論何時，只要你展開一份工作、感情，或是進入一個新環境，最好花點時間，把別人對你的期望攤開來談，好讓大家的期待跟你的想法一致。許多提款都是因為兩方的假設大相逕庭所致。

你的老闆或許會說：「這個星期二晚上，我需要你來上班。」

你可能答道：「對不起，這個星期二晚上我得替媽媽照顧小弟弟。」

「當我雇用你的時候，你應該把這件事告訴我。現在我該怎麼辦？」

如果你一開始就把事情說明白，界定明確的期望，你就能建立彼此的信任。

個人的挑戰

我想把一項個人的挑戰留給你。在你的生活中，找出一份受過重創的重要感情。對方可能是父母、手足或朋友。現在，你得對自己承諾，要重建這份感情，一次存一點錢就好。對方一開始可能有些疑惑，不了解你的目的何在。「你怎麼啦？難道你要從我這裡得到什麼東西？」但要有耐心，堅持下去。記住，歷經幾個月而逐漸磨損的感情，也要花上幾個月才能修復。一點一點，存了又存，對方終會了解，你是真心想做他們的朋友。我從沒說過這種做法很容易，可是我向你保證，這麼做絕對值得。

預告：如果你喜歡吃到飽的自助餐（誰不喜歡？），一定會非常喜歡下一章的內容。

跨出一小步

對人守信

① 下一次你在晚上出門時，記得告訴父母你幾點回家，並按照這個時間回家。更好的做法是，當你準備回家時，傳簡訊通知他們。

② 今天在做出任何承諾之前，先想想自己是否做得到。如果做不到，就不要答應別人：「我今天晚上會把筆記email給你。」或是「我們今天一起去游泳吧！」

在小事上行善

③ 在這個星期，為一位遊民買個三明治。

④ 找一位你一直想感謝的人，寫張謝卡送給對方。

對人忠誠

⑤ 想一想，你最難脫離哪一種講人壞話的場合？是跟某個朋友在一起的時候？是在學校的某個角落？還是在社群媒體上？寫出行動計畫設法避開。

⑥ 選一週，在這週裡，你在網路上只對別人說好話。

傾聽別人

⑦ 今天你要少講話。把時間花在聽別人講話上面。

⑧ 找出一個家人，是你從來沒有花時間聽對方說話的，例如你的媽媽、哥哥或爺爺，然後花時間聽對方講話。

向人道歉

⑨ 今天晚上你上床睡覺之前，找一位被你激怒過的人，傳給對方道歉的簡訊。

設定明確的期望

⑩ 想想看，在哪一種狀況裡，你和對方會抱著不同的期望？然後作個計畫，想辦法讓彼此的期望同步。

第八章

習慣四：雙贏思維

生活是一場吃到飽的自助餐盛宴

如果不是為了讓彼此的生活好過一點，我們是為了什麼而活？

——艾略特（George Eliot）

我在商學院修了一門困難的課，老師使用不知名的「強迫曲線」評分制。每班有九十名學生，其中一〇％的人，也就是九個學生，會被評為第三級。第三級是一種客氣的講法，意思是「你不及格」！換句話說，無論全班的表現如何，總是有九個人會不及格。如果你太多科目沒有過，就會被學校踢出去。壓力真是大得不得了！

問題在於，班上的每個同學都很聰明（當初肯定出了什麼錯才錄取了我），所以競爭非常激烈，這種氣氛「影響」了我（請注意，我沒有寫這種氣氛「讓」我）和所有同學，我們表現出可笑的模樣。

我發現自己不再像高中時那樣力求高分，而是只會想盡辦法，不要成為九個不及格學生當中的一人。換句話說，我不是努力求勝，而是力求不敗。這種態度使我想到讀過的一個故事：有兩個朋友被熊追逐，途中一人轉身對另一人說：「我剛剛才明白，我不需要跑得比熊快，只需要跑得比你快就好了。」

就像有一天，我在課堂裡忽然忍不住看著四周的同學，開始數算有哪九個比我笨的人會被刷掉。當某人說了一句蠢話時，我就暗想：「老天，他一定會不及格。那就只剩八個了。」而且有時在小組討論時，我不想把好點子跟同學分享，因為我怕被他們偷走，跟老師說是他們的點子。這些感覺啃囓著我的內心，讓我覺得自己愈縮愈小。為什麼我會有這種想法呢？因為我是在用損人利己（我贏你輸，Win-Lose）的態度思考這件事。這個思考模式永遠會讓你的心充滿負面的感受。幸運的是，還有一個更好的做法。那就是雙贏思維，也就是習慣四。

雙贏思維是一種生活態度，一種思考架構。它相信自己和對方都能獲勝，而不僅是其中一方。不是我或你獲勝，而是我們一起獲勝。雙贏思維是跟別人和好相處的基礎。它以一個信念為起點，就是人人平等，沒有人比其他人更優秀或是更差勁。這種比較毫無意義。

現在你可能會說：「務實一點，西恩。真實的情況不是這樣。外面的世界競爭激烈，不是每個人都能獲勝。」

我不同意這種看法！生活不是為了競爭、超越別人，也不是為了讓分數位居全班的前五%。在商業界、運動比賽和學校裡，情況可能是如此，但是這些環境其實是我們創造出來的。此外，在感情裡更不是這樣。就像前一章提到的，感情是生活的元素。想一想，「在你的感情裡誰是贏家，是你？還是你的朋友？」這種說法有多麼愚蠢？

所以，讓我們深入探索這個奇特的觀念，也就是「雙贏思維」。就我的經驗來說，要了解它是什麼，最好的方法就是先看看它不是什麼。雙贏思維既不是損人利己（我贏你輸），也不是損己利人（我輸你贏），更不是雙輸的局面。這些都是常見卻有害的生活態度。現在請上車，繫好安全帶，讓我們好好審視這幾種態度。

損人利己：刻著圖騰的柱子

「媽，今天晚上有一場重要的球賽，我要用車。」

「對不起，瑪麗娜。我今天晚上得去買日用品，妳得拜託朋友來接妳。」

「可是，媽，我總是拜託朋友來接我，這讓我很不好意思。」

「聽著，這個星期妳一直抱怨家裡沒點心吃，而我只有這個時間可以去採購。我很抱歉。」

「妳一點也不抱歉。要是妳很抱歉，就會讓我用車子。妳真不公平。妳根本就不在乎我有沒有朋友。」

「好吧，好吧。去吧，把車開走，但是妳明天下課可不要抱怨沒有東西吃。」

瑪麗娜贏了，媽媽輸了。這就叫損人利己。但是瑪麗娜真的贏了嗎？也許這一次她贏了，但是媽媽有什麼感覺？下一次她有機會報復瑪麗娜時，她會怎麼做？就長期來看，損人利己的態度之所以不值得，就是因為這個緣故。

損人利己的生活態度主張：成功的大餅只有這麼大，要是你得到一大塊，剩下給我的就少了許多，所以我要比你先取得比較大的一塊。損人利己的態度講究競爭，我把它稱為「圖騰柱症候群」（totem pole syndrome）。「我不在乎自己做得有多好，只要在圖騰柱的位置比你高一點就好」。在這種態度的左右下，感情、友誼和忠誠的重要性，比不上獲勝、出人頭地及功成名就。

損人利己的人滿心驕傲。作家劉易士（C. S. Lewis）說：「擁有東西不能讓人驕傲，只有擁有的東西多於身邊的人所有的東西，才能讓人驕傲……你是因為跟別人比較而覺得驕傲；因為成了人上人而開心。」

如果你有時會用損人利己的態度思考事情，也不要覺得難過，因為我們從小就被教導要這麼想，尤其是在美國長大的人，在美國，有許多很棒的機會，但每個人都拚命爭取。

為了說明我的看法，讓我們跟著崔依的成長過程走一遭。他是個普通男孩。崔依第一次的競爭經驗，發生在他三年級的時候。當時他在學校一年一度的田徑大賽中參加賽跑。他立刻發現，獎牌只發給前三名的選手。雖然最後沒有贏得名次，但是他很興奮，至少得到了參加獎。然而朋友對他說，「那些獎章根本不算什麼，因為人人有獎。」

崔依上初中時，父母沒有錢給他買最新款式的牛仔褲和鞋子，以致他必須穿著老舊、樣式落伍的衣服上學。崔依沒法不去注意，那些比較有錢的朋友的穿著與態度。他覺得自己沒法跟他們相比。

到了高中，崔依開始拉小提琴，加入了樂隊。他傷心地發現，只有一個人能擔任第一小提琴手。老師把崔依排在第二小提琴手的位置時，崔依很失望，但也很開心，因為他不是第三名。

在家裡，有好幾年的時間，崔依是媽媽最喜歡的孩子。但是他弟弟在田徑賽中贏得許多獎牌，因而取代了他在媽媽心中的地位。於是崔依開始拚命念書，因為他認為，如果成績勝過弟弟，他就能贏回媽媽的歡心。

四年的高中生涯結束後，崔依準備上大學。他參加了SAT考試，分數在前五〇%。這表示他比一半的同儕聰明，但是也比另一半的同學愚笨。不幸的是，他的分數不夠，無法讓他進入想念的大學。

崔依進的大學使用強迫曲線評分制。在他的第一門化學課裡，全班有三十個同學。崔依聽說只有五個人能得A，五個人能得B，其他的人要拿C和D。崔依非常用力，一心想避開C和D。最後他很幸運，拿到了最後一個B。

這個故事就這麼繼續下去……

我們在這種世界裡生長，因此，你難道會覺得奇怪，崔依和我們大家為何把生活看成一種競爭，認為勝利就是一切？你難道會覺得奇怪，我們為什麼經常東張西望，檢查自己位在圖騰柱的什麼地方？幸運的是，你和我都不是受害者。我們有力量用積極主動的態度，脫離損人利己的制約力量。

損人利己的態度有許多種面貌。以下是其中幾種表現的方式：

- 在生理或心理方面利用別人，達成你自私的目的。
- 犧牲某人，讓你出人頭地。

- 散播對某人不利的謠言（好像貶低別人就能抬高自己）。
- 總是不顧別人的感覺，堅持要照你的辦法做事。
- 當某個跟你親近的人發展順利時，你會表現嫉妒與猜疑的反應。

最後，損人利己的態度往往會帶來反效果。你也許能爬到圖騰柱的頂端，卻只會獨自一人待在那裡，沒有一個朋友。演員莉莉・湯姆琳說：「老鼠賽跑的問題在於，即使贏了，你仍然只是一隻老鼠。」

損己利人：隨人踐踏的門墊

有一個青少年寫道：

> 我總是跟別人講和，寧願被人責怪，也不要跟人爭吵。我經常說自己很笨……

你是否有同感呢？如果答案是肯定的，你就掉進了損己利人的陷阱。表面上來看，損己利人的態度似乎做起來比較好看，但是卻和損人利己的做法一樣危險。它就是門墊症候群（doormat syndrome）。損己利人的人會說：「隨你對我怎麼樣都可以。就用你的腳在我身上踩乾淨吧！每個人都這麼做。」

損己利人的人是軟弱的。被別人踐踏並不困難，做個和善的人也很容易，用講和的名義放棄立場也不難。畢竟服從父母的要求，遠比跟他們分享你的感覺容易得多。

有了損己利人的態度之後，你對自己的期望會很低，你會一次次妥協，改變自己的標準，向同儕壓力投降。或許你不想逃學，可是這群朋友希望你這麼做，於是你讓步了。結果會發生什麼事？你輸了，他們贏了。這就是損己利人（我輸你贏）。

如果你採納損己利人的做法，當作你的基本生活態度，別人就會拿他們汙髒的鞋子往你的身上擦拭，同時你會把真實的感覺隱藏起來。這樣是不健康的。

當然，人總有落敗的時候。如果事情對你不是那麼重要，例如：你和姊姊談不攏要看哪個電視節目，或是媽媽不喜歡你拿叉子的模樣，這時損己利人的做法實在無傷大雅。若能讓別人在小事上獲勝，這些小事就會成為他們情感帳戶裡的存款。你只要確定，自己能在重要的事情上站穩立場就好了。

如果你困在一份受虐的感情裡無法脫身，可能就有嚴重的損己利人問題。虐待是一種永無休止的循環，重複著傷害與認命的過程。情況永遠不會好轉，你也永遠不會贏。因此，你需要離開這份感情。不要覺得對方的施虐是你的錯，也不要覺得你應該被對方虐待。這是門墊的想法。沒有人應該被虐待，永遠沒有。

雙輸思維：螺旋下降的路線

雙輸思維的人會說：「要是我往下走，你這個混蛋也得跟我一起下去。」不幸的人喜歡有伴。戰爭是雙輸思維的一個絕佳範例。想一想，殺死最多人的一方，將會贏得勝利。這個結果聽來一點兒也不像有人真的獲勝。此外，復仇也是雙輸思維的做法。藉著復仇，你可能認為你贏了，其實只是在傷害自己。

雙輸往往發生在兩個損人利己的人碰在一起的時候。如果你不計一切代價只想獲勝，對方也是一樣，最後你們都會落敗。

有人用負面的態度，狂熱地關注另一個人的時候，也會出現雙輸的局面。這種事情特別容易發生在我們最親近的人身上，就像高三生奧莉薇雅的經驗一樣：

我的朋友瑪姬和我從國一開始就是最好的朋友。我們第一次見面的瞬間，立刻意識到彼此會是對方最好的朋友。她立刻就如此有趣、頑固，簡直是好極了！在內心深處，我也覺得自己聰明有趣，但表面上我卻扭扭捏捏，一副害羞的樣子。儘管如此，瑪姬一眼就看穿我隱藏在害羞底下的力量，因此我跟她相處非常自在。

不過，隨著我們日漸長大，到了我們上高一的時候，我開始感到苦惱，因為我依然安靜、扭捏不自在，而瑪姬則照樣光彩耀眼，人氣十足。我開始覺得自己是她身邊不起眼的小跟班，心生怨念。我嫉妒她是班上最聰明的人，眾所矚目，我也嫉妒她受到男生喜愛，而女生都覺得她很酷。我試著模仿她的一舉一動，希望每個人用同樣的方式對待我。我不知道該怎麼做自己。

每次她告訴我又發生了什麼好事，我總是沒好氣，酸言酸語。終於，有一天，我因為一件小事對她發火，最後我們大吵一架，她問我：「既然你這麼討厭我，為什麼還要跟我做朋友？」我告訴她我不討厭她，我只是嫉妒她。而且，我覺得跟她一比，我的魅力、我的機智、我的見解全都一文不名。我對於自己這麼愛比較也很難過。當我聽著自己訴說這一切時，我內心深處知道這些舉動與想法真是愚蠢，我也明白這對瑪姬是多不公平。這不是她的錯；她只是做自己而已。我們之間的關係暫時有點隔閡，但她最終還是原諒了我的嫉妒之心，而我也克服了自己的競爭意識。我領悟到我不必貶低她來讓自己感覺好過，我只要為自己能夠跟這麼酷的人做朋友感到高興就好了。而且我也不必模仿她備受喜愛的舉動，我只要做自己，一樣能夠贏得大家的喜愛。

奧莉薇雅和瑪姬很幸運，她們的友情從雙輸的關係轉變成雙贏的關係。但不只是友情會面臨這樣的危機，要是你不小心，男女朋友的關係可以轉變成雙輸的關係。例如：兩人開始約會，凡事都很順利，這是雙贏的階段。慢慢地，他們的情緒黏附在一起，互相依賴不可分割，甚至開始想占有對方，容易吃醋。他們需要經常在一起、觸摸對方，需要有安全感，好像對方是自己的財產。最後，依賴的關係使他們個性中最壞的一面暴發出來。他們開始吵架、爭辯，彼此報復，導致每下愈況，以螺旋形走向急劇下降的雙輸過程。這對任何人來說都不是好玩的事。

雙贏思維：吃到飽的自助餐

雙贏思維是相信每個人都會贏，這種信念既美好，又不易達成。我不會踐踏你，也不會做你的門墊。你關心別人，希望他們成功，可是你也關心自己，也希望自己成功。雙贏思維是豐富無盡的，它相信有足夠的成功來分給大家，而不會只關心對方或自己。它關心的是你我雙方，不是誰在大餅中得到比較大的那一塊，而是都有足夠的食物分給每個人，這是一場吃到飽的自助餐。

我的朋友唐恩談到，自己發現雙贏思維具有強大力量的經驗：

高二時，我是女籃校隊的一員，球打得不錯，個子也夠高，可以當先發球員。我班上有個同學名叫潘，她是我的好友，也想做校隊的先發球員。

我能在距離籃框三公尺遠的某個位置，準確地把球投進去。每場球賽我都能投進四、五個這種球，大家開始認可我的表現。我很快發現，潘不喜歡我受到眾人的矚目。無論是不是有意的，無論我是否得到投籃的空檔，潘都不把球傳給我。

一天晚上，整場球賽潘都盡量不讓我拿到球，我們打完一場爛球以後，我氣得要命。我跟爸爸談了好幾個小時，反省每一個細節，對於潘從朋友變成敵人，我也表達了內心的憤怒。談了很久，爸爸對我說，他想到的最好辦法是，每次我一拿到球，就馬上傳給潘。我覺得這是他歷來的建議中最愚蠢的一個。他只告訴我這麼做一定會有效，然後就留我獨自坐在廚房的餐桌旁思索他的建議。可是我沒有照辦，我曉得這個辦法沒有效，就把它擺在一邊。

下一場球賽很快來臨了。我決心擊敗潘，毀掉潘的這場球賽。儘管我在比賽中什麼都聽不到，在我拿到球的一刻，還是聽到父親低沉的嗓音：「把球給她！」我遲疑了一秒鐘，然後做出我認為正確的事。儘管我有空檔，我還是找到了潘，把球傳給她。一瞬間她很驚訝，然後轉身跳投，球兒應聲入網，得到兩分。當我跑到對方的半場準備防守，內心有一種從未有過的感覺：我為了另一個人的成功，感受到真實的喜悅。更妙的是，我發現這一球讓我們領先對手。贏的感覺實在很好。前半場球賽，我一拿到球，就立刻傳給她。到了後半場，我還是這麼做。只有在教練指定我投籃，或是我這裡有很大的空檔時，我才自己投籃。

結果我們贏了這場球賽，還有往後的許多場比賽。潘開始把球傳給我，就像我傳給她那麼頻繁。我們的團隊合作愈來愈緊密，友誼愈來愈穩固。那一年我們大部分的比賽都獲得勝利，兩人成為小鎮上傳奇的雙人組。當地報紙還刊出一篇文章，描述我們互相傳球、彼此相應的本事。總體來說，這一年我的得分遠超出過往。

你看，雙贏思維總是帶來更多的成果。這是一場永遠不會結束的自助餐。就像唐恩所發現的，希望對方獲勝讓你心中充滿美好感受。藉著把球傳給對方，唐恩的得分最後沒有減少，反而增加。事實上，她們兩人的得分和獲勝的次數都增加了。要是她們都自私地不把球傳給對方，成果一定比較微小。

你所做的雙贏作為，或許超出你的想像。以下是雙贏態度的例子：

- 在冰淇淋店工作的你最近獲得升遷。你把別人的讚美和肯定，跟店裡幫助過你的每一個人分享。
- 剛剛獲選為校內某個學生會主席的你，決心不要養成「優越情結」，而用跟以前一樣的態度對待大家，包括不友善、人緣很差的那些人。
- 最好的朋友得到了某大學的入學許可。這所大學正是你渴望就讀的學校，但你卻沒有被該校接受。儘管你對自己的情況感到難過，你還是真心為朋友高興。

- 想出去吃晚餐；朋友卻想看電影。於是你們決定一起去租一卷錄影帶，買些外帶食物，在家裡消磨一晚上。

如何培養雙贏思維？

你是怎麼做的？當朋友得到某大學的入學許可，你卻沒學校可念的時候，你怎能為他高興？隔壁的女生擁有那麼迷人的顴骨時，你怎能不覺得自己比不上她？你怎能找到解決辦法，讓雙方都是贏家？

也請容我提出兩個線索：先贏得個人成功，再避開兩種負面的習慣。相信我，以後你就會明白。

先贏得個人成功

一切都得從你開始。如果你非常缺乏安全感，沒有付出代價來贏得個人成功，就很難用雙贏態度來思考事情。你會覺得別人威脅到你，所以很難為別人的成功感到快樂，也很難跟別人分享自己得到的肯定和讚揚。

沒有安全感的人很容易嫉妒別人。以下是奧斯汀和女友的對話，這段話是沒有安全感的典型範例：

「愛美，那個一直在妳Tumblr按讚的傢伙是誰？」奧斯汀問道。

「誰？你是指強嗎？他是我從小一起長大的老朋友。」愛美說。

「妳為什麼回覆他的每一則留言？」

「因為他是我的朋友，我認識他很久了，我們是小學同學。」

「所以他就像那樣對妳著迷？」奧斯汀怒氣沖沖叫道。

「奧斯汀，這沒什麼大不了，他頂多按了兩張照片的讚而已。」

「哼，他應該不要來打擾妳。」

「奧斯汀，你知道的，我只想跟你在一起。我那些男生朋友就只是朋友而已。」

你能否了解，在這種情況下，只要奧斯汀沒有安全感，並且在感情上依賴女友，要他表現出寬大的胸襟，是多麼困難的事？奧斯汀需要從自己做起。當他開始在個人帳戶裡存款，為自己的生活負責，開始做規畫時，他的自信和安全感就會增強。他會開始喜歡別人，而不是覺得別人威脅到他。個人的安全感正是雙贏思維的基石。

避開兩種負面習慣

有兩種習慣很像腫瘤，它們能緩慢地從裡而外把你吃掉。它們是孿生兄弟，也就是「競爭」和「比較」。有了它們，你絕對不可能培養雙贏思維。

競爭

競爭可以是極為健康的活動。它驅使我們追求進步，達成目標。沒有了競爭，我們永遠不會知道，自己能鞭策自己到何種程度。舉例來說，奧運的榮耀就是來自卓越與競爭，年輕男女均因此受到激勵，奮發向上，努力成為優秀的運動員。在商業界，競爭使經濟繁榮，促進創新。

但是，競爭還有不美好的另一面。在電影「星際大戰」中，「天行者」路克聽說有個正面能量的盾牌名叫「力量」，它是所有生命的來源。後來路克跟邪惡的「黑武士」對抗，學到了這股力量的「黑暗面」。正如黑武士所說的，「你不了解黑暗面的力量。」黑暗面的力量跟競爭有關，它有光明和黑暗兩面，兩者的力量都很強大。它們的差別在於：當你跟自己競爭，面對挑戰，要達到自己能力的極致時，這種競爭是健康的；當你把自己的價值跟勝利劃上等號，把競爭當作凌駕別人的工具，這種競爭就是黑暗的。

我讀過一本書，名叫《網球的內心戲》（*The Inner Game of Tennis*）。作者是提姆西・葛維（Timothy Galwey）。我發現書中有些段落，把競爭描繪得淋漓盡致：

> 一旦把競爭當作一種工具，用來建立跟別人比較的自我形象時，我們個性中最惡劣的一面就會顯露出來，然後會強烈誇大平日的恐懼和挫折感。我們相信，只有成為人上人，才能得到想要的愛與敬重。在這種教法下長大的孩子，會用競爭的結果來衡量自己，而且往往會不計一切代價，一心追求成功。

有一位知名的大學球隊教練說過，運動員有兩種最壞的特質，就是對於失敗的恐懼，以及對於成功的過度渴望，即不計代價、只求成功的態度。

我永遠不會忘記，在一場沙灘排球賽中，弟弟那一隊擊敗了我這一隊。賽後我們吵了一架。

「我簡直沒法相信你們打敗了我們。」我搖著頭說。

「這有什麼好不敢相信的？」他答道：「你覺得你是一個比我優秀的運動員，對不對？」

「我知道我是。老弟，我無意冒犯，但是看看這些證據吧。我在運動方面比你強多了。」

「可是，你只是用你自己的狹隘定義，來界定運動員是什麼。我真的認為我是一個比較優秀的運動員，因為我跳得比較高，跑得比較快。」

「去你的！你沒有比我快，而且跑跑跳跳跟這個有什麼關係？我可以在每一種運動比賽中把你打得落花流水。」

「是嗎？你真的想做到這種程度？」

「是。」

我們平靜下來以後，都覺得自己是混蛋。我們受到黑暗面的引誘。黑暗面所留下的滋味，永遠不會是甜美的。

讓我們把競爭當作衡量自己的標準，但是不要為了男友、女友、朋友、地位、人緣和眾人的矚目而競爭，而是要開始去享受生活。

比較

比較是競爭的孿生兄弟。它和競爭一樣，都能致人於死地。拿自己跟別人比較，只會得到壞消息。為什麼？因為我們在成長的時間表上位於不同的位置。在社會、心智和生理方面，每個人發展的階段都不一樣。就像蛋糕，如果開始烘烤的時間不一樣，我們就不該一直打開烤箱的門，看看蛋糕是否膨脹；是否和鄰居的蛋糕一樣大。有些人像白楊，種下去就迅速長大。有些人像竹子，四年之內全無生長跡象，到了第五年，一下子就長到二十多公尺。

我曾聽過這種說法：生命就像一場偉大的障礙賽。每個人都有自己的路徑，人與人的路徑之間隔著高牆。你的路徑擺設了專為你設計的障礙，用來督促你成長。那麼，爬到牆上看看別人表現如何，或是數算他克服了幾座路障，拿來跟自己比較，這種做法有什麼好處？這麼做只會讓你分心，無法專心面對自己的障礙。

把生活基礎建立在跟別人比較的結果上，這種基石絕對不穩固。如果一個人的安全感來自我的成績比你好，或是我的朋友比你的朋友有人緣，當碰到成績比你好、他的朋友比你的朋友更了不起的人時，該怎麼辦？跟人比較只會讓我們覺得，自己好像海上的波浪，被風吹來吹去，這一刻覺得不如人，下一刻又覺得比人強。這一刻覺得信心滿滿，下一刻又覺得受到威嚇。只有一種比較是良性的，就是拿自己跟自己的潛力比。

身兼女演員與創作歌手的亞莉安娜・格蘭德（Ariana Grande）旋風地

橫掃好萊塢與網路，但即使有這樣高的名氣，她對於自己的身體意象（body image）與比較心仍保持健康的態度。正如她所說的：「太多年輕女孩因為低自尊與對身體意象有所曲解，而患有飲食障礙症……我認為，對女孩來說，愛自己、尊重自己的身體是非常重要的。」

她繼續說道：「有時候，人們格外容易批判別人，而且太過保守，無法接受與眾不同的人，因此現代的年輕人才會這麼難以自在地接受自己的外表、不理會別人對他們的挑剔。快樂地做自己吧，愛自己的缺陷，擁有自己的怪癖，並且明白你跟任何人一樣完美。」

或許正是因為這種爽朗而健康的心態，大家才熱愛她和她的音樂，讓她擁有這麼多推特追蹤者。讓我們期許這位甜美的女演員、歌手與舞者未來繼續像這樣鼓舞人心。

我曾訪問過一個名叫安的女孩。她有好幾年的時間，陷在跟人較量的蜘蛛網裡不能自拔，後來終於逃了出來。以下是她的經驗：

我高一那年進入克萊頓谷高中就讀，此時問題來了。學校裡的大多數學生都很有錢，你的外表與穿著會決定一切。校內最重要的事情是：今天哪個人會穿什麼衣服？學校裡甚至有一些約定俗成的規矩，例如一件衣服不可以穿兩次、絕不穿跟別人一樣的衣服、一定要穿名牌衣服和昂貴的牛仔褲等。因此，你必須擁有各種顏色、各種樣式的衣服。

高一那年，我交了一個男朋友。我父母不喜歡他。一開始，我們感情很好，但是過了一陣子，他開始讓我覺得渾身不自在。他總是說：「妳為什麼不能變得像她一樣？」「妳怎麼會這麼肥？」「如果妳能改變一點點，就對頭了。」

我開始相信男友的話，分析自己為什麼不如其他女生。即使我有一櫃子衣服，還是會因為不曉得該穿哪一件而異常焦慮。我甚至開始在商店裡順手牽羊，只是為了想擁有樣式最新、最好的衣服。過了一陣子，我把自己的價值完全放在我跟誰交往、我的外貌，以及我所穿的衣服上。我覺得自己不夠好，配不上每一個人。

為了減輕這種壓力，我開始暴飲暴食，然後把食物吐掉。吃東西讓我舒服，吐掉則使我得到某種奇特的掌控感。雖然我不胖，但我非常害怕變胖。這很快就成為我生活的重點。我一天要吐三十到四十次，在任何我能夠找到的地方吐。這是我的祕密，不能告訴父母，因為我不想讓他們失望。

有一次，一群人緣很好的學生邀請我，跟他們一起去看美式足球賽。他們十六歲，比我大一歲。我興奮極了！媽媽和我費盡苦心，尋找漂亮的衣服。我在窗邊等了好幾個小時，可是他們一直沒有來接我，以致我覺得自己一無是處。我想：「他們不來接我，是因為我不夠酷或是不夠好看。」

最後，事情爆發了。有一次我在舞臺上演戲時，突然眼前一陣黑，暈了過去。我在更衣室醒來時，發現媽媽在我身邊。「我需要幫助。」我低聲說。

承認自己有問題，是走向康復的第一步。我花了好幾年的時間才做到這一點。回顧過往，我無法相信我竟讓自己沉溺在那種心態裡。我擁有的一切足以讓我快樂，卻依然任由自己如此悲慘。我是一個俏皮、健康、才華橫溢的女孩，卻困在一個比較的世界裡，覺得自己差勁透頂。我想向所有年輕人大聲呼籲：「絕不要對你自己做這樣的事。這太不值得了。」

我復原的關鍵在於，我認識了一些非常特別的朋友。他們讓我覺得，我很重要，是因為我這個人，而不是我穿的衣服。他們對我說：「妳不需要這個。妳比那個更好。」於是我開始改變，我的改變是為了自己，而不是因為別人告訴我必須改變，才配擁有他們的愛。

這段經驗的智慧精華是：不要再這麼做了，請打破這個習慣。拿自己跟別人比較，會變成一種上癮的行為，它的力量像吸毒和酗酒一樣強大。你不必在相貌和衣著上像一個模特兒，才是個有價值的人。你明白什麼是真正重要的東西，所以不要被困在這場遊戲裡，也不要一直擔心，自己在青少年歲月中是否受人喜愛，因為生命中的大部分時光，將在這個階段結束後翩然來臨。

雙贏精神的果實

我們絕不可低估雙贏思維的力量。以下是安迪的經驗：

一開始，我覺得雙贏思維沒什麼道理。等我開始在放學後的打工時間裡運用它以後，我才發現它的力量。現在我已經運用了兩年，這個習慣的力量真是大得可怕，我好希望更早就運用這種力量。它教我應用自己的領導能力，用積極的態度面對工作。這種態度主張：「讓我們使這份工作變得更有趣一點；讓我和我的老闆都能獲勝。」現在我每個月都跟經理坐下來討論自己觀察到公司裡有哪些小事有待改善，而我願意去執行。

我們最後一次開會時，她說：「我一直很想知道，我們是怎麼解決這些小問題的。你非常擅長尋找契機，非常願意做事，我對你的表現印象深刻。」然後，她把我每小時的薪資提高了一美元。

相信我，雙贏思維具有感染力。如果你心胸寬大，願意幫助別人成功，願意跟別人分享你得到的讚賞，你就會像磁鐵一樣，吸引許多朋友。想一想，難道你會不喜歡關心你的成功、希望你獲勝的人嗎？難道你不想幫助對方，有所回報嗎？

雙贏的精神可以應用到各種情況，從解決跟父母的衝突，到決定誰去遛狗，都很適用。以下是班的經驗：

我父母只允許我和妹妹一天使用一小時家裡的平板電腦。一開始我們爭著當第一個使用的人，因為我們都想要使用平板電腦，有時候要查功課需要的資料，有時候只是想上推特或看節目。我們決定試試新方法。我們每天輪流當第一個使用的人，然後有時候我們甚至會一起發推特或看節目，這樣其實更好玩。

有時無論你怎麼努力，也找不到任何一種雙贏的做法。例如：另一方可能堅持損人利己的做法，使你根本無計可施。碰到這種時候，不要醜化自己（損己利人），也不要貶抑對方（損人利己）。相反的，你仍要繼續追求雙贏的做法，或是「不玩了」。換句話說，要是你找不到對雙方都有利的解決辦法，就不要再交涉下去，也不要再談任何解決方案。例如，如果你和朋友無法決定當天晚上要做什麼，與其去做其中一方可能厭惡的活動，不如那天晚上就不要在一起，改天再聚就好。要是你無法培養雙贏的感情，最好不再往來，分道揚鑣。損人利己、損己利人，或是最糟的雙輸思維，都會帶來嚴重的後果。

十五歲的青少年布萊恩，曾經從父親那裡學到雙贏思維的想法。他提到這段有趣的經驗：

去年暑假，我的朋友史提夫和我想賺點錢。於是我們開始替別人洗窗戶、割草地。我們覺得，我們這家公司的名稱最好叫「碧綠與清潔」。

史提夫的父母有個朋友，他家的窗戶需要清洗了，所以我們就去替他洗窗戶。沒多久，名聲便傳開了，我們接到幾筆生意。

我們用我爸的電腦程式設計出一些文件，稱之為「雙贏協定」。當我們來到要清洗的房屋，我們會檢視一遍，測量窗戶的大小，寫下估計的數字，然後清楚列出所需費用。客戶要在文件上簽名。我們很清楚，如果我們表現不佳，對方就不會再雇用我們。做完以後，我們會帶他們走一圈，展示清潔的成果，希望取得客戶的認可。我們想讓他們知道我們值得信賴。

我們有一筆小小的「碧綠與清潔基金」。一旦開始獲利，我們就把錢均分，然後留一點錢購買洗窗設備。只要客戶滿意，只要他們得到乾淨的窗戶，他們就贏了，我們也贏了，因為對十五歲的我們來說，這是一個賺錢的好辦法。

雙贏使人心曠神怡

培養雙贏的態度，不是一件容易的事，可是你做得到。如果你現在只有一〇%的時間，用雙贏的想法思考事情，就要提高到二〇%的時間，然後增加到三〇%，慢慢往更大的比例發展。最後它會成為心智的習慣，成為你人格的一部分，你根本連想都不用想就會自動採取雙贏的做法。

或許雙贏思維最驚人的益處，就是它帶來的美好感受。我最喜歡的一個例子，就是雅克・呂塞朗（Jacques Lusseyran）在自傳《而且那裡有光》（*And There Was Light*）中提到的一段經驗。《拋物線》（*PARABOLA*）雜誌的編輯們為這本書寫序，簡單敘述了呂塞朗的經歷：

（雅克）於一九二四年出生於巴黎。德軍占領法國時，他十五歲。十六歲時，他組織並領導一支地下反抗軍……這支軍隊一開始由五十二個男孩組成……一年之內，人數就增加到六百人。這是一項驚人的成就，附帶一提的是，雅克自八歲起就雙目失明了。

雅克的眼睛雖然看不見東西，但能用不同的方式看事情。就像他所說的：「我雖失明，卻看見了光，而且持續不滅……我可以看到光線升起、散播，棲息在物件上，給它們形狀，然後離開它們……我活在流瀉的光裡。」他把這片流動的光線稱作「我的祕密」。

有時雅克的光也會離開他，使他心情陰鬱。他用損人利己的態度想事情時，就會陷入這種心情。他說：

當我跟年少的同伴玩遊戲時，要是我突然感到焦慮，想要贏過對方，想要不計一切得到第一，我立刻就什麼也看不見，走進了一片濃霧或煙塵。

我沒法讓自己嫉妒或不友善，因為我一這樣做，我的雙眼就立刻蒙上繃帶，雙手雙腳也立刻被綁住。忽然間，一個黑洞打開了，我在裡面非常無助。但是，當我快樂寧靜，自信地跟人相處，想著他們的好處，我就得到了光，光是我的回報。所以我在年紀很小的時候，就意外地學會了愛惜友誼與和諧。

是否採納雙贏思維的真正考驗，在於你心中的感受。損人利己和損己利人的態度會蒙蔽你的判斷力，讓你心中充滿負面的感覺。你一定會受不了的。另一方面，就像雅克所發現的，雙贏思維會讓你的心充滿快樂寧靜的感受，給你信心，甚至用光來充滿你。

預告：下一章我會談到一些訣竅，讓你用積極的方式，了解父母內心的想法。不要停下來，繼續讀下去！

跨出一小步

① 找出一件你最想跟人比較的事情，也許是服裝、外貌、朋友、異性的關注或才華。你在哪一方面最難擺脫較量之心，最常跟人比較高下？

② 如果你從事運動，就要表現運動家的風範。比賽結束後，你要到對手那邊，讚美敵方的某個球員。

③ 如果某人欠你錢，不要害怕，可以用友善的口氣提起：「你是不是忘掉了，上個星期你向我借了十塊？現在我需要用錢。」用雙贏思維、而不要用損己利人的態度思考這件事。

④ 跟別人玩遊戲時，不要在乎輸贏，只要享受玩的樂趣。

⑤ 你是否有一場重要的考試即將來臨？如果答案是肯定的，你要組織一個讀書小組，分享彼此的想法，相信你們的成績最後都會進步。

⑥ 下次有親近的朋友成功時，你要真心為他高興，而不是感到嫉妒，覺得這種事怎麼沒發生在你身上。

⑦ 想一想，你對生活的態度大致是什麼樣子？是損人利己，還是損己利人？是雙輸策略，還是雙贏思維？這種態度對你有什麼樣的影響？

⑧ 找出一個你覺得是典型雙贏思維的人。你最欣賞這人的什麼地方？

⑨ 你是否與某位異性維持著損己利人的感情？如果是，你要做出決定，想辦法把關係轉為雙贏，否則就該選擇「不玩了」，趕快從這份毒害你的感情裡脫身。

第九章

習慣五：知彼解己

你有兩隻耳朵，卻只有一個嘴巴

穿上別人的鞋子走路之前，我必須先脫掉自己的鞋子。

——佚名

假設你準備買一支新手機。店員問你：「你要找什麼樣的智慧型手機？」

「唔，我要找的是價格……」

「我想我知道你喜歡什麼樣的手機。」他打斷你說：「大家都買這支最新款的手機。相信我。」他衝過去，又衝回來，手裡拿著你所見過最時髦、最薄的手機。「看看這個寶貝兒。」

「這支手機很好，但不符合我的需要，我買不起。」

「這是現在最熱門的手機，你得趁賣完之前趕快下手。」

「不，謝了，我沒有錢。」

「我保證你會愛死它的，每一分錢都花得很值得。」

「可是我……」

「聽著，我賣手機已經賣了十年了，而我現在就告訴你這支手機物超所值。」

有過這種經驗以後，你還會想再光顧這家店嗎？當然不會。你沒法信任那種還沒有了解你的需求，就急著提出解決方案的人。可是你知不知道，我們跟人談話的時候，經常做出相同的事？

「嗨，米希，妳看起來心情不好。發生了什麼事嗎？」

「妳不會了解的，莉莉。妳會覺得我很愚蠢。」

「我不會的。告訴我發生了什麼事，我願意聽妳說。」

「哦，我不曉得。」

「別這樣。妳可以告訴我。」

「嗯，好吧……唔……泰倫和我的感情跟以前不一樣了。」

「我早就告訴過妳別跟他混在一起。我就知道會發生這種事。」

「問題不在泰倫。」

「聽著，米希，如果我是妳，我會從此忘掉他，繼續過日子。」

「可是，莉莉，我的感覺不是這樣。」

「相信我，我了解妳的感受。去年我也經歷過同樣的事。妳不記得了嗎？那份感情把我去年的時光全都毀掉了。」

「別談了，莉莉。」

「米希，我只是想幫妳。我真的想了解妳。現在繼續講吧。把妳的感覺告訴我。」

在尚未了解別人的問題以前，我們往往像超人一樣，一下子就從天上飛過來，企圖解決每個人的問題，卻無法聽別人講話。就像美國印第安人的諺語所說：「聽別人說話，不然你的舌頭就會讓你變聾。」

溝通與影響力的關鍵，可以用一個句子講出來，那就是：先去了解別人，再要別人來了解自己，也就是知彼解己。換句話說，你要先聽而後說。這就是習慣五。如果你能養成這個習慣，在提出自己的觀點前，先從別人的角度看事情，眼前就會展開一個領會他人的新世界。

人類心靈的深處需求

這個習慣何以是溝通的關鍵？因為人類內心最深處的需要，就是能夠被別人了解。每個人都希望，別人能夠尊敬、看重他們本來的樣子，也就是一個獨特、永遠不能加以複製的個體。

我們只有在感覺到真誠的愛與了解時，才會把心中柔軟的一面暴露出來。一旦感覺到愛與了解，人們就會把許多事情告訴你，他們傾訴的內容將會遠超出你的預期。以下是一個有飲食問題的女孩的經驗，她的經歷說明了了解的力量有多麼強大：

高中時，我有暴食症的問題，所以我把高中最後兩年的時間，全都花在運動、節食，還有想盡辦法減輕體重上面。結果我十八歲時身高一五二公分，體重不過四十二公斤，整個人輕飄飄的。

我的朋友不多。過度的節食使我易怒、刻薄和疲倦，就連普通的談話都無法支撐下去，學校裡的活動當然就更別談了。我覺得自己跟同學毫無共通點。即使有幾個忠誠的朋友試著幫助我，但是我拒絕了他們，把他們的話當作嫉妒的表現。

此外，我的父母還會用新衣服來賄賂我，只求我在他們面前吃飯。我不肯，他們便拉我去看一連串的醫生、心理治療師和專家。我的心情糟透了，一心相信我的生活會一直都是這個樣子。

後來我上了大學，幸運地跟茱莉、潘和蕾凡同寢室。這三個女孩讓我的生活重新變得有價值。

我們住在一間狹小的公寓裡。我那些怪異的飲食習慣和神經質的運動方式，全都展露在她們面前。我知道，她們一定覺得我很怪。我的臉色蒼白，身上都是瘀青，頭髮稀薄，骨盤凸出，鎖骨畢露。十八歲的時候，當我攬鏡自照，不禁駭然失色，被自己的模樣嚇倒。

可是她們沒有卻步，也沒有把我當成有問題的人來對待。她們沒有對我長篇大論，沒有強迫我吃東西，沒有說我的壞話，也沒有對我皺眉頭。結果我反而不曉得該怎麼做了。

我很快就覺得自己是她們當中的一份子，只是我不吃東西。我們一起上課、找工作、晚上慢跑、看電視、星期六出去玩。大家深夜聊天的話題並不是我的厭食症，而是彼此的家人，自己的野心，以及未來的種種不確定。

我對我們的相似感到驚訝。多年來，我頭一次覺得有人了解我，有人肯花時間來了解我這個人，而不是急著解決我的問題。對於這三個女孩來說，我不是需要治療的厭食症患者，我只是第四個女孩。

我的理智愈來愈明晰。我開始觀察她們。她們快樂、聰明、有魅力，有時她們直接從碗裡拿餅乾吃。如果我跟她們這樣相似，為什麼不能一天也吃三頓？

潘、茱莉和蕾凡從來沒有告訴我，我該如何治好自己——她們每天做給我看。她們沒有直接嘗試治好我，而是先努力了解我。大一上學期結束前，她們在晚餐桌上為

我留了個位子。我覺得她們真的歡迎我加入。

想一想，這三個女孩對第四個女孩有多大的影響力？她們試著了解她，而不是評斷她。一旦她覺得對方了解自己、不判斷自己，就能立刻解除防備，打開心胸，接受對方的影響。這個現象是否很有意思？想一想，如果室友對她說教，結果會是如何？

你是否聽過這句話：「別人不在乎你知道多少，只在乎你關心多少。」這句話實在有道理。試想，在某個情況下，對方若不肯花時間來了解你或是聽你講話，你會打開心胸，接受他們的觀點嗎？

我在打美式足球的大學校隊時，手臂的雙頭肌有一段時間疼得厲害。我試過許多種不同的治療方法——冰敷、熱敷、按摩、舉重和抗生素等，結果沒有一種方法奏效，於是我去找運動訓練師幫忙。然而，我還沒有描述自己的情況，他就說：「我看過這種病人。你需要做……。」我試著做進一步的說明，可是他相信他了解問題所在。我想說：「等等，聽我說，醫生，我不覺得你了解我的情況。」

或許你已經猜到了，他的辦法讓我的手臂更痛了。他根本沒有聽我說！於是我對他的建議和處方都沒有信心，因為他從未診斷過我。我不在乎他對這種情況的了解有多深入，因為他沒有讓我感覺到，他在乎我的感受。

你可以花點時間傾聽別人，來表示你在乎對方。不要遽下判斷，也不要馬上提出建議。以下「請你聽我說」的詩句描述，人們是多麼渴望別人傾聽自己說話：

當我請你聽我說，你卻提出建議，你沒有做到我所要求的事。

當我請你聽我說，你卻告訴我，我為何不該有這種感覺。

你就是在踐踏我的感受。

當我請你聽我說，你卻覺得必須做點什麼，好解決我的問題。

儘管說來奇怪，但你讓我失望了。

傾聽！我所求的只是你的傾聽。不要講什麼，不要做什麼，只要聽我說話。

五種不良的傾聽方式

為了了解別人，你必須傾聽對方說話。令人驚訝的是，我們大多不曉得如何聽別人講話。

想像一下，你正在思考明年該修什麼課。你打開課表，看看有哪些課可修。

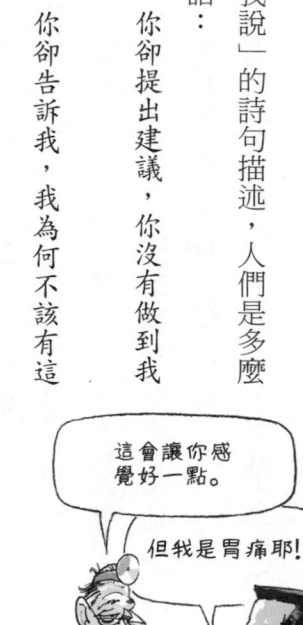

「嗯……讓我看看……幾何、創意寫作、初級演講、英國文學、傾聽。等一下，傾聽？整個班級的人學習傾聽？這是個笑話嗎？」

這會令人大大驚訝，對不對？但是我們不該如此，因為傾聽是四種主要溝通方式，也就是說、聽、讀、寫當中的一種。如果你再想一想，從出生開始，你曾經參加過增加閱讀、寫作和演說能力的許多課程，但何時上過傾聽的課？

別人講話的時候，我們很少在聽，因為往往忙著準備做出回答、判斷，或是透過自己的思維模式過濾他們的話語。我們很容易使用以下五種不良的傾聽方式：

神遊太虛

別人對我們講話，我們卻聽而不見，那是因為我們的心漂流到外太空去了。對方可能有很重要的事情要講，可是我們沉浸在自己的思緒裡。儘管人人有時都會神遊太虛，但是你若經常這樣，就會被認為是「不專心」的那種人。

假裝在聽

這種情況更為常見。這時我們還是沒有注意聽對方說話，但是至少假裝在聽，甚或在關鍵時刻，做出有洞察力的反應，例如「是啊」、「不」、「真酷」，或在線上聊天時丟出一句「大笑」，但是說話的人通常有所察覺。對方會覺得，你之所以不聽，是因為他不夠重要。

選擇性的傾聽

這種方式意指，對話當中我們只聽自己感興趣的部分。例如，朋友可能想告訴你，他那當兵的哥哥很有才華，而生活在哥哥的陰影底下，他有什麼樣的感覺。但是你只聽到「當兵」一詞，就說：「哇，最近我一直在考慮要去當兵。」既然你老是聊自己想聊的話題，而不是對方想討論的事情，結果就是，你沒法跟人建立長久的友誼。

只聽字句

我們有時很注意聽別人講話，但卻只聽見字句，沒有注意到對方的身體語言、感受，或是話語背後蘊藏的真實意義。結果是，我們沒有聽見對方要說的東西。例如，你的朋友金姆對你說：「你覺得羅納多這個人怎麼樣？」你答道：「我覺得他很酷。」但是，如果你更敏感一點，傾聽她的身體語言和語氣，你會聽到她其實在說：「你覺得羅納多喜歡我嗎？」要是你只聽字句，就很難感受到別人內心深處的情緒。

自我中心的傾聽

從自己觀點看待每一件事，就會發展出自我中心的傾聽方式。我們不想站在別人的立場思考，只希望別人站在我們的角度思考。這種人會說：「喔，我完全曉得你有什麼感覺。」其實他只曉得自己的感受，對別人的感受並不完全了解，只會一心假設對方的感覺會和自己一樣，就像前面提到那個店員，一心認定你應該買最新款的手機，這樣他才能賺到錢。自我中心的傾聽通常是一種「人上人的遊戲」——對話時試著壓過對方，彷若是一種競賽。「你覺得今天你過得不順利嗎？這不算什麼，你應該聽聽我碰到了什麼事。」

當我們從自己的角度傾聽，通常會用三種方法回答。這三種做法都會讓對方立刻封閉心門，那就是判斷、建議和挖掘。讓我們一一說明。

判斷

我們聽別人說話時，有時會在內心深處做出關於對方、關於這些話的判斷。如果你忙著判斷，就不是真的在聽。人們不想被判斷，只希望有人聽自己講話。在以下的對話中，請注意，在卡爾的心中有太多的判斷、太少的傾聽（他的判斷放在括弧內）。

彼特：昨天晚上我和凱薩琳玩得非常開心。

卡爾：哦，那很好。（凱撒琳？你怎麼會想跟凱撒琳出去玩？）

彼特：我沒有想到她這麼好。

卡爾：哦，是嗎？（你又來了。你覺得每個願意花時間跟你相處的女孩都很好。）

彼特：是的。我在考慮要邀請她參加學校的年度舞會。

卡爾：我以為你要邀潔西卡一起去。（你瘋了不成？潔西卡比凱撒琳漂亮多了。）

彼特：我本來是這麼打算的，但是我現在想邀請凱撒琳了。

卡爾：唔，那你就邀她好了。（我相信你明天就會改變主意。）

卡爾忙著判斷對方，以致彼特說的話，他一個字也沒有聽進去。他錯過了一個好機會，沒有在彼特的情感帳戶裡存款。

建議

我們往往根據自己的經驗提出建議；長輩也總是從「我像你這麼大的時候」開始，向我們發表演講。

情緒惡劣的妹妹向哥哥傾訴：「我一點也不喜歡新學校。自從我們搬家以來，我就覺得沒有歸屬感。我希望能交到一些新朋友。」

哥哥沒有把她的話聽進去、試著去了解她；他只是講出自己過去的經驗：「妳必須多認識一些人，參加運動比賽和社團，就像我以前一樣。」

無論哥哥的建議有多高明，妹妹並不想從出於善意的哥哥那裡得到任何建議，只想有人聽她傾訴。只有在她覺得有人了解自己之後，她才會打開心胸，接受他的建議。哥哥錯過了一個大筆存款的好機會。

挖掘

挖掘是指當別人還沒準備好分享時，你就試著挖掘對方的情緒。你有沒有被人刺探內心的經驗？父母就常對青少年做這種事。母親常常抱著無比的好意，試圖探知你生活中的每一件事。但是你還不準備告訴她，所以她的努力使你覺得受到侵犯，決定對她關上心門。

「嗨，寶貝，今天學校裡還好嗎？」

「還好。」

「你考得怎麼樣？」

「還可以。」

「你的朋友們好嗎？」

「很好。」

「今天晚上你有什麼計畫嗎？」

「還沒有。」

「最近你有沒有跟哪個可愛的女孩約會？」

「沒有，媽，拜託，不要煩我。」

沒有人喜歡接受審問。如果問了一大堆問題，卻沒有得到什麼答覆，你可能就是在挖掘別人的內心了。

有時人們就是沒有準備好，沒有交談的意願。你要學著去做一個好的傾聽者，時機恰當的時候，就打開耳朵，聽對方講話。

真誠的傾聽

幸運的是，你我都沒有表現出這五種不良的傾聽方式，對不對？也許我們偶爾還是會犯這些錯誤。不過，還有一種更高明的傾聽方式，能夠達到真實的溝通，我們叫它「真誠的傾聽」。要做到真誠的傾聽，你必須分別做到以下三件事：

一、用你的眼睛、耳朵和心靈傾聽

只用耳朵傾聽是不夠的，因為言語只包含了七％的溝通內容，其他的東西則來自身體語言（五三％）及講話的方式，或是聲音中反映出來的語氣和感覺（四〇％）。例如，你可以藉由強調句子中的某個字眼，改變整句話的意思。

「我」並沒有說，你的態度有問題。

我並沒有說，「你」的態度有問題。

我並沒有說，你的「態度」有問題。

正因為如此，當你有重要的事想說時，最好親口說，而不是傳簡訊或在網路上說，這樣一來，別人才會真正了解你的意思。太常傳情緒化的簡訊，會造成更多問題，而非解決問題，

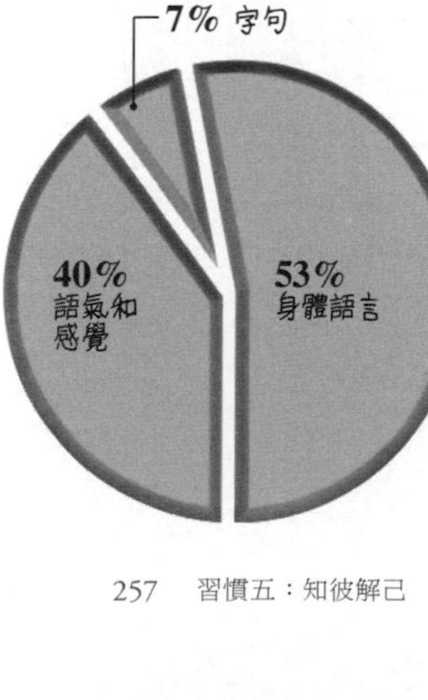

因為別人會驟下結論，自以為「聽到」你無意傳達的訊息。因此，如果你必須告訴別人複雜的敏感話題，就當面說吧！

要聽懂別人真正想說的話，你必須聽到對方「沒說出口」的心聲。無論人們表面上看起來多堅強，大多數人的內心都很脆弱，渴望得到別人的了解。以下的句子（這是我最喜歡的句子之一）說出了這種需要：

◆請……聽聽我沒有講出來的心聲◆

不要被我騙了。不要被我戴的面具騙了。因為我戴著面具，我戴著一千個面具，不敢拿掉，但沒有一個面具是我。偽裝是一門藝術，是我的第二本質，可是你不要被我騙了。

……我給人一種印象，就是我很有安全感。在我的內心和周遭，一切都是陽光普照，平靜無波。我的名字是自信，我的遊戲是冷靜。池水寧靜，一切都在我的掌握之中。我不需要任何人，但是不要相信我，請你不要。

我慵懶地跟你聊天，用表面上柔和的語調談話。我告訴你，一切都沒有問題，但是內心卻在哭喊。所以，我又重複說著例行的話語時，不要被我的言語騙倒。請仔細聽，試著聽到我沒有講出來的話。那是我希望自己能說出來的話，是我為了活下去而必須說出來、卻無法表達的心聲。老實說，我不喜歡隱藏，我不喜歡自己所玩的虛假遊戲。

我想做個真誠、不做作的人，我想做我自己，但是你得幫幫我。你必須伸出你的手——縱然它看起來是我最不希望發生的事、最不需要的協助。每一次你付出慈愛、溫柔和鼓勵，每一次你因為關心我而試著了解我，我的心靈就開始長出翅膀。即使非常細小、非常脆弱，但那的確是翅膀。藉著你的敏感、同情和了解的力量，我可以做到。你可以把生命的氣息吹進我體內。對你來說，這麼做並不容易。長久以來，我一直相信自己是個沒有價值的人，這種信念築起了穩固的高牆。但是愛比強固的高牆還要強大，愛裡有我的希望。請用堅定的拳頭擊倒那些高牆。同時，請用溫柔的手照顧我，因為孩子是非常敏感的，而我正是一個孩子。

你或許想知道我是誰。我是每一個男人，每一個女人，每一個孩子……每一個你認識的人。

二、設身處地

要成為一個真誠的聽眾，你必須脫掉自己的鞋，穿上別人的鞋。羅伯・柏尼（Robert Byrne）說過：「穿著別人的靴子走上一公里以後，你才能想像那是什麼滋味。」你必須試著用別人的角度看世界，試著感受對方的感覺。

讓我們假裝，世上每個人都戴著不同顏色的玻璃眼鏡，而你和我站在河邊，我戴著綠色的鏡片，你戴著紅色的鏡片。

「哇，你看河水有多綠啊。」我說。

「綠的？你瘋了嗎？水是紅色的。」你答道。

「哈囉，你是色盲嗎？這水綠得不能再綠了。」

「它是紅的，你這個白痴！」

「綠的！」

「紅的！」

許多人把談話看成一種競賽。雙方的觀點只會對立，不可能同時正確。但事實上，由於每個人觀點不同，雙方可以都是對的。再者，試著在談話中擊敗對方，這種做法實在愚蠢。它通常只會導致損人利己或損己利人的結果，從情感帳戶中提款。

我的妹妹曾經提到她的朋友托比的經驗。請注意，穿上別人的鞋，設身處地為人著想，會帶來如何深遠的影響：

談到上學，最糟糕的一件事就是必須搭巴士去。我的意思是，我的朋友大多自己有車，可以開去學校（即使是一輛爛車），但是我們家負擔不起給我買車的費用，所以我必須搭巴士上學，或是找人讓我搭便車。有時我會在放學後打電話給媽媽，請她來接我。但是她要很久才會來，讓我等到快要發瘋。我記得我有好多次對著她尖叫：「妳怎麼這麼晚才到？難道妳不在乎我等了好幾個小時嗎？」我從來沒有注意她有什麼感覺、她在做些什麼，我只想到自己。

有一天，我無意中聽到媽媽在跟爸爸討論這件事。她哭了，她說，她真希望他們有錢買車給我，她拚命工作，就是想多賺點錢。

突然我的看法整個轉變了。我眼中的媽媽變成了一個真實的人，有自己的感覺，她也會恐懼，抱持著希望與懷疑，而且她非常愛我。我發誓再也不用惡劣的態度對待她，甚至開始多跟她談話。後來我們一起想出辦法，我可以去打工，自己賺錢買車。她還主動表示願意接送我去打工。我真希望我能早些聽懂她的話。

三、向鏡子學習

學習像鏡子般思考事情。鏡子會怎麼做？它不判斷，不提出建言，只反映現況。也就是說，用你自己的話，把對方的言語和感受再講一遍。鏡子不會學舌。學舌的人像鸚鵡一樣，總是一字不差地重複對方的話：

「老天，湯姆。我今天在學校裡過得糟透了。」

「你今天在學校裡過得糟透了。」

學舌	學習鏡子
重複對方的每一個字	重複對方話語的意義
一字不差	用你自己的話表達
冷淡與漠然	溫暖與關懷

「我每一科都不及格。」

「你每一科都不及格。」

「老兄，不要學我講話。你是怎麼啦？」

向鏡子學習和鸚鵡學舌不一樣（請見表格），讓我們看看日常生活的對話，了解一下如何師法鏡子的功用。

父親對你說：「不，兒子，今天晚上你不能用車。別再講了。」

先講後聽的典型反應是：「你從不讓我用車，害我老是得搭別人的車。我受夠了。」

這種反應通常會導致大吼大叫、惡言相向的場面，事後雙方都會覺得難受。

相反的，如果試著學習鏡子，用你自己的話語，把對方的言語和感覺反應回去。那會是什麼情況？讓我們再試一次。

「不，兒子，今天晚上你不能用車。別再講了。」

「我曉得你對這件事很生氣，爸。」

「我當然生氣。你的成績最近一落千丈，你沒有資格用車。」

「所以，你是擔心我的功課嗎？」

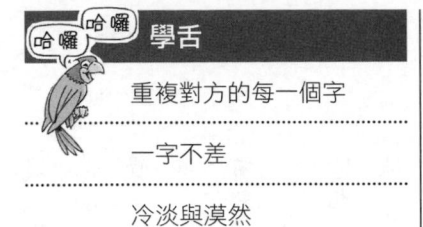

「我很擔心。你知道我多麼希望你能上大學。」

「大學對你很重要，對不對？」

「我從來沒有機會上大學。因為這樣，我也沒有什麼了不起的成就。我知道錢不是一切，但錢的確對我們現在的處境很有用。我只是希望你能得到比較好的生活。」

「好，我了解你的意思了。」

「你的能力很好，所以當你不認真念書，我就會氣得發狂。如果你答應我，今天晚上晚一點你會做功課，你就可以用車。這是我唯一的要求。你答不答應？」

你注意到這對父子之間發生了什麼事嗎？藉著發揮鏡子的功能，這個男孩讓真正的問題浮現出來。父親並不是真的在乎孩子用他的車，而是更擔心兒子的未來，以及他對課業那種無所謂的態度。一旦他覺得兒子了解，成績和進大學對爸爸有多麼重要，他就撤除了心防。

我無法保證，學習鏡子永遠會帶來如此完美的結局，因為實際情況往往更為複雜。父親可能會回答：「兒子，我很高興你了解了我的立場。現在就去做功課。」可是我敢保證，師法鏡子會在對方的情感帳戶中存款。你的收穫，絕對會超過「打不過就逃跑」的策略。如果你還是抱持懷疑的態度，我就要向你提出挑戰，請你試一下。我相信，你會感到驚喜。

真心相待

如果你師法鏡子，卻不是真心渴望了解對方，別人會看透你，覺得你在操縱他們。學習鏡子是一種技巧，它只是冰山的頂端。真心了解對方的態度和意圖，才是海底的龐大冰山。如果你的態度正確，卻沒有技巧，還是可以跟人交心。但是你若態度偏差，縱有高明的技巧，也無法與人溝通。如果你擁有正確的態度和技巧，你就會成為一個擅長溝通、很有影響力的人。

以下是學習鏡子的例句。你可以利用它們，練習真誠的傾聽。記住，你的目標是用自己的話，講出對方的言語和感受。

學習鏡子的例句：

- 聽起來你的意思像是……
- 所以，就我的了解……
- 我看得出來，你感覺到……
- 你覺得……
- 所以，你要說的是……

注意：在某些時機與場合下，適合採用真誠的傾聽。當你和對方在談論某個重要或敏感的問題，像是有個朋友真的需要幫助，或是你跟所愛的人無法溝通時，你會希望能夠得到真誠的傾聽。這些對話很花時間，急也急不來。

不過，在隨意的交談和日常的講話當中，便不需要進行真誠的傾聽。例如：

「老天，廁所在哪裡？我急死了。」

「所以，你要說的是，你很擔心你不能及時找到洗手間？」

實踐真誠的溝通

讓我們再看一次前面提到的妹妹。她需要哥哥真心聽她說話。以下的談話說明了，真誠的傾聽會帶來多麼不同的效果。

妹妹說：「我一點也不喜歡新學校。自從我們搬家以來，我就覺得沒有歸屬感。我希望我能交到一些新朋友。」

哥哥可以選擇以下反應中的任何一種：

「把洋芋片遞給我好嗎？」（神遊太虛）

「是，是，聽起來很不錯。」（假裝在聽）

「談到朋友，我的朋友胡立歐……」（選擇性的傾聽）

「妳必須做的是，開始認識新朋友。」（提出建議）

「妳還不夠努力。」（下判斷）

「妳的成績是不是也有問題？」（挖掘對方的內心）

但是，哥哥如果夠聰明，就會試著向鏡子學習：

「妳覺得在學校有點不好過。」（反應對方的想法）

「真糟糕。我的意思是，我連一個朋友也沒有。塔芭莎對我態度惡劣，她就像電影『辣妹過招』裡的女王蜂。哦，我不曉得該怎麼辦。」妹妹說。

「聽起來妳很困惑。」（反應對方的想法）

「當然。我的人緣向來很好。突然間，沒有人知道我的名字。我一直試著去認識別人，可是沒什麼用。」

「我看得出來，妳覺得很挫折。」（反應對方的想法）

「是啊。聽起來我好像是個神經病或什麼的。無論如何，謝謝你聽我說話。」

「沒問題。」

「你覺得我該怎麼做？」

藉著傾聽，哥哥在妹妹的情感帳戶中存進一大筆錢。再者，妹妹現在已經打開心胸，願意接受他的建議。現在時機來了，他可以試著讓妹妹了解他，分享他的觀點。

有個名叫安迪的男孩，分享了他的經驗：

我跟女友在一起有一年了，我非常在乎她。最近我們經常吵架，我真的很害怕會失去她。當我學到知彼解己的道理，也就是先去了解對方，再讓對方了解自己，還有怎樣把情感帳戶的觀念應用到愛情關係上，我非常認真思考這件事。我發現，我一直試著去詮釋她的話，卻從來沒有用開放的心去傾聽。這些了解拯救了我們的感情，兩年後，我們還在一起，感情也比大多數情侶都要成熟，因為我們都相信習慣五，把它用在大大小小的決定上，就連是否出去吃飯也不例外。每一次我跟她相處，我都不斷地誠實對自己說：「現在，閉上你的嘴，試著去了解她。」

跟父母溝通

溝通的本身已經夠難了。但是，當爸爸媽媽都捲了進來，你的日子就更不好過。我在青少年時期，跟父母處得不錯，但是有時候，我還是相信，他們的身體裡住著怪異的外星人。我覺得他們不了解我、不尊重我，只會用同一種態度對待我和弟妹。但是，無論父母感覺上距離你有多麼遙遠，如果你們能相互溝通，生活就會變得比較愉快。

要是你想改善跟父母的關係（在這個過程裡，把他們嚇得半死），就要試著聽他們說話，就像你會聽朋友講話一樣。把父母當成正常人來對待，這麼做好像很怪，但是值得一試。我們老是對爸媽說：「你們不了解我。沒有人了解我。」可是你有沒有想過，或許你也不了解他們？

你知道嗎？他們也有壓力。當你為了朋友們和快要來到的歷史考試擔心時，他們正在擔心老闆的要求，以及如何支付你矯正牙齒的費用。他們和你一樣，也會在工作場合受到冒犯，跑到廁所裡偷偷哭泣；有時也會不曉得怎麼去支付這麼多的帳單。你的母親可能工作壓力大到沒辦法坐下來放鬆一晚上；你的父親則可能因為開的車太破，被鄰居嘲笑。父母可能犧牲了自己的夢想，好讓你的夢想能夠實現。其實父母也是人，不但會歡笑、哭泣，情感也會受傷，有時甚至也會失控，就像你我一樣。

如果你花點時間去了解父母、傾聽他們的話，有兩件驚人的事情將會發生。首先，他們會更加尊重你。我滿十九歲時，第一次看了父親寫的一本書。他是成功的作家，每個人都對我說，他的書有多棒，但是我以前從未花時間看一眼他的書。讀完後，我心想：「哇，我爸爸很聰明。」在此之前，我一直相信，我比他聰明多了。

其次，如果你花時間去了解與傾聽父母，你的想法會更容易達成。這不是一種操縱的伎倆，而是一個原則。如果他們覺得你了解他們，就會更願意聽你說話，也會變得更有彈性、更信任你。有位母親曾經告訴我：「如果我正值青春期的女兒們能多了解我所生活的混亂世界，在家幫點忙，我就會給她們許多特權，多到讓她們不知所措的地步。」

你要怎麼做，才能更了解父母呢？一開始，你可以問他們幾個問題。你最後一次問父母：「你今天過得怎麼樣？」是什麼時候的事了？你也可以說：「告訴我，你喜歡工作的哪一部分？不喜歡哪一部分？」或是：「我能幫忙做點家事嗎？」

你也可以開始在父母的情感帳戶裡小額存款。要存錢進去，你得先問自己：「父母覺得什麼是存款？」穿上他們的鞋，從他們的角度設想，而不是用你的觀念思考。對他們來說，存款可能意謂著自動把資源回收的垃圾拿出去、按照答應的時間回家。如果你住在遠方，存款可能是每個週末打電話回家。

讓對方了解你

我曾看過一項調查，有人問受訪者，他們最害怕的是什麼。排名第二的恐懼是「死亡」。你永遠猜不到，排名第一的恐懼是什麼，竟然是「在人群面前講話」。人們寧願死去，也不要在群眾面前發表演說。

向群眾講話需要勇氣，這是當然的。但是一般來說，把話講清楚也需要勇氣。習慣五的後半部，也就是「再求別人的了解」，和前半部的內容一樣重要。不過，先去了解對方的做法，需要的是細心體貼；要對方來了解你，則是需要勇氣。

只做到習慣五的前半部，也就是先去了解對方，這樣的做法是軟弱的，不僅是損己利人的做法，也是門墊症候群的表現。但是我們很容易掉進這個陷阱，尤其在跟父母相處的時候。「我不要告訴爸爸我有什麼感覺。他不會聽我說，也永遠不會了解。」於是我們把這些感覺深埋心中，而父母則繼續過日子，根本不曉得我們真實的感覺。但這是不健康的。記住，沒有表達出來的感受，永遠不會自行消失，只會深埋在我們心底，往後會用醜陋的方式冒出來。因此，你必須說出自己的感覺，否則這些感受就會腐蝕你的心。

同時，如果你花了時間傾聽對方，對方傾聽你的機會就大為提高。以下的經驗就說明了，小麗是如何練習習慣五的兩個部分：

這一天我病了，沒有去上學。父母擔心我平日睡眠不足，太晚上床。我沒有提出一大堆藉口，而是試著去了解他們的想法。我同意他們的看法，不過也向他們解釋，我想在高中最後一年過得開心一點，花時間跟朋友一起玩。父母願意從我的觀點思考這件事。於是我們達成了協議。這個週末，我有一天要待在家裡休息。要是我沒有在一開始就試著去了解他們，我不認為父母會這麼好說話。

給予回饋是促使別人了解你的重要方法。如果做得適當，就能在對方的情感帳戶裡存款。要是對方的心門已經打開，就能給予回饋。相信我，他們會非常感激你。如果你有個好朋友有口臭（到了人盡皆知的地步），難道你不覺得，他或她會感激別人誠實、溫柔地說出實話嗎？你有沒有在結束約會回家後，發現自己的齒縫裡整晚都塞著一小塊肉？你立刻驚懼地回想，那一晚自己每次微笑都露出了這塊肉。難道你不希望約會的對象能早點告訴你？

如果對某人的情感帳戶存款很多，你可以不必遲疑，直接給予回饋。我弟弟約書亞在念高中，他說：

有哥哥姊姊的一個好處，就是他們會給你回饋。

我打完高中的籃球賽或美式足球賽回家後，爸媽會在門口接我，跟我談談我打過的每一場重要比賽。媽會讚美我的運動天分，爸會說，是我的領導能力帶領球隊奪得勝利。

姊姊珍妮走進廚房加入談話，我問她我打得如何，她會告訴我，我的球技普通，要是我想保住先發球員的地位，最好趕快加油。她希望我下一場表現得好一點，不要讓她丟臉。

由於珍妮和約書亞感情很好，他們可以坦誠分享彼此的回饋。當你給對方回饋時，切記以下兩點：

首先，你要問問自己：「我的意見真能幫助對方嗎？還是我只是為了自己的需要，或是想替對方解決問題，才要說出這句話？」如果你提出回饋的動機不是出於追求對方的最大利益，那麼或許現在不是最適當的時機與場合，最好先不要開口。

其次，傳遞訊息時，要用「我」做為主詞，不要用「你」。換句話說，最好用第一人稱給予回饋。比如說，「『我』很關心你脾氣不好的問題」，或是「『我』覺得你最近的表現很自私」。用「你」為主詞的句子，比較具有威脅性，因為聽起來好像是你在指控對方。例如「『你』真是自我中心」、「『你』的脾氣實在很壞」，對方只會感覺到自己遭受攻擊。

這樣說明應該夠周全了。在結束前，我要把本章一開始提到的句子再說一次：你有兩隻耳朵，卻只有一個嘴巴，所以要多聽少說。

預告：下一章你將會發現，一加一有時等於三。

我在那裡等你！

跨出一小步

① 有人跟你講話時，要跟對方維持眼神的接觸，看看你能維持多久的時間。確實，一開始會很緊張，但這種做法很有力量，有助於跟對方溝通（順道一提，這麼做對戀愛特別有用）。

② 不時觀察別人，看看人們如何溝通，觀察他們的身體語言散發出什麼訊息。

③ 今天你跟人交談時，試著對某人進行師法鏡子的做法，對另一人採取鸚鵡學舌的做法（或許只要在你腦海中模擬鸚鵡學舌的做法就好），然後比較兩邊的結果。

④ 問問自己：「在五種不良的傾聽方式當中，我最大的問題是哪一種？是神遊太虛、假裝在聽、選擇性的傾聽、只聽字句，還是自我中心的傾聽（判斷、建議、挖掘）？」然後立即找個日子，決定在那一天都不要這樣做。

⑤ 在這個星期裡，找一天問父母：「你過得怎麼樣？」打開你的心，練習真誠的傾聽，相信你會對於自己所學到的東西感到驚奇。

⑥ 如果你很喜歡講話，就找個日子休息一下，整天傾聽別人說話。只在必要的時刻，才開口講話。

⑦ 下一次你想把感覺埋藏在心底時，不要這麼做。相反的，你要用負責而真誠的方式，把這些感受表達出來。

⑧ 找出一種情況，提出建設性的回饋，以便真正幫助對方。時機恰當時，再把你的想法跟對方分享。

因我的回饋而受益的人是：________

第十章

習慣六：統合綜效

一條高遠的道路

獨自一人的時候，我們能做的是如此之少；同心協力的時候，我們能做的是如此之多。

——海倫・凱勒

你有沒有看過，一群大雁排成V字隊形，飛往南方避寒？科學家發現了一些跟這種隊形有關的驚人事實：

- 藉著這種隊形，整群大雁所飛的距離，要比每一隻單獨飛行時多出七一％。因為一隻大雁拍動翅膀時，會為後面的同伴帶起上升氣流。
- 領路的大雁疲倦時，會飛到隊伍的後方，讓另一隻同伴補位帶路。
- 排在後面的大雁會悠然長鳴，給前面的大雁打氣。
- 一隻大雁離群時，會立刻感覺到單獨飛行的空氣阻力，因而會馬上返回隊伍。

- 最後，一隻大雁因生病或受傷而離開隊伍時，另外兩隻大雁會跟著牠，提供協助與保護，直到牠康復或死亡，然後再加入新的隊伍，或是自己組成一個小隊，試著追上原來的那群同伴。

這些大雁真是聰明！藉著分享彼此帶動的上升氣流，輪流補位帶路，還會大叫著給彼此打氣，照顧傷患，牠們得到的成果，遠超出每一隻大雁獨自飛行的成果。我真想知道，如果牠們一起上課，學習習慣六「統合綜效」的道理，會有什麼結果。

「統合綜效」是什麼意思？面對難題時，當兩人或更多人一起想辦法，創造出比個人思考所得更好的解決方案，這就是統合綜效。它不會照你的辦法做，也不會照我的辦法來，而是一同找到更好的辦法，走上一條更高遠的道路。

當你實踐了前面五個習慣，尤其是雙贏思維和知彼解己，得到的回報就是「統合綜效」。統合綜效就是學著跟別人組成V字型的隊伍，而非單打獨鬥。你會驚訝地發現，自己前進的速度將有多快，將邁向多遠的距離！

統合綜效無處不在

就本質上來看，統合綜效無所不在。高大的加州紅杉（可以長到九十公尺高）成群

統合綜效是：	統合綜效不是：
為了彼此的差異而高興	忍受彼此的差異
團隊合作	單打獨鬥
開放的心胸	認為自己永遠是對的
找出更好的新方法	妥協

地生長，分享一大片相互糾纏的根鬚。若是沒有同伴，這些樹會在暴風雨的吹襲下傾倒。

許多動植物過著群居生活，與同伴建立共生的關係。如果你曾經看過，一隻小鳥在犀牛背上啄食，那就是統合綜效：小鳥吃飽了，犀牛的身上也沒有蟲了。雙方都能從中受益。

統合綜效不是新玩意。如果你參加過任何一支球隊、某個認真推動計畫的工作小組，或是某個有趣的群體約會活動，就會感覺到它的力量。

一首好聽的歌就是統合綜效的良好範例。一首歌不是單單只有節拍、歌聲、或是歌詞，而是這一切統合起來製造出「聲響」。每個樂手和製做人都發揮自己的力量，創造出比個人表現更優異的成果。沒有一個環節比另一個更重要，它們只是不一樣而已。

慶賀彼此的差異

統合綜效不只是發生過就算了，而是一種過程，你必須達成目標。達成目標的基礎是：學著為彼此的差異感到高興。

我永遠不會忘記，高中時我認識了一個來自東加王國的男孩，他的名字叫費尼。一開始我非常怕他。我的意思是，這傢伙就像坦克車一樣，壯得跟頭牛似的，而且謠傳他是個街頭小霸王。我和他在相貌、衣著、言談、思想和吃相上都有很大的差異（你應該看看這傢伙的吃相），唯一的共通點則是美式足球。那麼，我們是怎麼結為知己的？也許答案正是因為我們如此不同。我從來不完全曉得費尼在想什麼、下一步要做什麼，他也一樣完全不了解我。這種情況真的挺新鮮的。打架的時候，我特別喜歡當他的朋友。他擁有我所欠缺的力量，我有他所沒有的長處，所以我們兩人組成了最棒的團隊。

老天，我真高興，這個世界不是充滿了跟我一模一樣的複製品。謝謝老天，我們是這麼「多元化」。

聽到「多元化」這個字眼時，我們大多會想到種族和性別的差異。但是這個字還包括許多含意，你或許已經注意到，人類有各種不同的生理特徵，例如髮質、鼻子大小、打扮風格，還有無止境的差異，例如語言、財富、家庭背景、宗教信仰、生活方式、教育、興趣、技能、年齡等等。

蘇斯博士在《一條魚，兩條魚，紅的魚，藍的魚》（*One Fish, Two Fish, Red Fish, Blue Fish*）裡說：

> 我們看到牠們來了，我們看到牠們走了。
> 有些游得快，有些游得慢。有些在高處，有些在低處。
> 沒有一條跟另一條相似。
> 不要問我們這是為什麼。去問你媽媽就知道。

這個世界正在迅速地變成一個大熔爐，融合了不同的文化、種族、宗教和觀念。由於你身邊的多元化現象將會愈來愈多，你必須做個重要的決定，看看自己要如何面對這個潮流。你可以採取以下三種做法：

一、逃避多元化

逃避多元化的人害怕（有時恐懼到了極點）面對自己與別人的差異。要是有人的膚色、膜拜的神跟他們不一樣，或是穿著另一個牌子的牛仔褲，他們就會感到困擾，因為他們相信，自己的生活方式是「最好的」、「最對的」，以及「唯一」的方式。他們喜歡批評跟自己不一樣的人，而且相信自己是在拯救世界，讓這個世界免於瘟疫的侵襲。如果有必要，他們會用拳頭解決問題。這些人經常參加幫派或是排斥另一群體的組織，因為人多就有力量。

二、容忍多元化

容忍多元化的人相信，每個人都有權利跟別人不一樣。他們不會避開多元化，但也不會擁抱它。他們的座右銘是：「你走你的陽關道，我過我的獨木橋。你做你的，我做我的。你不來干擾我，我就不會干擾你。」

儘管他們很接近了，卻從來沒有達到統合綜效的程度，因為他們把差異看成障礙，而不是增進成果的潛力。他們用彼此的差異築起高牆，卻從未試著理解，或從中學習。他們不曉得自己錯失了什麼東西。

三、慶祝多元化

慶祝多元化的人很重視種種差異。他們把差異看成好處，而不是弱點。他們知道，兩個想法不同的人所能達成的成果，將會超過兩個想法相同的人。他們明白，慶祝多元化並不表示，你一定要同意那些跟自己不一樣的見解，這僅僅表示，你重視這些見解。在慶祝多元化的人眼裡，多元化等於創造力的火花，也等於機會。

你屬於哪一類型？仔細看看，如果某人的衣著跟你不同，你會看重他的穿著風格，還是認為他已經「過時」了？

想一想，如果有一群人的宗教信仰跟你相反。你會尊重他們的信仰，還是把他們看成一群瘋子？

如果某人住在城市的另一邊，你會以他為師，還是用對方居住的地點為他貼上標籤？

真相是，對大多數人來說，慶祝多元化並不是容易的事，往往要看爭議的問題是什麼。例如，你可能會欣賞種族和文化的差異，卻因某人的衣著而看輕對方。

我們都是弱勢族群

當我們了解，就某一方面來說，彼此都是弱勢群體的一員時，就比較容易欣賞人與人的差異。我們應該記住，多元化不只是外在的事，也是內在的事。即使是面對同樣的議題，每個人都有自己獨特的思考方式。想一想，你和朋友、家人有多不同。你們會以同樣的方式回應生命課題嗎？你們很少這樣。舉例來說，有些人比較隨和，有些人比較敏感。我們內在還有什麼樣的差異呢？嗯……

學習方式不同

你或許已經發現，你的朋友或姊妹的大腦運作方式，跟你截然不同。阿姆斯壯博士（Thomas Armstrong）指出了七種學習方式。他主張，經由孩子最主要的智力類型來學習時，學習效果最好：

- 語言：透過閱讀、寫字和說故事來學習。
- 邏輯與數學：透過邏輯、模式、類別、關係來學習。
- 身體與運動感覺：透過身體的感官、觸摸來學習。
- 空間：透過影像和圖形來學習。
- 音樂：透過聲音和韻律來學習。

沒有哪一種類型比較優越，它們只是不一樣而已。

你也許是邏輯與數學型的人，你的姊姊或許是人際型的人。由於你們屬於不同類型，你可能覺得她很奇怪，因為她總是喋喋不休。也許你能運用彼此的差異，請她幫助你，讓你在演說課上表現更好。

看事情的角度不同

每個人看待世界的角度都不一樣。關於自己、別人和生活本身，每個人都有自己的思維模式。為了讓你了解我的想法，我們可以嘗試一項實驗。花幾秒鐘時間注視以下這張圖片，然後再往後翻閱，在「找到高遠的道路」一節，看看另一張類似的圖像，並描述你看到的東西。你或許會說，後面那張圖畫的是一隻有長尾巴的小老鼠。

如果我告訴你，你的答案是錯誤的，那該怎麼辦？如果我告訴你，我沒有看到長尾巴的小老鼠，卻看到一個戴眼鏡的男人，你會有什麼感覺？你會重視我的意見，還是覺得我是個笨蛋，因為我沒有用你的方式看事情？

若要了解我的觀點，你可以把書往後翻，找到「團隊合作與統合綜效」一節的圖片，仔細看一會兒，然後再看「找到高遠的道路」一節的圖片。現在你能看到我所看到的圖像了嗎？

你生命中發生的所有事件，都是透過某種鏡片或是思維模式來看待。透過它們，你看到了世界。沒有一個人的過去和另一人完全相同，也沒有兩個人的角度會一模一樣。有些人看到了老鼠，有些人看到男人。兩邊都是對的。

一旦你了解，每個人看世界的觀點都不一樣，每個人都可以是對的，你就能更加體諒、更能尊重別人的看法。你可以請一個朋友嘗試這個實驗。

風格、習性與特質都不一樣

以下這個練習的目的不是深入的診斷，而是從好玩的角度，觀察你的一般習性與人格特質。它是由北卡羅萊納州的立法學院（Legislator's School）所創，凱撒琳・巴特勒（Kathleen Butler）在《全在你腦中》（*All in Your Mind*）一書中曾經加以修改。

請看看下頁表中的特質，然後根據你對自己的判斷，在每一項特質後面的空格內寫下答案。1到4分別代表不適合、有點適合、相當適合與最適合。

完成後，將各組分數各自加總（當然不包括範例裡的分數），再將總分一一寫在底下。

如果你在第一組的分數最高，就把自己看成一顆葡萄。
如果你在第二組的分數最高，就把自己看成一粒橘子。
如果你在第三組的分數最高，就把自己看成一根香蕉。
如果你在第四組的分數最高，就把自己看成一顆西瓜。

例如：

想像	2	調查	4	實際	1	分析	3

第一組		第二組		第三組		第四組	
想像		調查		實際		分析	
適應		好問		組織		批判	
連結		創造		掌握重點		辯論	
關心私事		有冒險精神		實踐		學術	
有彈性		創新		精確		有系統	
分享		獨立		有條理		講理	
合作		競爭		完美主義		邏輯	
敏感		冒風險		勤奮		知性	
合群的人		解決問題的人		規劃的人		愛讀書的人	
聯想		發明		記憶		透澈思考	
自動自發		推動改變		渴望指引		做判斷	
溝通		發現		審慎		推理	
關懷		挑戰		練習		檢查	
感受		體驗		執行		思考	

第一組：
葡萄_____分

第二組：
橘子_____分

第三組：
香蕉_____分

第四組：
西瓜_____分

葡萄

天生的能力包括：

• 反省。• 敏感。• 有彈性。• 有創造力。• 喜歡團體合作。

在以下情況，葡萄的學習效果最好：

• 能夠跟別人一起工作，互相分享。• 能夠溝通。

• 在工作與遊戲間取得平衡。• 非競爭性的環境。

以下事情，葡萄的表現可能較差：

• 提出精確的答案。• 一次只專心處理一件事。• 組織規劃。

為了拓展自己的作風，葡萄必須：

• 更注意細節。• 不要急著投入。• 做某些決定時，要減少情緒化的反應。

橘子

天生的能力包括：

• 實驗。• 獨立。• 好奇。• 想出不同的做法。• 創造改變。

在以下情況，橘子的學習效果最好：

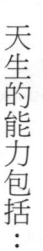

● 允許嘗試與犯錯的環境。 ● 能夠競爭。
● 製造真實的產品。 ● 自主性強。

以下事情，橘子的表現可能較差：

● 在時限內達成任務。 ● 專心聽演講。 ● 只有少數的方案或選擇。

為了拓展自己的作風，橘子必須：

● 授權他人，讓別人負責。 ● 更接受別人的構想。 ● 學習排出優先順序。

香蕉

天生的能力包括：

● 規劃。 ● 尋找事實。 ● 組織團隊。 ● 遵循指導。

在以下情況，香蕉的學習效果最好：

● 井井有條的環境。 ● 能夠信任別人會各盡其職。
● 追求特定的結果。 ● 可以預測的情境。

以下事情，香蕉的表現可能較差：

● 了解別人的感覺。 ● 回答「如果……那該怎麼辦？」之類的問題。
● 處理反對意見。

為了拓展自己的作風，香蕉必須：

- 多表達自己的感受。
- 請別人說明他們的觀點。
- 減少僵化的反應。

西瓜

天生的能力包括：

- 為了觀點不同而辯論。
- 分析觀念。
- 找出解決辦法。
- 決定某件事的價值或重要性。

在以下情況，西瓜的學習效果最好：

- 能夠得到資源。
- 自己的知性能力受到尊重。
- 能夠獨立作業。
- 遵循傳統的做法。

以下事情，西瓜的表現可能較差：

- 團體合作。
- 受到批評。
- 需要用外交手腕說服別人。

為了拓展自己的作風，西瓜必須：

- 接受不完美。
- 考慮所有的解決方案。
- 為別人的感覺設想。

為自己的獨特感到自豪

我們往往會問：「哪一種水果最好？」答案是：「這是一個愚蠢的問題。」

我有三個弟弟，雖然彼此有許多共通之處，像是父母和鼻子的大小，但是我們四個人很不一樣。小時候我總是試著證明，自己比他們有才華。「當然，你也許比我活潑，但是誰在乎這個？我的功課比你好，這個更重要。」我經常有這種愚蠢的念頭，但是我慢慢了解了一個事實，就是他們有他們的長處，我也有我的優點。沒有人比較優越，也沒有人比較差勁，大家只是不一樣而已。

所以，如果有位異性（你非常想跟對方出去）拒絕了你，你不該覺得自己一無是處。也許你是對方身邊最誘人的一顆葡萄，但他或她想找的可能是香蕉。無論你多麼想改變自己，都無法改變這些事實（但是不要擔心，想要葡萄的人一定會出現）。一切都會保持平衡。

事實上，你不必努力改變自己，要求自己像其他人一樣。你應該為自己獨特的素質感到自豪，應該為你與別人的差異而高興。水果沙拉的每種水果若能保持自己的風味，整盤沙拉將會特別可口。

慶祝多元化前的障礙

在達到為了彼此的差異而高興的過程中，有許多障礙會阻撓它的實現。其中最主要的三種障礙是無知、派系和偏見。

無知

無知表示你對問題毫無線索，不曉得別人相信什麼、有什麼感覺或是經歷過什麼事情。碰到殘障人士的時候，無知的問題往往最為嚴重。克莉斯托曾向西雅圖地區的《鏡報》（*Mirror*）投稿，敘述自己的經驗：

我是克莉斯托，身高一五五公分，金髮褐眼。有什麼大不了，對不對？但如果我告訴你我是個聾子，那又如何？

在一個完美的世界裡，失聰不會、也不應該是個問題。然而，我們並不是生活在完美的世界裡，失聰也的確是個問題。別人一知道我聽不見，態度立刻就變了。突然間，他們用不同的眼光看我，你也會很訝異這些人的態度。

人們最常問的是：「你是怎麼變成聾子的？」當我告訴他們，他們的反應和這個問題一樣平常：「哦，真對不起，這太叫人傷心了。」每當這個時候，我就深深注視他們的眼睛，平靜地告訴他們：「不，真的，一點也不傷心。不要道歉。」無論我們談得多愉快，對方的憐憫總是讓我的胃一陣翻騰。

並非每一個人的態度都會讓我戒心四起，還是有些人很逗趣。有一天，我正在跟朋友一起唱歌，一個我不認識的傢伙走過來，開始講話。

「耳聾是什麼滋味？」

「我不曉得。聽得見是什麼滋味？我的意思是，它跟別的事情都不一樣，它就是存在了。」

你知道，重點在於：如果你碰到失聰的人，不要把他們看成殘障或吃虧的人。相反的，你要花時間去了解他們，體會耳聾是怎麼回事。藉著這種做法，你會打開自己的心，不僅了解對方，更重要的是，你會更了解自己。

派系

想跟處得來的人在一起，並沒有什麼不對。但是，你的團體若開始排斥跟他們不一樣的人，問題就出現了。在封閉的派系裡，你很難重視人與人的差異。小圈圈以外的人會覺得，他們是次等公民，小圈圈以內的人則是充滿優越感。

不過，要打進一個派系並不是那麼困難。你只要拋開原本認同的角色，被大家同化，成為派系的一員即可。

偏見

你有沒有這種經驗，因為膚色、性別、口音或是居住的地區，別人就給你貼上標籤，用刻板印象或先入為主的成見判斷你？這種經驗是否令人厭惡？

每個人雖然天生平等，不幸的是，我們得到的對待卻不一致。這是一個令人感傷的事實，由於太多人抱持著偏見，每一種弱勢群體都得跨越更多的障礙。儘管美國選出非裔美國人為總統，但種族主義依然是很大的問題。

以下是娜塔莎的經驗：

種族主義使成功更加困難。如果你是一個黑人學生，在班上的排名在前一〇％，平均成績（GPA）高達4，班上有些同學就會覺得受到威脅。其實我只希望他們能夠明白，無論出身或膚色，每一個人都應該得到相同的機會。就我和我的朋友來說，我們必須永遠跟偏見奮戰下去。

我們不是生來就有偏見，而是學來的。例如，小孩對膚色沒有任何看法，但是在長大的過程中，他們吸收了別人的偏見，形成了心牆。羅傑斯（Rodgers）與漢默斯坦（Hammerstein）為音樂劇「南太平洋」（South Pacific）撰寫的歌曲中，有一首歌詞是：

你必須學會害怕那些眼睛長得很奇怪的人，
還有那些膚色不一樣的人，你必須仔細學習。
去討厭那些你親戚討厭的所有人，你必須仔細學習。
你必須學會，免得太遲，在你六歲、七歲或八歲之前。

另外，以下有首佚名詩「內心的冷漠」，描述的是人們互持成見的悲傷故事。

六個人偶然受困，在蕭瑟與嚴酷的寒冬裡，
每個人都有一根樹枝，
這就是他們的故事。
他們的火堆快要熄滅，急需木柴，
第一個人伸直腰，
大家圍著火堆，他發現其中有一個是黑人。
第二個人往對面看，
發現有一個不是他教會裡的人，
他沒法讓自己交出樹枝，讓大家生火。
第三個穿著破爛的衣裳，使勁拉了拉外套，
他為什麼要交出自己的樹枝，

讓這些遊手好閒的有錢人取暖？
這個有錢人往後坐，懷想他店裡的財富，
還有如何保住他從懶惰無能的窮人那裡賺來的金錢。
火光照到他時，黑人的臉上流露復仇的神情，
他從自己的樹枝上只看到，可以用它來戮死白人。
在這個被遺棄的團體裡，最後一人絕不白白付出，
他的遊戲規則是，
別人先給他，他才有所回報。
在死神寂靜的手掌裡，他們緊握樹枝的手，正是人類罪惡的明證，
他們並非死於外界的寒氣，
而是死於內心的冷漠。

支持多元化

幸運的是，這個世界充滿了內心溫暖、重視多元化的人。以下比爾・珊德斯（Bill Sanders）寫的故事，正是支持多元化、展現勇氣的美好範例：

差異帶來生活中的挑戰，開啟了發現之門。
——美國手語，意指「我們是不同的」

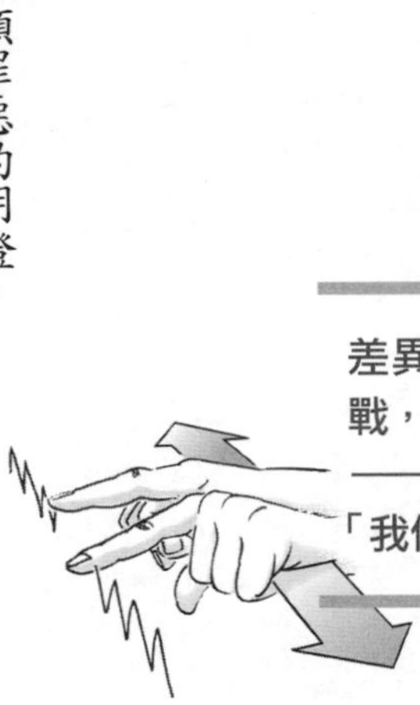

幾年前，我看到了一場讓我非常震撼的勇敢表現。

高中時，有一次在全校學生的集會上，我談到每個人都會找別人麻煩，也都有能力支持別人。接著，我們有一段時間讓同學上臺來，對著麥克風向幫助過自己的人道謝。之後，有些人的確上臺致謝。有個女生感謝幾個幫她度過家庭危機的朋友。有個男生談到有幾個人一直支持他，陪他度過情緒不穩的階段。

然後，一個高三的女生站起來。她走到麥克風前，指著高二學生那一區，向全校學生提出挑戰。「讓我們不要再挑剔那個男生。當然，他跟我們不一樣，但是我們同在一條船上。在內心裡，他跟我們沒有什麼不同。他需要我們的接納、愛、熱情和肯定，他需要朋友。我們為什麼老是殘酷地傷害他、貶低他？我要向全校學生提出挑戰，我要大家對他好一點，給他一個機會！」

她講話的時候，我背對著這個男孩的座位。我不曉得他是誰，但是全校同學顯然知道。我不敢看他所坐的地區，我想，這個男孩一定滿臉通紅，恨不得找個地洞鑽下去。但是，當我回頭張望，看到的是一個滿面笑容的男生。他的身體前後搖動，高舉拳頭。他的身體語言在說：「謝謝，謝謝妳，繼續告訴他們。今天妳拯救了我的生命！」

如果你曾經遭到霸凌，你就會明白那是什麼感覺。那糟透了，任何人都不應該經歷那種事。所以，密切注意那些可以讓你發揮勇氣的瞬間，不論是在現實生活中或在網路上，一旦你可以阻止別人遭到霸凌，就勇敢行動吧！

找到高遠的道路

一旦你相信差異是一種力量，而不是弱點，而且願意試著去慶祝多元化的現象，你就準備好找到這條高遠的道路了。佛家對「中道」的定義是，它不代表妥協，而是代表層次更高的東西，像是三角形的頂點。

統合綜效不只是妥協或合作。妥協是一加一等於一又二分之一，合作是一加一等於二。統合綜效是一加一等於三或更多，也就是說，整體大於各個部分的總合。統合綜效是有創意的合作，重點在於「創意」這個字上。

建築師知道這個道理。如果一根寬十公分、厚五公分的梁木，能夠承受兩百七十五公斤的重量，那麼兩根這樣的梁木，就能承受五百五十公斤，對吧？事實上，兩根這樣的梁木，能承受八百二十六公斤；如果你用釘子把它們釘在一起，兩根這樣的梁木，就能承受兩千八百七十八公斤的重量；把三根這樣的梁木釘在一起，承受的重量就能達到三千八百四十七公斤。音樂家也明白這個道理。當C調和G調完美地融合在一起時，就會製造出第三種調子，或E調。

若是努力尋找這條高遠的道路，往往會帶來更大的成果。以下是蘭尼的經驗：

在我的物理實驗室裡，老師正在示範動量（momentum）原則。我們的功課是建一座投石器，就像中世紀的石弩。我們叫它「南瓜發射器」。

我們的小組有三個人，我和兩個男生。我們的個性不同，所以想出了許多不一樣的點子。

有一人想用高空彈跳的繩索來讓發射器彈射；另一人想用繩子和張力調節裝置。我們分別試過，都不太成功。然後，我們發現一個辦法，就是把兩個方法合在一起。這種做法製造的彈力，超過任何一個單獨運作的辦法。這種做法很不錯，因為射出的距離增加到兩倍。

美國的建國元勳們在組成政府的結構時，統合綜效出現了。派特森（William Paterson）提出紐澤西計畫，主張無論各州人口多寡，每一州都應在國會得到相同的代表數。這個計畫對較小的州有利。但麥迪生（James Madison）看法不同，他提出了維吉尼亞計畫，主張人口較多的州，應該得到更多的代表數。這個計畫對較大的州有利。

經過數週的辯論，他們達成了各方都滿意的決定——同意把國會分為兩個部分：一個是參議院，在這裡，無論各州人口多寡，每一州都有兩名代表；另一個是眾議院，在這裡，每一州依據依據人口比例來分配代表數。

儘管這個方案被稱為「偉大的妥協」，它實在應該叫做「偉大的統合綜效」，因為事實證明，它比原來的單一提案都要高明。

達到統合綜效

無論你是為了約會或回家時間而跟父母爭吵，挑選投籃隊伍，還是單純跟最好的朋友意見不合，下表有簡單的五個步驟，能幫助你達成統合綜效。

請用相機把這個行動計畫照下來，放在你經常看得見的地方。

讓我們試一下，看看這個行動計畫的效果如何。

度假

父親：我不在乎你的感受是什麼。不論你高不高興，都要跟我們去度假。我們已經計畫了好幾個月，全家人花點時間聚在一起是很重要的。

你：可是我不想去，只想和朋友在一起。如果去度假，就會錯過好多事情。

媽：我不要你一個人留在這裡。我會擔心你在做什麼、跟誰在一起混。我希望你

達成統合綜效的行動計畫

- 界定問題或機會
- 先去了解對方的構想
- 再跟對方分享自己的構想，試著讓對方了解自己
- 腦力激盪，創造新的構想與選項
- 高遠的道路（找出最好的解決方法）

跟我們在一起。

① 界定問題或機會

在這種情況下，我們有一個問題出現了：

父母要我跟全家人一起去度假，可是我寧願留在家裡，跟朋友出去玩。

② 先去了解對方的構想

試著運用你在習慣五學到的傾聽技巧，以便真正了解父母。記住，如果你想對父母有影響力，就得讓他們感到你了解他們。

藉著傾聽，你學到了以下重點：

對我父親來說，這個假期非常重要。他希望有一段家庭時間，增強家人的感情。他覺得，要是少了我，這個假期就會不一樣了。而且媽媽覺得，她會因為太擔心我一個人待在家裡，而無法享受假期。

③ 再跟對方分享自己的構想，試著讓對方了解自己

現在，實踐習慣五的第二部分，勇敢地與他們分享你的感覺。如果你花了時間傾聽他們，他們會更願意聽你的意見。所以，

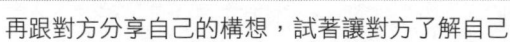

你可以告訴父母，自己有什麼感覺：

爸媽，我想留在家裡，跟朋友在一起。對我來說，他們非常重要。我們有很多計畫，我不想錯過任何一件有趣的事。還有，如果我得跟妹妹擠在一輛車裡開上一整天，我會發瘋的。

④

腦力激盪，創造新的構想與選擇方案

這個部分充滿魔力。運用你的想像力，跟對方一起創造新點子，想出你無法獨自想到的構想。進行腦力激盪時，記住以下的事項：

- 發揮創造力：講出你最狂野的想法，讓它飛翔。
- 不要批評：批評是最能扼殺創造力的東西，千萬不要批評。
- 逐漸累積：不斷累積最好的點子。一個好點子會引發另一個好點子，源源不絕地帶動構想。

腦力激盪能帶來以下的構想：

- 爸說，我們可以改地方度假，換個我比較喜歡的地點。
- 我提議自己可以去跟附近的親戚住。
- 媽建議說，我可以帶個朋友跟我一起去度假。
- 我提到，我可以用自己的儲蓄，坐巴士去跟他們會面，這樣就不必跟妹妹一路上擠在車子裡。

- 媽願意縮短假期，讓我覺得輕鬆一點。
- 我建議，自己可以在家待幾天，再去跟他們會合。
- 如果我願意在假期幫他重整電腦，讓電腦運轉速度快一點，爸就同意我留在家裡。

⑤ 高遠的道路（找出最好的解決辦法）

經過腦力激盪後，最好的辦法往往會浮現出來。現在你們只要決定，是否要採行這個辦法。

我們都同意，我在這個星期的頭三天可以留在家裡，然後跟一個朋友搭巴士去跟家人會合，度過往後的半個星期。父母甚至主動表示，如果我肯重整電腦，他們願意支付我和朋友坐巴士的票錢。重整電腦並不太難，我還是有時間跟朋友一起玩。他們覺得高興，我也很開心。

如果遵循前述公式的基本要項，你會驚訝地發現，竟然會有這麼好的效果。但是，統合綜效需要非常成熟的心態。你必須願意傾聽對方的觀點，然後勇敢表達自己的看法。最後，你必須讓創造力飛揚起來。請看高中生艾麗卡如何做到統合綜效：

身為校刊的資深編輯，我有很大的責任，必須委派工作。今年，我想增加新的專欄，為了讓轉變順利一點，我想到一個點子：我們每個星期可以針對一個不同的孩子，進行人物特寫，報導他們的天賦與興趣。跟我一起合作的共同編輯想從高年級挑選人氣高的孩子，但我說，我們何不擴大範圍？要是有些高一生天賦異稟，卻因為太害羞而沒能展現自己的才華呢？

因此，我在校刊的推特上留言，公告我們正在尋找擁有獨特經歷與技能的學生，大家立刻開始留言，發推文討論。有個跳霹靂舞的人真的很厲害，他寄給我們一支影片，讓我們上傳。另一個女孩向我們展現她的西班牙與英語的雙語能力，翻譯了一首詩，讓我們刊登在校刊上。在我的藝術課上，有個害羞的孩子寄來一段影片，拍攝他在樂團彈奏貝斯吉他，原來他是一個這麼優秀的音樂家！

我的共同編輯真心轉而支持這次開放式的徵選——我想，他很快就了解到，要是我們之前只找人氣高的孩子，這個專欄會大大受限。上週，他和我向學生會提議舉辦才華成果展，這樣一來，每個人都可以現場親自做這件事，而不只是在網路上！整體來說，這種方式出乎意料的好，可以看到每個人獨特的才華與個性如何統合綜效，匯集成整個學生會的力量。

統合綜效不會就這麼發生，它是一種過程，你必須努力實踐。

堅持到底

達到統合綜效的行動計畫可以應用在各種情況下：

- 在生物課的小組作業裡，你被分到的一組當中，另外三個人你都不認識。
- 你的暑期工作是掌管社群媒體，而你必須同時應付各式各樣的意見。
- 你想上大學，但是父母不願意為你付學費。
- 身為學生代表會的主席，你和你的幹部負責規劃今年最盛大的舞會。
- 你和繼母對於你回家的時間看法不一致。
- 你和哥哥總是為了誰可以用媽媽的筆記型電腦而吵架。

達到統合綜效的行動計畫是一種指導原則，僅此而已。這些步驟不一定要按照先後順序來做，也不是缺一不可。如果你的情感帳戶對某人存款甚多，便可跳過前三個步驟，直接開始跟對方做腦力激盪。另一方面，要是你對某人的情感帳戶存款很少，就須花較多的時間傾聽對方。也許得多談幾次，才能解決問題。所以你要有耐心。

儘管你努力追求高遠的道路，有時對方仍不會做出任何努力。在這種情況下，你只能不斷在情感帳戶中存款。

你平時怎麼解決衝突？大多數情況下，我們不是戰鬥（用言語或拳頭），就是逃跑

（沉默或離去）。但情況漸漸好轉，達成統合綜效的行動計畫，提供了另一種選擇。

假裝你和最好的朋友在你們就讀的高中角逐學生會長，結果你贏了，她輸了。自從選舉結束後，她幾乎不跟你講話。你們倆都覺得對方沒有好好消除彼此嫉妒的心結，保持聯絡，維繫友情。這件事造成你們關係緊張。自從最近學到統合綜效的做法後，你們決定在電話上試試這個行動計畫。

① 界定問題或機會

你：「你知道的，自從選舉之後，我一直覺得很難過。我搞不懂實際發生了什麼事。（對方只是沉默）似乎每次一見到對方，我們之間就有一種奇怪的氣氛，你知道的，就是很怪，我們既不是完全不跟彼此講話了，也不是吵架。（對方繼續沉默）你想要試著搞清楚這件事嗎？」

對方：「我猜我想這麼做。」

② 先去了解對方的構想

你：「一開始，你先告訴我，你對這一切的感覺是什麼？」

對方：「那很簡單。自從你贏了選舉之後，你就覺得自己比我優秀。你搞得定這場會議、這個社團和這個遊戲……。」

你：「這一切只是變得太快、太瘋狂了，你知道的。」

對方：「不，我不知道，我真希望我知道這種感受，但我沒贏，你還記得吧？」

你：「聽著，我很遺憾你沒有贏，我真心這麼覺得，但是……。」

對方：「隨便啦！我的意思是，你真的忙到沒空傳簡訊給我嗎？」

你：「你覺得我忙到沒空理你？」

對方：「就是這樣！你好像變了個人，老是跟那群學生會的人混在一起，我覺得自己完全就是一個失敗者。」

你：「這整件事真的傷了你。」

對方：「你根本不知道這對我傷害多大。要是你輸了，我贏了，結果我卻突然再也不跟你講話了，你會有什麼感覺？」

你：「我也會很難過。」

對方：「對啊，當然會這樣。」

你：「所以，那感覺就像你最好的朋友突然自認比你優秀，沒時間理你，而你完全被排擠在外。是這種感覺嗎？」

對方：「你說對了。」

③

再跟對方分享自己的構想，試著讓對方了解自己

你：「我很抱歉讓你有那種感覺。你願意聽我說這段日子以來我經歷了什麼嗎？」

對方：「我想我早就知道了，但是講吧！」

你：「每天我上完課、開完所有會議、做完所有事之後，一回到家就累垮了。問題不在你身上。我只是覺得不想跟任何人講話。」

對方：「你那麼忙嗎？」

你：「而且感覺就好像你在懲罰我贏了選舉。」

對方：「你可能是對的。我不應該把怒氣發洩在你身上。」

腦力激盪，創造新的構想與選擇方案 ④

你：「嗯，我們何不一起想辦法，看要怎麼做才能更常聚在一起？」

對方：「嘿，你要不要週五放學後來我家找我？我們可以共度一段時間，就像過去一樣。」

你：「如果可以的話，我一定會這麼做。可是，那天我得和學生會的人開會，之後我們都要去看比賽，搭乘花車遊行。嘿！你可以來看比賽呀，你覺得呢？」

對方：「我得去打工。」

你：「幾點開始？」

對方：「比賽開始之後一個小時左右。」

你：「你不能請假嗎？」

對方：「不可能，我才剛開始打工。」
你：「所以，我猜我不是唯一忙碌的人嘍？」
對方：「哈，說得好，我想你不是。」
（電話中一陣漫長的沉默）
你：「嘿……。」
對方：「怎樣？」
你：「嗯，我只是提議啦，你可能沒興趣，不過，你要不要來參加學生會的會議？我們還需要一個人手，這樣一來，我們倆就可以常碰面了。」
對方：「真的嗎？我真的可以加入？不必通過徵選或什麼的嗎？」
你：「別忘了，現在我是老大，我可以為所欲為。」
（你們一起大笑）

⑤ 高遠的道路（找出最好的解決辦法）

對方：「嗯，這點子真是太棒了！」
你：「事實上，你要不要週五來開會，然後在你去打工之前，先來看一會兒比賽？。」
對方：「那太完美了！」

你：「我也這麼覺得。」

對方：「嘿！真的很感謝你花時間跟我聊。萬一我們再也不是朋友了，我會覺得很難過。」

你：「我也有同感。」

達成協議不一定總是這麼容易，但是有時候的確不難。

團隊合作與統合綜效

傑出團隊往往是由五種以上的人組成，雖然每個角色不同，但都同樣重要：

- 辛勤工作者：他們穩定、有把握，能夠貫徹一項任務，直到達成為止。
- 追隨者：他們很支持領導者。如果聽到一個很棒的構想，他們可以努力完成。
- 創新者：他們是有創意、有新點子的人，能帶來創新的火花。
- 和諧者：他們提供團結與支持的力量。跟別人一起工作時，他們能鼓勵大家合作無間，善於推動統合綜效。
- 炫耀者：跟他們在一起非常開心。他們有時也會變得很強悍，會給團體注入需要的動力與刺激，把團隊帶往成功之路。

傑出的團隊合作就像一首樂曲。所有的聲音可能在同一時間響起，但是彼此不是競爭的關係。個別來說，樂聲和人聲不一樣，演奏和演唱的調子不一樣，停頓的時間也不一樣，但是它們融為一體，創造出一種全新的聲音，這就是統合綜效。

本書就是在講統合綜效。我決定寫這本書時，覺得實在很難。所以就從自己唯一知道的方式開始著手。我找一個朋友來幫忙。不久，就組成了一個更大的小組。接著，我找了全國各地的一些學校和教育者看看我的書稿，給我一點意見。我再開始用一對一和團體訪談，去訪問青少年。然後我雇了一位藝術家，同時舉辦比賽，徵求有關青少年和運用七個習慣的經驗。到最後，有超過一百個人參與了這本書的創作。

這本書緩慢而穩定地成形。每一個人都發揮自己的才華，用不同的方式有所奉獻。我專心寫作，其他人則專心做他們擅長的事。有一個人擅長蒐集案例；有一個人能找到美好的哲言諺語；另一個人曉得如何編輯書稿。有些人是辛勤工作者，有些人是創新者，有些人是炫耀者。他們把團隊合作和統合綜效發揮到極致。

團隊合作與統合綜效有一個奇妙的副產品，就是增強感情。奧運籃球選手黛博拉・帕默（Deborah Miller Palmore）說得好：「即使你打出

這輩子表現最好的一場球，記得的仍然是團隊合作的感覺。你會忘記球賽、投射和得分，可是永遠不會忘記隊友。」

預告：如果你繼續看下去，就會發現碧昂絲（Beyoncé）為什麼看起來那麼漂亮。只要再看幾頁，你就會找出原因。

跨出一小步

① 當你碰到身心障礙的同學或鄰居，不要替他們難過，或是因為不知該說什麼，就避開他們。相反的，你要走過去認識他們，這麼做會讓你們都感到更自在。

② 下次跟父母發生爭執時，試著達成統合綜效的行動計畫。1.界定問題；2.傾聽父母的話；3.分享你的觀點；4.腦力激盪；5.找出最好的解決方法。

③ 這個星期，運用你的影響力，在你的學校創造統合綜效。你可以善用你在社群媒體的曝光率，讓大家團結起來。

④ 在這個星期，看看你身邊有多少統合綜效的例子，例如在團隊裡、大自然中、朋友之

間、商界。他們運用什麼樣的創意解決問題？。

⑤ 找出一個令你不快的人。這個人和你有什麼不同？對方有什麼正面的特質？你能從對方身上學到什麼？

⑥ 跟朋友做腦力激盪，想出這個週末能做什麼有趣、新鮮、與以往不同的活動。不要每星期都從事重複的活動。

⑦ 針對你接受多元化的程度，在以下的表格內給自己打分數。你是逃避者、忍受者，還是慶祝多元化的人？

	逃避者	忍受者	慶祝多元化的人
種族			
性別			
宗教			
年齡			
服裝			

你要怎麼做，才能在每一方面都成為慶祝多元化的人？

第四部

重新開始

習慣七：不斷更新

這是「自我時間」

保持希望

孩子，你能移山！

第十一章

習慣七：不斷更新

這是「自我時間」

當陽光閃耀，就是修理屋頂的時候了。

——美國總統甘迺迪

你有沒有過這種經驗，覺得內心很不平穩、壓力很大或是非常空虛？如果是，你一定會喜歡習慣七，因為它是特別針對這種問題而設計。為什麼我們要叫它「不斷更新」呢？想一想，假設你正在森林裡散步，結果碰到一個正用鋸子使勁鋸樹的傢伙。

「你在做什麼？」你問。

「我在鋸倒這棵樹。」對方簡短答道。

「你已經鋸了多久了？」

「到現在為止，鋸了四個小時。我真的很有進展。」他說。汗珠從他的下巴滴落。

「你的鋸子看起來真的很鈍。」你說：「你為什麼不休息一下，把它磨利一點？」

身體		生理方面 運動、吃得健康、睡得好、放鬆。
大腦	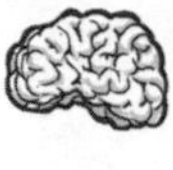	心智方面 閱讀、受教育、寫作、學習新的技能、創造。
情緒		情感方面 建立關係（情感帳戶、個人帳戶）、提供服務、歡笑、學習愛自己。
心靈		心靈方面 靜坐冥想、寫日記、禱告、吸收高品質的媒體內容。

「你這個白痴。我正忙著鋸樹。」

我們都曉得誰才是真正的白痴，對不對？如果他能花個十五分鐘休息一下，把鋸子磨利，把樹鋸倒的速度會加快三倍。

你是否因為忙著開快車，而沒有時間從容加油？你是否因為忙著過生活，而沒有時間更新自己？

習慣七就是要讓你的自我煥然一新，好讓你把生活處理得更好。它能定期更新與增強你生活中的四個主要面向——你的身體、大腦、情緒和心靈。

平衡比較好

古希臘有句知名諺語：「一切都不要太過。」它提醒我們，平衡與有所節制是多麼重要。有些人花費無數的時間，鍛鍊出完美的身體，卻忽略了自己的心靈。有些人能仰躺舉重一百八十公斤，卻任由自己的身體漸走下坡，或忘記好好過社交生活。為了達到最好的表現，你必須在這四個方面取得平衡。

平衡為什麼如此重要？這是因為你在某一方面的作為，會影響到其他三方面。想一想：如果車子有一個輪胎失去平衡，四個輪胎都會變得不平穩。當你筋疲力竭（身體），就很難對人友善（情緒），反之亦然。當你積極向上，跟自己（心靈）步調一致時，就比較能專心讀書（大腦），對人也比較友善（情緒）。

我在學校念書時曾讀到許多偉大的藝術家、作家和音樂家的故事，像莫札特、梵谷、貝多芬與海明威，他們當中有許多人好像情感方面十分混亂。為什麼呢？我認為，這是因為他們似乎把所有的心力只放在一件事情上，例如音樂或藝術，因而忽略了其他方面，也迷失了方向。正如諺語所說的：「凡事都要追求平衡與中庸。」

花時間暫停一下

你就像一輛汽車，需要定期的保養和換油。你需要暫時停下腳步，恢復精神，重新感受到你為自己得到最棒的東西，就是你自己！你需要花時間放鬆一下，鬆開你的弦，給自己一點溫柔與關懷。更新自己的意義就在這裡。

往後的幾頁當中，我們會看看每一個面向，也就是身體、大腦、情緒和心靈，並討論有哪些具體的辦法，能夠讓你的鋸子變得鋒利。所以，繼續讀下去吧！

關心你的身體

我討厭上國中，總覺得自己笨手笨腳。我不確定自己是誰，也不知道要怎麼做才能跟大家打成一片。我的身體也開始出現各種怪異的變化。記得第一天到體育館上課時，我買了這輩子第一件的下體護罩，卻完全不知道該怎麼穿。所有的男生都困窘地看著彼此的裸體，站在淋浴的地方吃吃傻笑。

你可能已經注意到了，當你進入青春期時，你的聲音會改變，荷爾蒙會猛烈奔騰，身體的曲線和肌肉會到處暴發出來。好好迎接你的新身體吧！

事實上，這個不斷改變的身體真是一臺美妙的機器。但你只會得到一具身體，你要是沒有好好照顧它，就等於在虐待它。

有許多方式可以讓你身體的鋸子常保鋒利，你可以吃有營養的食物、睡眠充足、保持衛生、在房間裡做伏地挺身或仰臥起坐（不一定要花錢上健身房）、舉重、讓自己有時間好好放鬆、散步、跳舞、做瑜伽……你有一百件的事可以嘗試。

接下來我要討論營養和運動。

你就是你所吃的東西

「你就是你所吃的東西」，在這句話裡面，蘊藏著很大的真理。我不是營養學專家，可是根據實際經驗，我發現了兩條應該謹記在心的法則。

法則一：傾聽你的身體

仔細注意各種食物給你的感覺，找出適合與不適合自己的食物。例如，每當我在上床前大吃一頓，隔天早晨我就覺得難受極了。每當吃下太多的墨西哥玉米片或披薩，我就會打「油飽嗝」，所以這些都是我不吃的東西。另一方面，多吃蔬菜水果、喝大量的水，都讓我覺得神清氣爽，所以這些都是我要吃的東西。

法則二：飲食適量就好

對許多人（包括我在內）來說，極端的做法比中庸來得容易，於是我們總在節食和垃圾食物之間擺盪，不是吃得像兔子，就是吃得像豬。偶爾吃一些垃圾食物，並不會對你造成傷害（我的意思是，我沒辦法想像不能偶爾來杯思樂冰的生活），只要你不是每天必吃就好。

愈來愈多的青少年肥胖問題，帶來許多健康危機，包括第二型糖尿病、氣喘、高血壓等你不想要的健康問題。如果你的體重過重，你不必讓肥胖阻礙你其他生活，你可以控制體重，只要攝取健康的飲食與適度的運動就好了。你不妨向醫生或健康專家徵詢建議，閱讀關於營養與運動的資料。剛開始，你只要試著以健康的速度（每週不超過一公斤），先減掉十分之一的體重，然後感受一下那種美好的感覺。

美國農業部近年以「我的餐盤」取代之前推廣的「食物金字塔」，我非常推薦這種均衡飲食的方式。如你所見，這種飲食方式鼓勵我們以蔬菜水果裝滿餐盤的一半，

垃圾食物餐盤
（極端飲食）

兔子食物餐盤
（極端飲食）

另一半裝穀類食物（像燕麥或全麥麵包）和健康的蛋白質（像魚、雞肉、堅果或豆子），旁邊則放一杯低脂牛奶或優格。這種飲食方式也告訴我們少吃一點速食和加工食物，這些食物通常含有大量的脂肪、糖、鹽與其他垃圾。另外，我們應該每天喝六到八杯水，才足夠供給身體所需。只是你得確定自己離廁所夠近。

不用就會失去

我最喜歡的其中一部電影就是「阿甘正傳」（Forrest Gump）。這部片描述一個天真無知的年輕人，在阿拉巴馬州生長。他的心地善良，不斷在意外的情況下成功。在電影中有一段情節：阿甘對生活感到挫折與困惑。他怎麼做呢？他開始跑步，一直跑下去。從一段海岸跑過去，再跑回來。跑了很久，阿甘覺得舒服多了，終於把生活理出頭緒。

我們有時都會覺得沮喪、困惑與沒有勁。這時對自己最有幫助的一件事，就是像阿甘一樣去運動。運動除了對你的心臟和肺臟有益，還能讓你精力充沛，化解壓力，釐清思緒。

沒有哪一種運動方法是最佳選擇。許多青少年喜歡競爭性的運動，也有人喜歡跑步、散步、騎單車、溜冰、跳舞、做瑜伽或舉重，另一些人喜歡到戶外走走。

不要一聽到「運動」，就想到「痛苦」一詞。你應該找一樣喜歡的運動，這樣比較容易持續下去。想得到最佳的效果，你應該每星期至少運動三次，每次運動三十分鐘左右。

重要的是你的感覺，而不是外表

在追求較佳體能狀態的時候，千萬要小心，不要為了你的外表而狂熱運動。你或許已經發現，我們的社會非常看重外貌。只要看看大眾如何看待名人，就能證明我的看法：八卦小報盛讚他們的美貌，然後只要他們略有瑕疵、稍微胖了一點點，就會飽受批評。在比較的風氣之下，真的會讓人特別在意自己的外表。

我年輕的時候，對於自己肥胖的臉頰非常在意。父親告訴我，我生下來臉頰就這麼肥胖了，甚至在我呱呱落地後，醫生要拍打我的屁股，都搞不清楚要拍打哪一邊。

我清楚地記得，有個鄰家女孩有一次嘲笑我的臉頰。我弟弟大衛為了保護我，就說我臉上的肉全是肌肉。這句話造成了反效果，他們替我取了個綽號「肌肉臉」，這成了我最討厭的綽號。

到了八年級，我的胖臉變瘦了。但是隨著青春期的來臨，我愈來愈在意其他事情，例如我的笑容不如朋友好看，或是臉上老是冒出小膿包。

在你開始拿自己跟雜誌與電影上的俊男美女比較，開始討厭自己的身體與長相之前，請記住，有數以千計的青少年雖然沒有漂亮的臉頰、大胸部、強壯的肌肉和堅挺的屁股，但生活一樣健康又快樂。許多成功的歌手、脫口秀主持人、舞者、運動員和演員，在身體方面也有著各種各樣的缺點。你不必注射類固醇或做整形手術，才能過快樂的生活。如果你沒有社會認為理想的外貌或體型，那又怎麼樣？今天流行的東西，或許明天就過時了。別人的一切永遠比較好——在你班上，或許有個同學很想擁有你的酒窩，即使你希望這些酒窩永遠消失。

擁抱你天生的長相，即使你現在不覺得自己很美，終有一天會有一個人看見你的美。真的，這世上有很多人喜歡捲髮、歪鼻子或大齒縫，認為這些「古怪的特徵」有種獨一無二的美。

重要的是，你要對自己的身體覺得舒服，而不是過度在意外表。脫口秀主持人歐普拉說得好：「你必須改變你的認知。重要的不是你的體重，而是每天都要關心自己。」

是真實生活，還是藝術？

此外，如果你還不清楚的話，我得告訴你，你在雜誌封面上看到的人物並不真實，他們只是一些「影像」。這些影像經過修圖，讓原本就肌肉發達的人變得更壯、原本就很瘦的女人看起來更苗條。真相是，那些名人就像我們一樣，偶爾會長青春痘，頭髮會亂翹，有時候也會有小腹。他們與我們唯一的不同在於，有一群專業人員幫他們修飾、掩蓋這些「缺點」。碧昂絲曾經譴責雜誌與服裝品牌公司試圖凸顯她的身材曲線，讓她看起來瘦得像根竹竿。她非常清楚，這麼做將會讓她的粉絲對美的期望產生扭曲。

正如史帝夫・洛爾（Steve Lohr）在《紐約時報》的報導中指出：

> 時尚廣告及雜誌上的名人與模特兒照片，往往都會經過數位修片的潤飾。這種修飾有時很輕微，只調亮顏色、修整一下凌亂的頭髮、讓青春痘消失；有時也會大幅修改，像是減個十幾公斤、身高加個幾公分、讓所有皺紋與斑點消失。這一切都仰賴修片師的魔法棒——Adobe 的 Photoshop 軟體。

他們讓人們對美貌建立了不切實際的期望，是嗎？有些人認為任何經過修圖的照片都應該標示出來，這樣一來，人們看到照片時，才會知道是電腦製造出來的影像。

請記住，人們對苗條身材的崇拜是最近的事。如果生在十八世紀的歐洲，豈不太妙了！那時超重的模樣才是「流行」。或是生在黑暗時代，那時每人人都穿著寬鬆的長袍，沒有人看得出你的身體是什麼樣子。老天，那些時代真是美好！

當然，我們應該盡力讓自己呈現出最好的模樣。可是，請小心，我們若開始狂熱地追求外貌，就會很危險，可能導致嚴重的飲食失調，例如暴食症、厭食症，或是在增強表現的藥物方面上癮，例如類固醇。為了讓別人接受你，而虐待自己的身體，這種做法絕對不值得。

如果你正在跟飲食失調問題奮鬥，不要覺得孤立無援，這種事情經常出現在青少年身上。你應該立即承認自己有問題，然後趕快向外尋求幫助，例如朋友、家人或專門處理這類問題的團體。

只要我願意，就能停止

有許多方法能讓我們把身體照顧好。同樣地，也有許多方法能讓我們毀掉自己，像使用會上癮的東西，如酗酒、吸毒和抽菸。例如，酗酒經常和青少年的三大死因有關係，那就是車禍、自殺和他殺。同時研究證明，抽菸能傷害你的眼睛、讓皮膚提早老化、牙齒變黃、口氣濁惡、提高罹患蛀牙的機會達三倍；抽菸也會讓你的牙床萎縮、指尖的皮膚變色、帶來疲倦感，甚至導致癌症。除了認為抽菸很酷之外，沒什麼抽菸的好理由——但是，這個想法已經落伍了。根據麻州公共衛生部的資料：

吸菸並不像你想的那樣有魅力。在一項研究裡，有八成的男性與七成的女性不願跟癮君子約會。所以，如果你抽菸，最好習慣只跟香菸接吻。

根據美國肺臟協會，前五大菸草公司每一天要在廣告上花三千四百萬美元。他們想賺你的錢。畢竟，如果你一天要抽一包菸，一年就要花上兩千五百美元（甚至更多）。想一想，你可以拿這筆錢來買什麼。菸草公司特別鎖定青少年，彷彿年輕人更好哄騙。不要讓他們吃定你。

當然，沒有人計畫好要上癮，一切都是在不自知的情況下發生的。然而，經常享用菸酒等「邊緣毒品」的做法，會讓人進一步吸食大麻，然後沉溺在古柯鹼、迷幻藥、麻醉劑和海洛因裡而不能自拔。許多人開始酗酒、吸菸或吸毒，只是為了展現他們擁有自由，結果卻養成了上癮的習慣，毀掉他們的自由。相信我，還有更好的辦法，能夠顯示你是一個獨特的人。

關於上癮最糟的一件事是，你不再當家作主；你的癮頭變成了主人。當它說「跳」，你就跳。你是被動的，對主動積極的做法說了再見。在禁菸的工作環境裡，許多人必須到戶外去抽菸，不論天氣好壞。看到他們站在傾盆大雨裡吞雲吐霧，無法控制衝動，真是令人悲傷。

一般人總是覺得，上癮是發生在別人身上的事。無論何時，只要自己想停，就可以住手。但事實上，這是很難做到的。嘗試戒菸的青少年當中，只有二成五的人成功了。我很喜歡馬克吐溫對戒菸所下的評語：「我戒過一百次了。」

以下是一個青少年克服毒癮的掙扎過程：

十四歲時，我頭一次吸毒和酗酒。那時我不曉得什麼是毒品，我也不在乎。每個人都只告訴我毒品有多糟。當時我朋友說：「在這裡，拿去。這玩意兒很酷。」於是我吸了。一開始，我是為了做個很酷的人而吸毒，後來，我不再是因為同儕壓力而吸食，而是為了自己的需要。

我開始吸毒、酗酒，癮頭愈來愈大。我的功課一落千丈，人際關係開始變壞，跟家人也日益疏遠，而我討厭這樣的我。我的人生觀變得消極多了，跟女友見面次數也減少了。

就在我開始吸毒和酗酒之後，我察覺身體也出了問題。我總是覺得疲倦，體重也急劇下降，兩個月內瘦了十三公斤。

還有一件事，我放學回家時，若是發現家裡沒有牙膏之類的東西，我會為此哭泣！我經常有過度強烈的反應，也很容易發脾氣。

在我十七歲生日過後一個月的某一天，我在學校吸毒時被抓到了。學校暫時罰我一星期不准上學。我曉得時候到了，必須讓自己振作起來。於是我試著戒掉，但是我做不到。這就像吸菸，你可以放下一支菸，宣布自己馬上要戒菸了。可是事實上，停止吸菸是很困難的。

於是我不再跟這些老朋友鬼混，開始參加酗酒者互誡協會的活動，我找到了一個贊助人。這種事情是一輩子的事。只要再喝一杯，它就會毀掉過去的一切努力。我有很多朋友參加過這個協會的活動，後來卻又恢復酗酒。可是我的贊助人真的幫助我跳出來。沒有這些活動，我是戒不掉的。

我參加這個計畫以後，生活變得美好無比。我不喝酒，也不吸毒了。我的功課開始好轉，家人跟我的感情比以前還要親密。以前我幾乎在這裡的每一家速食店都打過工，因為我在兩星期內就會辭職，現在我這份工作做了大約兩個月。我回去上學，開始關心別人。即使別人對我不好，我還是和顏悅色。我徹底改變了生活，開始去想上大學的事，還有以前我從未想過的事。我真的不了解，怎麼會有人把高中生涯花在酗酒上？那段日子真是恐怖。

拒絕的技巧

遠離毒品說來容易，要做到卻不簡單。以下是拒絕技巧的幾個步驟。下一次你覺得受到壓力，碰到別人要你喝酒、抽菸和吸毒的時候，可以考慮這麼做：

① 提出問題：

對自己提出嚴格的問題，讓你反省自己的作為：

「我為什麼會想抽菸？」

「如果我今天晚上喝個爛醉，會是什麼樣子？」

② 義正詞嚴：

試著擺出嚴肅的樣子，指陳這些行為：

「吸毒是犯法的事。」

「抽菸會讓我有嚴重的口臭。」

③ 指出後果：

仔細思考這些行為的後果是什麼：

「要是別人抓到我在吸毒，我會被逮捕。」

「如果我今天晚上變得很虛弱，別人可能會占我便宜。」

④ 提議其他活動：

列出清單，寫下各種有趣的活動。別人引誘你時，你就可以提議改做這些事：

「喂，我們為什麼不去看電影呢？」

「我寧可打籃球。」

⑤ 溜之大吉：

如果情況看起來不太妙，不要擔心別人會怎麼看你，趕緊開溜吧！

「抱歉，大伙兒，我要走了。」

如果你很有創意，一定能找出自己的做法，避開這種場面。就像吉姆所做的：

朋友和我不想自找麻煩，染上酗酒和吸毒的習慣，所以組成了一個團體。我們大概有十個人，都願意幫助朋友避開這種麻煩。我們常常聚會，每星期都會一起去吃義大利麵，計畫怎麼互相支援。我們計畫的事情大多是，在朋友受到引誘、面臨掙扎時，立刻跟對方談談，向對方保證，他們真的不用做這些事，才能成為很酷的人。然後，我們邀請他們加入我們，跟我們同樂。這個辦法的效果太棒了。

相信我，如果遠離這些東西，你什麼也不會錯過。電視廚師茱莉雅・柴爾德（Julia Child）說：「生活的本身，就是適當的狂歡。」你不必嘗試它們來做實驗。用眼前的刺激來換取長期的蹂躪，實在不值得。如果你本來就不抽菸、不喝酒、不吸毒，為什麼要開始這麼做？如果你這麼做了，為什麼不尋求協助，趕快戒掉？其實還有更好、更自然的方式，能夠讓你覺得刺激。何不嘗試其他方式？

關懷你的大腦

我聽過一個民間故事，敘述一個年輕人去見偉大的智者蘇格拉底。他對蘇格拉底說：「我想知道你所知道的一切。」

蘇格拉底說：「如果這是你要的，那麼跟我來，我們到河邊去。」年輕人滿心好奇，便跟隨蘇格拉底來到附近的河邊，他們在河邊坐下。蘇格拉底說：「仔細看看這條河，然後告訴我，你看到了什麼。」

「我什麼也沒有看到。」這人說。

「再看清楚一點。」蘇格拉底答道。

這人俯身往下，挨近河水。這時，蘇格拉底一把抓住他的腦袋，把他的頭按進河水裡。這人的手臂狂亂地揮舞，試著擺脫蘇格拉底，可是蘇格拉底抓得很緊。這人快要氣絕時，蘇格拉底把他從河裡拉出來，將他拖到河邊。

這人一面咳嗽，一面喘著氣說：「老頭子你瘋了不成？你想幹嘛？殺了我嗎？」

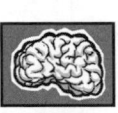

「我把你的頭按在水裡時，你最想要的是什麼？」蘇格拉底問道。

「我想要呼吸，想要空氣！」這人大喊。

「年輕的朋友，不要犯這種錯，以為智慧得來如此容易。」蘇格拉底說：「當你想學習的心像你剛才想要空氣的心一樣迫切時，再來找我。」

這個故事的重點非常清楚。在生活裡，沒有任何事物得來容易，每個人都必須付出代價。寫下來，劃上重點標記，謹記在心。我不管別人怎麼說，但天下就是沒有白吃的午餐！這個年輕人真是天真，竟然認為他可以不付代價，就得到別人花費一生時間所學到的道理。但是，我們又比他高明嗎？如果沒有付出代價，培養堅強的心志，我們如何又能認為，自己可以永遠保住好的工作，擁有充滿希望的未來？

事實上，你可以付出的首要代價，或許就是接受良好的教育。因為你如何鍛鍊自己的頭腦，將會決定你的未來。除非你想整天煎漢堡，到了三十歲還住在父母家裡，否則你最好趕快開始付出代價。

習慣七的心智面向是更新自己。它的意義在於，你要透過學校生活、課外活動、嗜好、工作及其他拓展心智的經驗，培養思考的能力。

開啟未來的鑰匙

我曾經在一項意見調查當中，問過一群青少年：「你們害怕什麼？」我驚訝地發現，許多人的壓力來自課業表現、上大學和未來找到好工作。有一個人說：「我們如何才能確定可以找到一份好工作來養活自己？」答案非常簡單。你可以試著買彩券，中獎的機會大約是一億七千五百萬分之一。或者，你可以培養一個學養豐富的心靈。截至目前為止，這個辦法成功的機會最大，最有可能讓你得到一份好工作，讓你自立。

什麼是學養豐富的心靈？它不只是牆壁上掛的畢業證書（雖然畢業證書也是其中重要的一環），也不只是在維基百科上查資料，然後以為自己是專家。更好的定義是：一個學養豐富的心靈就像一位舞藝精湛的芭蕾舞孃，她能夠讓身體能依據自己的指令，完美無瑕地做出彎折、扭轉、跳躍和旋轉等動作。同樣地，一個學養豐富的心靈能夠專注、綜合、寫作、演說、創造、分析、想像，以及更多的活動。為了達成這個目標，頭腦必須加以訓練，這些能力不會從天而降。

我建議你盡量多受教育。高中以上的任何一種教育，如大學學位、職業或技術訓練、學徒見習或軍事訓練等，都值得你付出時間和金錢，當作在投資未來。統計資料指出，美國大學畢業生的收入大約是高中畢業生的兩倍，而且這項差距日益擴大。不要讓缺錢成為你不升學的藉口。「如果你覺得受教育太貴了，不妨試試無知的代價。」曾任哈佛大學校長的伯克（Derek Bok）說。縱然你必須拚命打工來支付學費也值得。如果你努力尋找，就會驚訝地發現，有這麼多的獎學金、研究金、貸款和援助學生的辦法都可以嘗試。事實上，美國每年有數以百萬計的研究金和獎學金都無人申請。

讓你的心智變得敏銳

拓展心智的方法不可勝數，最好的方法就是閱讀。誠如哲言所云，閱讀之於心智，就像運動之於身體。閱讀是一切的基石，透過書本，你可以前往任何世界，比旅遊等其他方法都要便宜。以下是二十種能讓心智變得敏銳的方法。如果你願意嘗試，我相信你一定能找出另外五十種辦法。

- 寫一個故事、一首詩或一首歌。
- 訂閱讓你好奇的部落格。
- 旅行。
- 辯論。

- 在花園蒔花弄草。
- 和某個挑戰你的人下棋。
- 觀察野生動物。
- 參觀博物館。
- 去社區大學旁聽演講。
- 在班上發言。
- 觀賞芭蕾舞、歌劇或舞臺劇。
- 看紀錄片。
- 學習彈奏樂器。
- 到圖書館看看。
- 閱讀或收聽新聞報導。
- 研究自己的家族史。
- 將一個值得信賴的新聞來源設為瀏覽器首頁。
- 玩有挑戰性且可以單獨玩的遊戲，例如填字遊戲、數獨。
- 詢問朋友對各種不同議題的看法。
- 獨自開設部落格，或找朋友一起合作，分享你們的興趣。

找到你的優勢

你可能必須忍受學校裡某些你沒興趣的科目，但同時還是要找到你喜歡的科目，在這些領域累積知識。你可以多修幾門課、從圖書館裡借幾本書、觀賞這方面的電影。不要讓你的教育形式僅止於學校，而是讓全世界成為你的校園。

當然，有些課程會比較難。除非你是愛因斯坦，否則不會覺得每一科都是易如反掌。事實上，我要收回剛才那句話。聞名於世的愛因斯坦直到四歲才會講話，他的父母還以為他智力不足。有時候難免會在學校受挫，這是可以理解的，但請不要輟學（你以後一定會後悔的）。你應該不斷努力，最後一定會找到自己喜歡的領域，或是你可以表現優異的地方。我訪問過一個右腦發達的男孩，名叫克里斯。他談到他花了多長的時間，才融入學校生活，找到自己的優勢：

開始上學以前，我是個快樂的孩子。上學後，同學們發現學習對我來講，是件很困難的事。他們會指著我，給我取綽號。我在數學、英文和文法上表現都很遲鈍。我記得，有一天我坐在教室裡，大家分成小組。我那組有個女孩突然站起來指著我說：「我不要跟那個智障同一組。」我覺得難過極了。

小學和初中的階段，我幾乎不會閱讀。有一天，一個專業人員到我家來。替我做過許多測驗以後，他對我媽媽說，我永遠也學不會閱讀。我媽媽非常生氣，就叫他立刻離開。

多年後，我成為高中的新生。有一天，我拿起一本科幻小說，驚訝地發現，閱讀突然變成很容易的事。書中的故事刺激我的想像力，字眼不再是字眼，反倒變成我腦中的影像。我讀了所有的續集，然後開始讀其他的書。閱讀和學習令我感到興奮，我的字彙急劇增加，講話能力改善了，也能運用更多詞彙。

大約在這個時候，我開始發現自己擅長藝術，對形狀和顏色很有洞察力，在水彩、油畫、素描和設計方面也顯露出天賦。我寫下自己的經驗，也寫詩。到了高中即將畢業時，我在許多美術展中得名，自信大為增強。

不要讓學校阻礙你的學習

分數很重要，這是衡量你在學校表現的方式。表現優異的成績將會為你打開大門，通往其他教育機會與工作機會。但是，受教育絕不只是爭取分數。

我家的人在技術方面都很無能，我把這種糟糕的基因歸罪於我父親。有好幾次，我看到他陷入「挑戰技術」的情境，例如：他舉起車蓋（好像真會修理一樣），或是試著換燈泡。在這些困難的情況下，我看到他的腦子關閉起來，不再運作。這真是一種奇觀！由於我是個積極主動的人，所以決定克服先天的缺點，在高中修了一門汽車機械課程，想學會怎麼換機油，就算因此喪命也在所不惜。

無論你相信與否，我在這門課得了A。可是我要羞愧地承認，我幾乎什麼也沒有學到。你看，我沒有真的付出學習的代價，只是站在旁邊看，而不是動手做。我從不做作業，只是在考前臨時抱佛腳，考完就忘得一乾二淨。我得到了分數，卻沒有真的在受教育。

分數雖然重要，更重要的是真正學到東西。所以千萬不要忘記，你是為了什麼而到學校去。

這些年來，我看過許多人為了愚蠢的理由，犧牲了自己受教育的機會。比方說，他們覺得自己不需要受教育，或是因為狂熱地喜歡一份打工的差事、一個女朋友、一輛汽車或是一個搖滾樂團，就這樣放棄學業。

我還看過許多運動員在運動的祭壇上，犧牲了自己的學業。我經常想寫信給這些以運動為中心、忽略學校教育的年輕人。事實上，我真的以一個想像中的運動員為對象，寫過一封信。雖然收信者是運動員，這封信還是適用於每一個有意放棄學業、不再培養心智能力的人。

親愛的＿＿＿＿＿＿：

我非常相信運動的益處，但是看過你以後，我震驚地發現，你對學業的態度竟然是這樣。

你說，你快要展開職業運動員的生涯，所以覺得不再需要接受教育。我說，你當上職業運動員的機率，大概相當於我那禿頭的老爸重新長出頭髮的機率。研究發現，每一百個高中運動員當中，只有一人能進入大學的首選球隊，一個高中球員進入職業球隊的機率是萬分之一。

跟我打過球的大學運動員中，有數以百計的人想進入職業球隊。據我所知，達成目標的人屈指可數。另一方面，許多人把心思浪費在運動上，後來卻在完全沒有線索的情況上，驟然發現自己只是廣大勞工的一員。

我永遠不會忘記，有一次我的一個隊友在比賽前的那晚，對整支球隊發表了一番神經兮兮的演講。他對學業不以為意，從未學到如何表達自己的想法，結果只能連珠砲似地講出粗俗的話語。在他講話的那三分鐘裡，他把髒話當名詞、動詞、形容詞、代名詞、連接詞和虛懸分詞用。那天我離開時，心想：「兄弟，用點腦子吧！」

打開你的眼睛！接受教育是打開未來之門的鑰匙。

你說，你不喜歡學校。我說，那跟受教育有什麼關係？生命中有哪一樣美好的東西是輕鬆得來的？你喜歡每天鍛鍊身體嗎？醫學院的學生喜歡苦讀嗎？從什麼時候開始，我們用「是否喜歡一件事」來決定是否該去做它？有時你就是必須約束自己，去做你不想做的事，因為你希望從這件事受益。

你說，你試過坐下來讀書，可是讀不進去，因為你的心思不集中。我說，除非你學會控制你的心，否則什麼也做不成。心的紀律比肉體的紀律層次更高。訓練身體，讓它表現顛峰狀態的水準，這是一回事；控制念頭，專心持續一段時間，統整綜合，再展開創造性、分析性的思考，又是另一回事。

有時我們說：「我會試一下。」這只是一種藉口。想一想，如果我問你：「你今天要吃東西，還是要試試吃東西？」這種問題有多麼奇怪？你得訓練自己直接去做。

你說，你可以藉著臨時抱佛腳，想辦法找漏洞，就能拿到及格的分數。我說，種什麼因，收什麼果。農夫能不能在春天忘記耕種，整個夏天無所事事，到秋天再辛勤工作，最後得到豐收的成果？你能不能偶爾舉重，就讓自己仰躺舉重的成績大為改進？你的腦子和身體沒什麼不同，為了增強心智的速度和耐力，你必須不斷鍛鍊它，沒有捷徑可走。

想像眼前有五雙手，一雙屬於一位鋼琴家，他能彈出優美的古典音樂，讓聽眾如痴如醉；第二雙屬於一位眼科醫生，他能透過顯微鏡手術，讓失去視力的人重見光明；第三雙屬於一位職業高爾夫球選手，他能在壓力下，不斷打出漂亮的成績；第四雙屬於一位盲人，他能用飛快的速度，讀懂細小的點字；第五雙屬於一位藝術家，他能做出優美的雕像，啟發人們的靈魂。從表面上來看，這五雙手大致相同，卻各自蘊藏著不同的人生經驗，以及多年的犧牲、紀律和毅力。這些人都付出了代價！你認為他們的成果是靠臨時抱佛腳嗎？

我這一生最遺憾的一件事，就是在高中時代沒有讀完一百本小說，而是讀了一大堆刪節版本。相反的，我有個朋友在青少年時代，必定讀了好幾百本書。他的大腦可以仰臥舉起超過一百八十公斤的重量。如今，幾十年過去了，我願意割下一根……不，兩根腳趾，換取這樣的大腦。

如果不付出代價，你或許會得到學位，可是並沒有接受教育。兩者之間差別很大。有些最優秀的思想家沒有拿到學位，而是自學成功的人。他們是怎麼辦到的？答案是閱讀！這是你所能培養最偉大的習慣。然而，很少人會定期閱讀。許多人畢業之後，就不再閱讀與學習，這種做法會使大腦萎縮。教育是一生的追求。比起沒有能力讀書的人，不讀書的人不見得過得更好。

你說，你只要活在今天，不要想未來的事。我說，你和你的狗的最大差別，就是你可以為明天考慮，而牠不能。不要依據眼前的情緒，擇定長期的生涯，例如根據註冊時排隊人數的多寡，來選擇主修科系。你要為未來打算，做決定的時候，要做到以終為始。為了明天能得到一份好工作，你必須今天就把功課做好。

有一句格言說明了這個道理：「趕快把握住你所受的教育，別讓它溜走。保有它，因為它就是你的生命。」

你可能會說，你不需要大腦。我則說，去找你的腦子吧！

我希望沒有觸怒你，我是出於好意，不希望你在十年後唱起稻草人在《綠野仙蹤》裡唱的歌：「我不要當個無名小卒，腦袋裡填滿了稻草，……要是我有腦子就好了。」

想想這個道理。

西恩

高中之後的教育選擇

不要太擔心你主修的科系，或是在學校裡專注的領域。如果你能培養完善的思考能力，在職業和教育方面會有很多選擇。公司和大學的入學組並不在意你的主修是什麼。他們要看到證據，證明你有不錯的心智能力，並注意你在以下幾方面的表現：

- 渴望：你是否非常渴望進入這所學校念書？你有多想得到這份工作？
- 考試成績：你在ACT、SAT、GRE、LSAT等重要考試的分數如何？
- 課外活動：你參與過哪些課外活動（運動、打工、社團、學生會、劇團、社群、教會／猶太教堂／清真寺／佛寺等）？
- 推薦函：別人（老師、老闆、同儕）對你有什麼看法？誰會推薦你？
- 平均成績：你在校表現如何？
- 溝通技巧：你用書寫（以你的申請文件為依據）與說話（以你的面談為依據）方式與人溝通時表現如何？

如果你能培養完善的思考能力，在職業和教育方面會有很多選擇。

最重要的是，他們想看到證據，證明你會在下一個階段獲得成功。如果你的平均成績和重要考試的成績低於你的期望，不要認為你必須將就比較差的學校。如果你在其他領域表現很好，還是可以得到入學的機會，或是得到一份好工作。

同時，不要被謠言嚇倒。雖然別人都說大學的門是多麼狹窄，但要是你願意努力

大學入學考試
（為足球校隊而改良的版本）

時間限制：三週

1. 法國人講什麼語言？______________________

2. 你要莎士比亞做以下哪一件事？

   □建造一座橋　□到海上航行　□帶領一支軍隊　□寫一齣舞臺劇

3. 教宗信仰什麼宗教？

   □猶太教　□天主教　□印度教　□波蘭人　□不可知論

4. 美國北邊的人叫什麼？

   □西部人　□南方人　□北方人

5. 英國有六位國王都叫喬治，最後一位是喬治六世。請寫出前五位的名字。

6. 摩西提出了幾條誡命（大致上）？

7. 你能說明愛因斯坦的相對論嗎？

   □可以　□不能

8. 衣架的用途是什麼？

9. 請說明沙特利耶（Le Chatelier）的動力平衡原理（Principle of Dynamic Equilibrium），或是用大寫字母拼出你的名字。

10. 高等數學：如果你有三個蘋果，那麼你有幾個蘋果？

你必須答對至少三題，才有資格入學。

去申請，這件事通常沒有你想像的那麼困難。不過，它一定會比上頁的大學入學考試來得困難（嘿！既然我曾加入足球校隊，我當然有權利取笑自己）。

心中的障礙

嘗試增強思考力時，你必須克服某些障礙。以下是三種應該考慮的障礙：

螢幕時間

螢幕時間是你花在任何一種螢幕前面的時間，例如電腦、智慧型手機、平板電腦、電動遊戲、電影或電視。在這些地方花費一些時間或許有益健康，但是花太多時間在傳簡訊、瀏覽臉書或推特、玩電動遊戲或看電視上，會讓大腦變得遲鈍。你知不知道，青少年每星期平均要看超過二十小時的電視？這個比例相當於一年要花四十三天，一生要花八年的時間在這些事情上面。想一想，如果你把這四十三天用來做一些有生產力的事情，像是學中文、跳hip-hop舞或是學習電腦程式，你可以完成多少事？為自己設定螢幕時間的指導原則，不要讓這種活動失控。你也可以試著把遙控器藏起來，這個辦法也很有效。

書呆子症候群

有趣的是，有些青少年不願意自己的功課太好，因為同學可能會把他們看成太用功的書呆子。通常，女孩們不想跟「腦筋好」這個詞連在一起，因為這樣會威脅到男生。我們下一步要怎麼想？大哭一場嗎？如果我很聰明、有自己的想法威脅到別人，這代表對方太懦弱，因此不值得你把時間花在他們身上。你應該為自己的心智能力而驕傲，為你重視受教育的機會而自豪。我就認識許多富有和成功的人，他們以前都被同學視為書呆子。

壓力

有時我們害怕成績變好，因為別人的期望也會隨之提高。如果把漂亮的成績單拿回家，得到父母的稱讚，我們會讓父母的期望提高，認為我們會一直這麼優秀，於是這種壓力會愈來愈大。要是我們表現差勁，父母就沒有期望，我們也就沒有壓力。

記住：成功所帶來的壓力，遠比沒有盡力所帶來的遺憾更容易忍受。不要為了壓力而焦慮，你可以把它處理好的。

你必須想要才行

最後，增強心智能力的關鍵就是你的學習欲望，你必須真心想要學習，對學習有強烈的動力，而且願意付出代價。以下的故事是最好的例子，他對於學習有一種無法抗拒的渴望。為了閱讀的單純喜悅，付出了很大的代價。對於這個人來說，閱讀就是他的「空氣」。

廚房的門打開了——我被抓到了，我全身發冷。要隱藏證據已經太遲了。證物就在眼前，明明白白就在我的大腿上。我父親喝醉了，他的面孔紅通通的，在我眼前搖晃、恐嚇、怒目而視。我的腿開始顫抖。這年我九歲。我曉得我會挨打，我無路可逃，他發現我正在看書……

就像他的父母以前對待他的方式，我爸爸也打過我好多次，比過去下手更重。在往後的歲月裡，他還是一次次重重地打我，直到我十六歲從高中輟學，離家出走為止。對於我童年看書的事，他一直非常生氣，比起他在其他方面對我的虐待，這件事更讓我感到挫折。它使我覺得，我好像被老虎鉗緊緊夾住，因為我不肯、也不能停止閱讀。好奇心和需求驅使我接近書本——當時我最迫切的需求就是假裝自己在別的地方……因此我違抗了父親，有時我為了這種違抗付出很大的代價，但這是值得的。

這段話是華特‧安德森（Walter Anderson）在著作《跟我一起閱讀》（*Read with Me*）當中所寫的。如今他已經是一個成功的編輯，不僅在許多文學機構的董事會任職，也寫了四本書。華特繼續寫下去：

> 小時候，我生活在充滿暴力的家庭，住在一個暴戾的社區裡，但是我還有一個地方可去——一所圖書館，每一個圖書館員都鼓勵我多看書。打開一本書，我可以去任何地方，做任何事。我可以想像自己離開了貧民窟。在我努力脫離貧困的很久以前，我就靠著讀書超越貧困了。

如果你還沒有付出代價來教育自己，現在開始絕對來得及。如果能學會思考，你的未來就會是一扇打開的門，充滿了機會。

一切都在於思考能力，趕快培養吧！

關心你的情緒

一天下午，有人敲門。

「會是誰呢？」

我打開門，我那十九歲的妹妹就站在門外啜泣。

「出了什麼事？」我問她，一面把她帶進屋來。其實我曉得出了什麼事，這已經是本月第三次上演的哭戲了。

「他太粗魯了。」她抽泣道，擦拭著她那紅腫的眼睛：「我不敢相信他會對我做出這種事。太惡毒了。」

「這次他又做了什麼？」我問。

「唔……你知道，他要我去他家念書。」她抽抽噎噎地哭道：「我們正在讀書的時候，另外幾個女生來找他，他表現得好像不認識我一樣。」

「我可不擔心這種事，」我說：「以前我總是做這種事。」

「可是我已經跟他在一起兩年了。」她哭訴著：「她們問他我是誰的時候，他竟然說我是他妹妹。」

唉！

她氣急敗壞。但是我知道，再過幾個小時或幾天，她就會認為他是世界上最棒的一個人。當然，再過上幾天，她又會為他痴狂。

你是否有過這種感覺，就像我妹妹一樣，好像你坐在情緒的雲霄飛車上，前一天往上衝，第二天就向下沉？你是否是全世界最情緒化的人，無法控制情緒？如果答案是肯定的，歡迎你加入這個團體，因為對青少年來講，這些感覺都很正常。你的心靈是情緒起伏很大的東西，它和你的身體一樣，需要不斷的滋養和照顧。

更新自己和滋養心靈的最佳方法，就是專心建立情感。換句話說，就是在你的情感帳戶和個人帳戶裡定期存款。

讓我們再看一下，這些存款指的是什麼。

情感帳戶的存款包括：

- 遵守承諾。
- 在小事上行善。
- 對人忠誠。
- 傾聽別人。
- 向人道歉。
- 設定明確的期望。

個人帳戶的存款包括：

- 遵守對自己的承諾。
- 在小事上行善。
- 對自己好一點。
- 誠實做人。
- 更新自己。
- 開發天賦。

你可能已經發現，個人帳戶和情感帳戶十分相似。這是因為你在別人帳戶裡所做的存款，通常也會增加你的個人帳戶存款。

在每一天的開始，你要找機會存款，建立持久的關係。深入傾聽朋友、父母和兄弟姊妹的話語，不要期望對方有所回報。今天你要對人說出十句讚美的話，支持別人。答應父母幾時回家，就要做到。

我喜歡德蕾莎修女的話：「每一個來到你面前的人，總要讓他離去的時候，變得更好、更快樂。你要作上帝仁慈的活見證：在你的面容裡有仁慈，在你的眼睛裡有仁慈，在你的微笑裡有仁慈。」如果你能往這個方向努力，總是想辦法建造，而不是破壞，就會驚訝地發現，你能為別人和自己帶來多少的快樂。

當你思考怎麼去關懷自己的情緒時，這裡有幾個重點值得思考。

性行為與感情關係

有一個年輕的女孩說：「我不在乎你對感情的態度如何，或是你願意奉獻多少……性是無所不在的。不管你是跟對方單獨坐在汽車裡，還是自己在家看電視，這個問題總是懸而不決。」

性絕不只是肉體的活動，還跟你的心靈有關。事實上，比起其他的決定，性行為更能影響自我形象，以及你跟別人的關係。在你決定跟人發生性行為，或是要繼續做下去時，先聽聽你的心聲，仔細考慮一下。以下是從零工出版社（Journeyworks Publishing）印行的小冊上摘錄的內容，應該有點幫助。

你覺得自己已經做好一切準備了嗎？你確定嗎？對於性病、意外懷孕和感情的疑問，都是再等一下的好理由。在你做得太過之前，先看看這張表，或者你也可以想出別的選擇。

如果你同意下列說法，就表示你還沒有準備好，現在不能發生性行為：

1. 認為性交等於愛情。
2. 覺得受到壓力。
3. 害怕拒絕別人。
4. 讓步比較容易。
5. 覺得每個人都在做這件事（事實不然）。
6. 你的本能叫你不要做。
7. 不曉得有關懷孕的事實。
8. 不了解避孕是怎麼回事。
9. 不認為女人會在第一次性交就受孕（其實會）。
10. 這件事跟你的道德信念衝突。
11. 這件事跟你的宗教信仰衝突。

12. 第二天早上你會後悔。
13. 覺得難堪或羞愧。
14. 你為了證明自己而做。
15. 沒法養活一個孩子。
16. 沒法養活自己。
17. 你對承諾的概念只停留在上網訂閱。
18. 相信婚前性行為是不對的。
19. 不知道如何保護自己，避免染上愛滋病毒。
20. 不知道性病的跡象與症狀。
21. 覺得這麼做會讓對方愛你。
22. 覺得這麼做會讓你愛對方。
23. 覺得性行為會讓你們繼續在一起。
24. 希望它會改變你的生活。
25. 不希望它改變你的生活。
26. 還沒有準備好，不能接受感情起變化。
27. 喝醉了。

28. 你希望你喝醉了。
29. 對方喝醉了。
30. 希望性行為很完美。
31. 如果性行為不完美，你會活不下去。
32. 你們不能為了笨拙的臂膀和愚蠢的衣著而一起發笑。
33. 你還沒有準備好，無法脫掉衣服。
34. 覺得愛滋病只會出現在別人身上。
35. 覺得自己可以一眼看出對方有沒有感染HIV病毒。
36. 認為青少年不會感染HIV病毒（他們會的）。
37. 不曉得禁欲是避開性病與懷孕唯一百分之百有效的辦法。
38. 不曾討論彼此的未來。
39. 無法面對有關未來的念頭。
40. 若被父母發現，你會嚇死。
41. 你之所以這麼做，是為了讓父母發現。
42. 你太害怕了，以致無法清晰思考。
43. 覺得性行為會讓你更受歡迎。

44. 覺得虧欠對方，應該用性來償還。
45. 覺得做處女一點也不好。
46. 只想到自己。
47. 一點也不替自己著想。
48. 等不及要告訴大家這件事。
49. 希望沒有人知道這件事。
50. 真的希望這件事根本沒有發生過。

再等一下，沒有關係。

你一定過得去！

有時你覺得沮喪，這是很正常的現象。但是，短暫的低落和持續的抑鬱有很大的差別。如果你長期感覺生活十分痛苦，甩不掉絕望的感受，問題就嚴重了。幸運的是，憂鬱是可以治療的。不要遲疑，趕快尋求援助，無論是吃藥或是找專業人員談談都好。

要是你有自殺的念頭，請仔細聽我說：為了美好的生命，再撐一撐。你做得到，生活會漸入佳境……我保證。你是很寶貴的、是被需要的，你有這麼多貢獻。逆境總會過去，有一天，你會回顧此時的處境，很高興自己撐過來了，就像這個女孩一樣：

我來自一個美滿的家庭，真的沒有任何理由要走上歧途，但是我卻走錯了路。念初中和高中時，朋友變得非常重要，家庭生活變得非常無趣。我每天都等不及地往外跑，跟同伴一起鬼混。兩年之內，我什麼壞事都試過了。可是，這些事並沒有讓我的心情轉好，反而帶來相反的後果。

回到那個充滿陽光、寧靜的家，聞到烹飪的香氣，實在讓我痛苦。家人好像都是那麼善良、那麼完美，我覺得我達不到他們的期望，和他們就是格格不入。我並沒有按照他們讚許的方式過生活，也只會讓他們不開心。我開始希望自己死掉。這種念頭讓我真的想自殺。

我寫日記。今天我看那些日記時，心裡非常害怕，我看見自己距離死亡是如此接近。幾年後的今天，我在讀大學，每科都拿A。我有快樂的社交生活，有一個非常愛我的男朋友，跟家人的感情也非常好。我有這麼多的計畫、這麼多想做的事，我熱愛生命，有這麼多的東西值得我活下去。我沒法相信，自己曾經有過截然不同的感覺，但當時我確實那樣。接連出現過好幾次警訊之後，我才明白自己可以選擇不同的路。感謝上天，我還在這裡。

記住，你現在的掙扎最後會變成你的長處。哲學家紀伯倫（Kahlil Gibran）說：「你的歡笑常常從充滿你淚水的同一井中湧出。悲傷在你心中切割得愈深，你便能容納更多的快樂。」

歡笑吧！要不然你將會哭泣

該說的都說了，該做的都做了。現在只剩下最後的一個關鍵，它能讓你的心靈保持健康強壯。歡笑吧……哈哈哇哈哈……別擔心，有時生活就是不順利。你沒有太多的事可做，也不能改變問題，所以最好笑一笑。

最可惜的是，隨著年紀漸長，我們逐漸忘記童年時代的魔力在哪裡。研究顯示，上幼稚園時，你一天要笑三百次。相反的，成年人一天只會笑十七次。難怪孩子比大人快樂許多！我們為什麼這樣嚴肅？也許這是因為我們被教導著要認定，老是發笑的人過於孩子氣。偉大的絕地大師尤達說：「你必須忘掉以前學到的東西。」我們必須學著重新歡笑。

在我讀過談論幽默的文章中，最有趣的是多斯科奇（Peter Doskoch）在《今日心理學》（*Psychology Today*）雜誌上發表的文章。以下是他主要的觀點：

大笑：

- 讓心智放鬆，使思考更有創造力。
- 幫助我們處理生活的種種困難。
- 減少壓力。
- 減緩心跳、降低血壓，讓人放鬆。
- 讓我們與別人聯結，減輕疏離感，疏離感是憂鬱症和自殺的重要原因。
- 釋出腦啡（*endorphins*），它是大腦分泌的天然止痛物質。

研究發現，大笑能促進健康，加快痊癒的速度。我曾聽說，有幾個重病患者藉著大量使用歡笑治療而得到痊癒。此外，歡笑還能改善受損的感情。演藝人員維克多・伯吉（Victor Borge）說：「歡笑是兩個人之間最短的距離。」

如果你想要為你的生活注入更多笑聲，我建議你開始建立自己的「幽默收藏品」，收藏書籍、卡通、網路流行梗、YouTube影片和網路廣播的喜劇，只要你覺得好笑就行。然後每當心情低落，或是對某件事太過認真的時候，就去欣賞你的收藏。例如，我喜歡愚蠢的電影。只要一想到某些演員，我就會笑不可抑，所以每當需要振奮，我就放出來看。同樣地，我弟弟史蒂芬蒐集了一整套漫畫《遠方》（*The Far Side*），他發誓這些漫畫讓他在壓力下免於發瘋。

當怪異或愚蠢的事情發生在你身上時，學著拿自己開玩笑吧，因為這些事總會發生的。有人說過：「人們在袖子以上能夠擁有的最好東西，就是一根幽默的好骨頭。」

關懷你的性靈

什麼東西能撼動你的性靈？一首好歌？一本好書？有沒有哪一部電影讓你哭泣？它讓你感動的地方在哪裡？

什麼東西能深刻地啟發你？音樂行嗎？畫畫？走進大自然呢？寫作？

談到性靈時，我是指深層的自我，它潛伏在日常生活的自我深處。你的性靈就是你的核心，那裡有你最深的信念與價值。它是目的、意義和內心寧靜的根源。在精神領域更新自己，意謂著花時間讓自我煥然一新，喚醒內在深層的自我。知名作家賽珍珠（Pearl S. Buck）寫道：「在我的內心有一個地方，我在那裡獨自生活，那是你讓永不乾涸的泉源復甦的地方。」

滋養靈魂

我在青少年時期，曾藉著寫日記、聽音樂，以及獨自在山間漫步而得到力量。這是我更新性靈的方法。

此外，我還會從啟迪人心的格言裡得到力量，例如已故的美國農業部長伊茲瑞．班森（Ezra Taft Benson）的話：

> 把生活交給上帝的男性和女性將會發現，神能讓他們完成超出自己能力的成果，讓他們的喜悅更深刻、眼界更寬廣、心智更敏銳、肌肉更強壯、精神更振奮、福分更豐盛、機會更多，並將寧靜灌注到他們心中。

你的性靈是非常私人的生活領域，自然有許多方法能滋養心靈。以下是有些青少年分享的一些點子：

- 靜坐冥想。
- 幫助別人。
- 寫日記。

- 散步。
- 畫畫。
- 禱告。
- 深刻的思考。
- 閱讀有啟發性的文章與書籍。
- 寫詩或創作樂曲。
- 聆聽對你傾訴的音樂。
- 彈奏樂器。
- 實踐信仰。
- 找個能讓我表現真實自己的朋友，跟對方談談。
- 反省自己的目標或使命宣言。

以下這些滋養心靈的技巧，特別值得參考。

回到大自然的懷抱

走進大自然有一種神奇的力量，是其他做法無法比擬的。即使你住在鬧區，遠離河流、高山和沙灘，你家附近總有一座公園，可以去那裡走走。我曾訪問過一個名叫雷恩的年輕人。他在問題家庭的生活中，發現了大自然治癒心靈的強大力量。

念高中的時候，我曾經歷過一段黑暗的時光，每一件事都處在分崩離析的狀態。就在這時，我發現了「河洞」。它只是河邊的一塊地方，就在一位老農夫住處後面的樹林裡。它看起來不怎麼樣，卻成了我的避難所。那一帶人跡罕至，你聽不到人聲，風景很美，光是在那裡游泳就讓我感覺到與自然同在的寧靜。無論何時，只要覺得壓力很大，我就到那裡去。在那裡，我覺得生命好像可以恢復正常。

有些人投入宗教來追求指引，可是信教對我來說非常困難。我有信仰，而且非常相信它。但是有時候，我就是沒法去教堂做星期，因為我一去，每個人都會對我說：「只要快樂一點就好，問題會解決的。只要有信心，你家的問題會解決的。」我覺得這些話全是狗屎。算了吧，不可能所有家庭問題都會得到解決，而我家簡直糟透了。

不過，當我走到河邊時，這個地方不會批判我，也不會叫我要怎麼做，它就只是在那裡。我以它為典範，學習這裡的平和與寧靜，這正是讓我平靜下來的關鍵。它讓我覺得，一切都會獲得解決。

青少年的知己

寫日記能對你的性靈產生神奇的影響。無論你有多麼生氣、快樂、害怕、渴望愛情、沒有安全感和不知所措，它都是你的慰藉、你最好的朋友，以及你能講出所有想法的唯一地方。你可以對日記傾訴所有心事，它會坐在那裡聽你說話，不會回嘴，也不會在背後講你的壞話。至於寫部落格，也是表達自己的好方式，雖然一切都在網路上公開，不像日記那麼有隱私。寫下沒有修飾的念頭，可以讓你的心智變得清明，增強自信，幫助你發現自己。

同時，寫日記可以增強你的自覺。閱讀以前的日記，不但是件有趣的事，又能啟發自己，你會發現自己成長了多少，過去的自己有多愚蠢、幼稚，曾經多麼迷戀某個男孩或女孩。有個女孩對我說，閱讀以前的日記使她得到了一種領悟，讓她不要與虐待她的前任男友復合。

寫日記並沒有固定的方式，甚至不一定要用文字表現，你可以把便條紙、票根、傳情小紙條，或任何能保存記憶與體驗的東西拼貼在素描簿上。我以前的日記充滿了拙劣的畫作、糟糕的詩句，以及怪異的氣味。所謂「日記」，只是把想法寫在紙上的一種正式說法。此外，還有其他的方式可以記錄想法。愛莉森就在便條紙上給自己寫了許多話，然後把這些紙片放在一個特別的盒子裡。她把這個盒子稱為她的聖盒。凱莉則是寫她的「感激書」，藉此更新自己：

我有一本書，它幫助我用更積極的態度面對生活。我把它叫做我的感激書。在這本書裡，我寫下我感激的某一件事，或是當天碰到的正面事情。這本書改變了我的生命，讓我以正確的角度看待一切，因為我試著在發生的事情裡面，找出正面的意義，而不是負面的詮釋。我還是會寫日記，可是它和日記不一樣。我有一頁專門記錄我最喜歡的歌曲、最喜歡的人際接觸（弟弟的擁抱）、最喜歡的聲音（媽媽的笑聲）和最喜歡的感覺（涼風）等等。我也記下一些小事，例如「布萊恩主動提議要替我清理餐桌」，或是「約翰今天特別跑過來跟我打招呼」，這些事令我開心。當我把這本書重新看一遍，就會想起這些美好的事情，而那些不好的經驗就會被遺忘，一筆抹煞，再也不能影響我。

我也把感激書送給朋友。他們說，它真的很有幫助。它代表我的看法：「能讓你開心的只有一個人，就是你自己，而不是別人。」

你的精神糧食

我很想知道，如果有人一連幾年只吃巧克力、只喝可樂和汽水，會發生什麼事？他們會有什麼感覺？會變成什麼樣子？或許會筋疲力竭。可是，如果我們一連幾年都給自己的性靈吃垃圾，我們憑什麼認為結果就會不同？你不僅是自己吃下去的食物總和，也是你所聽到、讀到和看到的一切總和。進入你性靈的東西，遠比進入你身體的東西更重要。

什麼是性靈的糧食呢？你要用有營養的東西餵養你的性靈，還是用核子廢料填滿它？你是否曾經想過，你讓自己吸收了多少媒體灌輸給你的內容？包括線上遊戲和電視遊戲、社群媒體、網路廣告，以及書籍、雜誌，甚至是你在街上看到的廣告看板。

在現今這個時代，人們不可能一天沒有接觸到媒體。你可以試試看，然後你就會明白我的意思。你敢不敢花一天的時間，不在Google上搜尋資料、不看雜誌、不聽音樂或不看電視？你會發現這簡直不可能做到。此時我們的社會已經對科技與流行文化如此上癮，你甚至會產生嚴重的離群痛苦。

如果你覺得媒體對你沒有影響，不妨想一想你最喜歡的那首歌，回想它對你的心情有什麼影響。想一想，上一回你看到半裸的模特兒在螢幕上昂首闊步時，你有什麼感覺？想一想你最近買的洗髮精，你買下它的原因是什麼？或許是受到三十秒的電視廣告或一頁的雜誌廣告影響。如果一頁的廣告能把一瓶洗髮精賣給你，難道你不覺得，一整部電影、一整本雜誌和一張CD，可以讓你完全接受某種生活方式？

媒體和大多數事情一樣，有光明的一面，也有黑暗的一面。你需要做選擇，找出你願意接受的內容。我只有一個建議，就是遵循你的良知，尊重你的性靈，就像奧運選手尊重自己的身體一樣。例如，如果你聽的音樂或你看的電影讓你感到沮喪、憤怒、陰鬱、暴戾或是激起你的性欲，這或許就顯示它們是垃圾，而你不需要垃圾。另一方面，如果他們讓你覺得輕鬆、快樂、受到啟發、懷抱希望或是寧靜平和，就繼續做吧！你會逐漸變成你所觀察、聽聞和閱讀的一切總和。所以，你要不斷地問自己：「我希望它成為我的一部分嗎？」

妳吵得我睡不著

我曾在網路上看到一個女孩的來信。她自稱泰莉小姐。她說，她受夠了音樂電視臺播出的垃圾節目。她把這封信送給「想要砸了電視螢幕的姊妹們」。在她的同意之下，我把這封信的部分內容跟大家分享：

我想，在MTV裡演出的確很讓人興奮。可是妳知道，妳正在影響姊妹們的心智和生活嗎？妳有沒有替比較年幼的姊妹們想過？她們學習的速度很快，正在拚命模仿妳？妳有沒有發現，十二、三歲的女孩老想打扮得像二十歲的少女？還是妳的日子過不下去，讓妳不在乎是否傷害到別人？

我經常為了MTV和播放MTV的電視臺跟前男友發生爭執，因為大多數的錄影帶都有穿著清涼的女孩在那裡扭腰擺臀……看到前男友目瞪口呆，眼珠子上上下下地瞄個不停，我就難過得要命……

我的鄰居對我說過，她和男友一起看MTV時，他會對她說：「妳的身材要像這個樣子才好。」還有一個十六歲的朋友說，男孩們會問她：「妳為什麼不能像她們那樣跳舞？」

妳為什麼要穿著緊身衣、短裙短褲，像瘋子一樣地擺動身體？……妳的姊妹們非常美麗，並不需要脫下衣服來換取成功，或是藉此博得別人的注意。妳希望弟兄們尊重妳嗎？妳應該透過優雅保守的衣著讓他們知道，他們為什麼必須尊重妳，然後再用言語支持妳的想法。妳的衣著告訴別人，妳的心裡在想什麼……當妳讓自己的外表和心智提升到更高的層次，許多弟兄們就會自動修正他們對妳的態度。

不要再拚命比誰更像瘋子了。把妳的腦袋拉出臥房，因為妳吵得我睡不著。

滾水中的青蛙

各種上癮的行為，無論是吸毒、八卦、購物、暴食或賭博，都有共通之處：

- 帶來短暫的歡樂。
- 成為生活的焦點。
- 暫時排除痛苦。
- 給人一種表面的自我價值感、掌控感、安全感和親密感。
- 讓問題更嚴重，讓你想逃避的感覺更強烈。

最敏感、也最危險的上癮行為，就是沉溺在色情裡，而現在網路上到處都找得到色情圖片、電影。你可以說，你在色情裡要的是什麼、不要的是什麼，但是我想你非常明白，即使色情在當時可能帶來甜美的滋味，卻也會讓你細膩的感受力日益遲鈍，直到你對浪漫、對其他的感受再也沒有感覺；色情也會磨滅你內心的聲音（也就是良知），直到完全扼殺你的良知。

你或許會想：「西恩，放輕鬆！一點肉體之樂傷害不了我。」問題在於，色情就像其他的上癮行為，會纏住你不放。這讓我想到一個關於青蛙的故事。如果你把一隻青蛙放進滾水裡，牠會立刻跳出來。但是如果把牠放進溫水裡，緩緩加熱，青蛙在意識到溫度太高之前，早被煮熟了。色情也是這樣。你今天收看的內容，一年前可能令你大驚失色。不過隨著水溫慢慢升高，你根本沒有注意到，你的良知已經被蒸發了。要有勇氣離去、關掉、拋開，你的本質比它美好太多。有個男孩說：

在讀高中的暑假，我在一家營建公司打工。有一天，老闆要我跟大樓的督導人員談一件事。他的辦公室在工地的一輛拖車裡。

我走進拖車時，看到牆壁上貼滿了色情圖片。一瞬間，我忘了我要來問什麼，因為我的注意力完全被那些圖片吸引住了。於是我走出拖車時開始盤算，該到哪裡去買這些玩意兒。

一開始看到這些圖片時，我非常緊張、不自在，好像我正在做壞事。可是過不了多久，我就上癮了。它占據了我的心，除了它，我什麼也不想，把家庭、工作和睡眠拋在腦後。我對自己的想法與感覺漸漸痲痹。

工作的休息時間，我們會到某個人的車子裡拿出一本雜誌，一群人哄堂大笑，繼續看下去。對於癮頭比較大的人來說，光是看看已經無法滿足他們。他們開始討論所有上過床的女孩，至於生活裡的其他事情，他們好像都不關心，滿口都是色情雜誌、電影和性交。

有一天下午，我正在工作時，聽到一個同事開始吹口哨，喊出粗俗的色情髒話。

我抬頭看看誰是他調戲的對象，赫然見到我妹妹正從車裡走出來，準備來找我。我聽到有人在說：「我也想來一下！」我勃然大怒：「住嘴！這是我妹妹！」

我覺得厭惡極了。下班前，我離開了工地，開著車四處走走。我一直想到妹妹臉上受傷的表情。她是這麼天真無邪，卻遭到這麼恐怖的對待。

第二天，我回到工作崗位。這些傢伙又在傳閱色情雜誌，我站起來就走開。一開始，這個動作很費力。但是我愈是這麼做，它就變得愈容易。談話的內容開始變得低俗時，我就走開。我再也不覺得色情有趣，我明白他們談的正是某人的姊妹。

務實一點

接近這一章的尾聲時，讓我跟你分享幾個最後的想法。我曾跟一個女孩談到更新自己的做法。她名叫萊里莎，她的回答讓我大吃大驚。她說：「西恩，務實一點吧。誰有這個時間？我整天都在學校裡，放學後又有活動，整個晚上都要讀書。我必須拿到好成績，才能上大學。我該怎麼做？早早上床，然後第二天數學考不及格？」

讓我說一句。每一件事情都有它的時序。有時會得到平衡，有時會失去平衡。有時你需要少睡一點，在一天、一星期或一個季節當中，驅使身體發揮到極致；有時你必須吃垃圾食物才不會餓死。這就是真實的人生。但是，有時你也需要更新自己。

如果你拚命做太久，思考能力會不如先前那麼清晰。你會變得彆扭、失去方向。你可能認為你在試圖拿到好成績與加入校隊兩大目標夾攻下，根本沒有時間運動、建立友誼，也沒有辦法找點啟發自己的事情來做。事實上，你沒有理由不做這些事。你用來更新自己的時間，將會立刻帶來回報，因為一旦回到正常的生活軌道上，你會走得更快捷。

你做得到

或許你已經不自覺地做了很多更新自己的事。如果很用功，你就是在更新自己。如果投入運動或健身，你就是在照顧身體。如果努力建立友誼或作一個好兒子／女兒／孫子／孫女／兄弟姊妹，你就是在滋養心靈。如果你花時間好好獨處，你就是在改善你與自己的關係。你可以同時在好幾個領域更新自己。梅樂妮對我說，騎馬對她就有這種作用。騎馬的動作使她的身體得到運動，她也會趁機深入思考事情，讓心智不斷活動。騎馬時置身大自然，使她的性靈得到滋養。於是我問她：「那麼友誼呢？騎馬是否拓展了你的情感？」她說：「我跟我的馬愈來愈親近。」我想，馬和人一樣，也是建立友誼的對象。

更新自己不會從天而降，它是第二象限（重要卻不緊急）的活動，所以你必須主動追求。最好的方法就是每天花時間更新自己，即使只有十五到三十分鐘都好。有些青少年每天會設定一個時間，可能是一大早、放學後或深夜，利用這段時間獨處、思考或運動；有些人則喜歡利用週末的時間這麼做。沒有所謂正確的做法，只要找到對你有效的辦法就好。

有人問林肯總統：「如果有八個小時來砍斷一棵樹，你會怎麼做？」他答道：「我會花前四個小時磨利鋸子。」

預告：你會喜歡下一章的，因為它真的很短。你馬上就要看完這本書了！

跨出一小步

身體

① 吃早餐。

② 今天就開始訂運動計畫，老老實實地連做三十天。散步、跳舞、游泳、騎腳踏車、溜冰、舉重都可以。選擇你喜歡的去做。

③ 戒除一個壞習慣，堅持一星期。遠離酒精、汽水和可樂、油炸食物、甜甜圈、巧克力，或是任何會傷害你身體的食物。一星期後，看看自己覺得怎麼樣。

大腦

④ 閱讀有教育價值的部落格。

⑤ 上網查閱新聞。仔細看頭條新聞和社論。

⑥ 下一次你出去約會時，去參觀博物館，或是到一家你從未去過的外國餐館吃吃看，擴展你的眼界。

情緒

⑦ 一次跟一位家人出去走走，例如媽媽或哥哥。一起去看球賽、看電影、買東西，回顧往日美好時光。

⑧ 今天開始收藏幽默的東西。把最有趣的網路流行梗或影片加入書籤，或是蒐集屬於自己的笑話。不久，當你沮喪時，就有東西可以振奮自己了。

性靈

⑨ 今天你要欣賞日落，或是早點起床欣賞日出。

⑩ 如果你沒有寫日記的習慣，今天就開始寫日記。

⑪ 每天都花點時間靜坐，反省你的生活或是禱告。只要適合自己就好。

第十二章

保持希望

孩子，你能移山！

幾年前，傑西・傑克遜（Jesse Jackson）牧師曾在民主黨的黨團大會中發表演講。他傳達了強而有力的訊息，引起聽眾的熱烈反應。他只說了幾個字：「保持希望。保持希望！保持希望！」

觀眾不斷大喊這句話，同時報以熱烈的掌聲，似乎永不止息。你可以聽出他聲音裡的真誠心意，他激勵了每一個人；他創造了希望。

這就是我寫這本書的原因……我要給你希望！我希望你能改變，能戒除上癮的習慣，能改善重要的關係，為自己的問題找到答案，充分發揮潛力。所以，即使你的家庭生活一團糟，在校科科不及格，你唯一處得好的對象就是手機上的遊戲（而最近連簡訊也愈來愈少收到了），你還是要保持希望！

如果你讀過這本書以後，覺得實在受不了，不曉得要從哪裡著手，我建議你採取以下的做法：快速瀏覽每一章，尋找重要的觀念，或是問問自己：「哪一個習慣讓我覺得最困難？」然後找出兩、三件事情來努力（不要過於狂熱，一下子給自己二十件事做）。記得把它們寫下來，放在你經常看得到的地方。每天都讓它們啟發你。

你會驚訝地發現，幾個小小的改變，就能帶來這麼大的成果。慢慢地，你的自信心會愈來愈強，會覺得更快樂，你會自然而然地振奮起來，你會實現目標，人際關係會變好，你也會覺得平靜。這些都是從踏出一小步開始的。

如果某一個習慣或觀念，例如主動積極或情感帳戶真的擊中了你的弱點，內化這個觀念的最好方法，就是趁著記憶猶新的時候，把它教給別人，運用你的話和自己的例子，徹底說明。誰曉得呢，也許會激起他們的興趣，讓他們想跟你一起努力。

要是你發現自己走回頭路，或是達不到目標，也不要覺得氣餒。想一想飛機的例子。飛機起飛時，一定有飛行計畫。然而在飛行途中，強風、暴雨、亂流、空中交通、人為的失誤和其他因素，都會不斷讓飛機偏離航道。事實上，飛機大約有九成的飛行時間

所以，當你跨出步伐時，要確認自己是小心審慎、懷著優越的技巧踏出去的。
還要記住，生活是一個偉大的平衡動作。
你會成功嗎？是的！你會的，真的！
（保證有九八%又3/4的機會）
孩子，你能移山！
——蘇斯博士，摘自《哦，你會去的地方》
（*Oh, The Places You'll Go*）

是偏離航道的。關鍵在於，駕駛員能藉著注意儀器，跟塔臺聯絡，不斷修正微小的失誤，最後飛機總能抵達目的地。

如果你不斷偏離飛行計畫，覺得自己有九成的時間都離開了航道……那又怎樣？只要不斷重新確認計畫，不斷微調，保持希望，你最後一定能到達目的地。

這就是本書的結尾。謝謝你跟我走完這段旅程。恭喜你讀完了，我只希望你知道，我真的相信你會有美好的未來。你注定要擁有傑出的成就。請永遠記住，你生來就具備了每一個成功的條件，不必向別的地方尋求，力量和光明就在你心中。

在停筆之前，我要送你一句我很喜歡的話。莫瓦德（Bob Moawad）這句話，道盡了我想說的一切。祝福你一切順利。再見。

你無法藉著坐在原地，在時間的沙灘上留下足印；
還有，誰想在時間的沙灘上，留下臀部的痕跡？

關於富蘭克林柯維公司 FranklinCovey

富蘭克林柯維公司（www.franklincovey.com）是一個全球性、以人為本的顧問培訓公司，藉由提供一系列領導變革的架構與思維，協助個人與企業成就卓越。其專長於7個關鍵領域，包括：領導力、執行力、生產力、信任力、銷售績效、客戶忠誠度與教育。

富蘭克林柯維公司的客戶有90％來自於美國財富100強的企業，超過75%為來自美國財富500強的企業，還有數以千計的中、小型企業和政府與教育機構。富蘭克林柯維授權超過40個辦事處，在全球超過140個國家提供專業服務。

自1989年《與成功有約：高效能人士的七個習慣》一書出版以來，20年來，富蘭克林柯維公司不斷更新，致力創造顧問與培訓的極致影響力，與企業一同達成組織的最重要目標。目前在全球140個國家有近1,500名專家提供相關服務。

睿仕管理顧問（Right Management）為富蘭克林柯維公司，在台灣、香港、大陸和新加坡獨家授權。

請隨時聯繫我們，以便了解更多資訊，歡迎瀏覽全球資訊網（www.franklincovey.com），或致電886-2-2325-2600，讓我們有機會為您提供更專業與詳盡的服務。

富蘭克林柯維公司全球聯絡網

US Office	Address	Website	Phone/Fax
SALT LAKE IN UT	2200 West Parkway Blvd. Salt Lake, UT 84119	www.franklincovey.com	+1-801-817-6074
BLUE BELL IN PA	1787 Sentry Parkway West Bldg 16, Suite 210, Blue Bell, PA 19422		+1-215-274-9321
DALLAS IN TX	5005 LBJ Freeway, Suite 750, Dallas, TX 75244		+1-972-774-8060
IRVINE IN CA	8001 Irvine Center Dr., Suite 880 Irvine, CA 92618		+1-949-788-8101
CHICAGO IN IL	200 W. Adams Street, Suite 1000 Chicago, IL 60606		+1-312-846-4294
ALPHARETTA IN GA	3480 Preston Ridge Rd., Suite 550 Alpharetta, GA 30005		+1-678-566-6507

International Office	Address	Website	Phone/Fax
FRANKLINCOVEY AUSTRALIA / NEW ZEALAND	PO Box 2079 Mansfield, QLD 4122 Australia	www.franklincovey.com.au	+61-7-3318-9700
FRANKLINCOVEY JAPAN	Marumasu Koujimachi Bldg Kojimachi, Chiyoda-ku, Tokyo 102-0083 Japan	www.franklincovey.co.jp	+81-3-3264-7401

FRANKLINCOVEY CANADA	60 Struck Court Cambridge ON N1R 8L2 Canada	www.franklincovey.co.ca	+1-519-740-2580
FRANKLINCOVEY UNITED KINGDOM	Oxon OX 163JQ United Kingdom	www.franklincovey.com.uk	+44-1295-274-100

License Office in Asia	Address	Website	Phone/Fax
美商睿仕管理顧問公司 台北分公司	台北市仁愛路三段136號8樓808室	www.franklincovey.com	+886-2-2325-2600
美商睿仕管理顧問公司 上海分公司	上海市200020淮海中路381號中環廣場28樓		+86-21-6391-6388
美商睿仕管理顧問公司 北京分公司	北京市100022朝陽區建國路118號招商局大廈32層		+86-10-6566-1575
美商睿仕管理顧問公司 廣州分公司	廣東省510620廣州市天河路208號粵海天河城大廈2406室		+86-20-8516-0291
美商睿仕管理顧問公司 深圳分公司	廣東省518026深圳市福田區金田路4028號榮超經貿中心2501~2502室		+86-755-88261964
美商睿仕管理顧問公司 香港分公司	香港鰂魚涌英皇道 979號太古坊多盛大廈1401室		+852-2290-0100
RIGHT MANAGEMENT SINGAPORE/ VIETNAM	10 Hoe Chiang Road Keppel Towers #21-06 Singapore 089315	www.sg.right.com	+65-6532-4100

INDONESIA	Jl Bendungan Jatiluhur no. 56, Bendungan Hilir, Jakarta, Jakarta 10210 Indonesia	www.dunamis.co.id	+62-21-572-0761
KOREA	16fl., Posco P&S Tower 134 Teheran-ro, Gangnam-gu Seoul 135923, South Korea	www.franklincoveykorea.com	+82-2-2015-7771
MALAYSIA	D4-1-8, Solaris Dutamas, No. 1, Jalan Dutamas 1 Kuala Lumpur, Wilayah Persekutuan 50480 Malaysia	www.franklincoveymalaysia.com	+603-6205-5550
PHILIPPINES	Center for Leadership & Change 4th Floor, Ateneo Professional Schools (Salcedo) 130 HV Dela Costa St. Salcedo Village, Makati City 1227 PHILIPPINES	mcar@admu.edu.ph	+63-2-817-2726 (Phone)
SOUTH ASIA (BANGLADESH, BHUTAN, INDIA, MALDIVES, NEPAL, SRI LANKA)	FranklinCovey South Asia #955, Sector 17B Defence Colony, Gurgaon - 122001 (New Delhi)Haryana	lavleen@franklincoveysouthasia.com	+91-124-501-3032 (Phone) +91-989-119-2123 (Addl. Phone)
THAILAND	PacRim Leadership Center Co. Ltd 59/387-389 Moo 4 Ramkhamhaeng Road Sapansoong, Bangkok 10240 THAILAND	porntip@pacrimgroup.com	+66-2728-0200 (Phone)

國家圖書館出版品預行編目(CIP)資料

7個習慣決定未來：柯維給年輕人的成長藍圖 /
西恩.柯維(Sean Covey)作；汪芸譯. -- 第一版. --
臺北市：遠見天下文化, 2015.08
　面；　公分. -- (心理勵志；BBP371)
譯自：The 7 habits of highly effective teens : the
ultimate teenage success guide
ISBN 978-986-320-811-2(平裝)

1.生活指導 2.青少年

177.2　　　　　　　　　　　　104015766

心理勵志　BBP371A

7 個習慣決定未來
柯維給年輕人的成長藍圖
The 7 Habits of Highly Effective Teens (2nd edition)

作者 — 西恩・柯維（Sean Covey）
譯者 — 汪芸
翻譯協力 — 沈維君

副社長兼總編輯 — 吳佩穎
責任編輯 — 陳孟君
封面設計 — 張議文
內頁設計 — 江孟達

出版者 — 遠見天下文化出版股份有限公司
創辦人 — 高希均、王力行
遠見・天下文化 事業群榮譽董事長 — 高希均
遠見・天下文化 事業群董事長 — 王力行
天下文化社長 — 王力行
天下文化總經理 — 鄧瑋羚
國際事務開發部兼版權中心總監 — 潘欣
法律顧問 — 理律法律事務所陳長文律師
著作權顧問 — 魏啟翔律師
社址 — 台北市 104 松江路 93 巷 1 號 2 樓
讀者服務專線 —（02）2662-0012
傳　真 —（02）2662-0007；2662-0009
電子信箱 — cwpc@cwgv.com.tw
直接郵撥帳號 — 1326703-6 號　遠見天下文化出版股份有限公司

電腦排版 — 立全電腦印前排版有限公司
製版廠 — 東豪印刷事業有限公司
印刷廠 — 中原造像股份有限公司
裝訂廠 — 中原造像股份有限公司
登記證 — 局版台業字第 2517 號
總經銷 — 大和書報圖書股份有限公司　電話／(02)8990-2588
出版日期 — 2015 年 8 月 28 日第一版第 1 次印行
2024 年 10 月 15 日第二版第 17 次印行

定價 — 420 元
4713510946480
書號 — BBP371A
天下文化官網 — bookzone.cwgv.com.tw

天下文化
BELIEVE IN READING